황석우 평전
黃錫禹

김학동 지음

황석우 평전

초판 1쇄 발행 | 2016년 8월 5일

지은이 | 김학동
발행인 | 유기풍
편집인 | 우찬제
발행처 | 서강대학교출판부

주 소 | 서울특별시 마포구 백범로 35
전 화 | (02)705-8212
팩 스 | (02)705-8612
등 록 | 제313-2002-170호(1978년 9월 28일)

ISBN 978-89-7273-314-0 93810

값 20,000원

* 잘못된 책은 구입하신 곳에서 바꿔드립니다.

황석우 평전
黃錫禹

김학동 지음

서강대학교출판부

책머리에

황석우는 김안서金岸曙·주요한朱耀翰 등과 함께 1920년을 전후한 초창기 문단에 등장하여 활동하기 시작한 시인이다. 그는 폐허동인과 장미촌동인에 적극 참여하여 활동하다가 갑자기 문단을 떠나 국내와 만주로 이어지는 유랑생활을 하기도 한다. 그러다가 다시 문단으로 회귀하여 조선시단사를 주재하면서 신인 발굴에 전력을 기울이고 있는가 싶더니, 또다시 잠적하여 오랜 세월을 침묵 속으로 빠져들고 만다. 그러나 그가 죽음에 임박해서 또다시 문단으로 돌아와 몇 편의 작품을 지상에 발표하고 떠난 것으로 미루어 그는 끝내 시를 버리지는 못했던 것이 아닐까 한다.

황석우가 이렇게 문단을 떠났다 돌아오는 반복을 거듭한 것은 그의 삶의 궤적軌跡과도 맞물리고 있다. 그의 삶은 그리 순탄順坦치만은 않았던 것 같기도 하다. 그가 원만한 가정생활을 영위하지 못했던 것은 그가 죽어서도 가족보다는 친구들의 도움으로 장례를 치를 수밖에 없었던 정황으로 보아서도 짐작할 수 있을 것 같다. 재혼한 그의 부인과도 별거 상태에서 쓸쓸하게 죽음을 맞이했다고 하는 전언이 그것을 말해주고 있다.

이 책은 전체를 5부로 나누어 편성하고 있다. 제1부 '황석우의 생애와 문학'에서는 황석우의 삶의 궤적을 전기적으로 접근했다. 그러나 황석우의 삶은 그 출생을 포함하여 유·소년 시절은 물론, 그 이후의 청·장년 및 노년에 이르기까지도 잘 알려져 있지 않다. 이것은 그에 대한 연구가 아직도 미흡하다는 반증이기도 하다. 그래서 여기서도 많은 것들이 해결되어야 할 미래의 과제로 제시한 것이다. 제2부 '퇴폐적 경향과 자연 시의 한계'에서는 황석우의 시작 세계를 통시적 차원에서 고찰하였다. 다시 말해서 그의 시작 전반을 대상으로 다섯 단계로 구분하여 그 내용과 주제의식을 유형화하였다. 제3부 '황석우 시의 주요 심상과 모티프'에서는 '태양'·'달'·'별'·'꽃' 등의 심상과 모티프를 선택하여 그 상징적 의미를 살펴보았다. 여기서 '지구'나 '봄' 또는 '가을'의 심상이나 모티프가 대상에서 제외된 것은 그것들이 중간기나 말기까지 이어지지 않았기 때문이다. 제4부 '영율靈律의 시학과 실지비평, 그리고 시어의 문제'에서는 그의 시론을 포함한 평론을 중심으로 시의 원론으로서 제작 및 감상의 문제와 월평과 연평을 중심으로 한 실지비평의 문제, 그리고 황석우의 독특한 시어의 문제로 뜻(訓)을 빌어서 시어화한 실례를 적시해 보았다. 제5부 '황석우의 시와 산문'에서는 그의 전 작품을 서지적 차원에서 접근하였다. 먼저 그의 시와 산문을 시기별로 구분하여 살폈고, 그 다음으로 산문, 곧 시론을 포함한 평문의 내용을 요약했다. 그리고 부록 1·2에서는 이제까지 밝혀진 자료들을 중심으로 하여 훈독화訓讀化한 시어의 실지 용례들과 생애 및 작품 연보를 작성해 보았다.

그동안 우리들이 황석우에 대하여 단편적으로 연구해온 것은 말할 것도 없다. 그가 우리의 근대문학 초창기에 김안서나 주요한 등과 함께 자유시 운동을 선도했던 사실은 잘 알고 있으면서도 그렇게 연구되지 않았던 것은 무엇 때문일까? 그것은 그의 첫 시집이 늦게 출간되었을 뿐만 아니라, 그가 《폐허》나 《장미촌》을 중심으로 활동했던 초기의 시작 활동이 거의 배제되다시피 하고, 그것도 〈벽모碧毛의 묘猫〉만을 대상으로 논의되어 왔기 때문이다. 그는 많은 시작품들을 발표했음에도 그를 대표할 만한 뚜렷한 작품이 없었던 것이 그에 대한 연구가 부진하게 된 또 하나의 요인이 될 수도 있다. 그러나 그가 시적 주제나 내용 및 시어 구사에서 다양한 실험을 했던 것은 사실이다. 시의 음악성이나 회화성 및 비유법의 다양화와 일본을 매개로 한 프랑스 상징주의 시와 시론의 도입은 그 시대 김안서와 함께 선도적 역할을 한 것에 대해서는 결코 과소평가될 수만은 없다고 본다.

황석우의 생애와 유작들, 곧 그 전기적 국면과 서지적 국면에 대해서는 아직도 보완되어야 할 것들이 너무나 많다. 이것은 그만큼 황석우에 대한 연구가 되어 있지 않다는 반증이기도 하다. 필자가 이 책을 쓰는 과정에서 정우택의 《황석우 연구》의 많은 도움을 받았다. 특히 잡지 《근대사조》를 비롯한 초기의 산문들의 발굴은 황석우의 연구에 크게 기여할 것으로 생각한다. 그러나 아직도 수집 정리되지 못한 황석우의 시와 산문들이 많이 남아 있다. 이것들도 언젠가는 우리들이 수집 정리해야만 할 미래의 과제라 하지 않을 수 없다.

이 책을 쓰기에 겨우내 씨름을 하여 초고를 마치고, 창밖을 내다보았다. 계절은 벌써 봄으로 바뀌어져 있었다. 날씨도 제법 포근하고 봄빛이 완연하다. 산과 들에는 온통 꽃들로 뒤덮여 눈이 부시다. 겨우내 잔뜩 움츠리고 있었던 가슴이 활짝 열리면서 손발이 저리도록 화사하다. 붉게 피어 있는 꽃 가까이로 다가서 본다. 마음이 뭉클해진다. 이것이 아직도 내가 살아 있다는 징표인 것 같기도 하다. 꽃은 언제나 보아도 아름답다. 그래서 그것은 사람의 마을을 즐겁게도 하고, 슬프게도 한다. 평생을 꽃을 보고 또 보아도 염증을 느끼게 된 것은 한 번도 없었다. 언제 어디서나 즐거운 마음으로 다가가게 하는 것은 꽃만이 할 수 있는 것이 아닐까 한다.

서민들은 살기가 어렵다고 곳곳에서 아우성이다. 그동안 세월호도 메르스도 우리들을 너무나 괴롭히고 아프게 하였다. 졸지에 어린것들을 잃고 몹시 아파하는 엄마아빠의 가슴 쓰린 통곡소리가 우리들의 가슴을 갈기갈기 찢고 있는데도 아직도 차고 싸늘한 눈초리로 그들을 무섭게 쏘아보고만 있다. 너무나도 한심스럽고 냉혹한 세정世情이라 아니할 수 없다.

이 책을 맡아서 출판해준 서강대학교출판부에 깊은 사의를 표한다.

2016년 2월

김 학 동

차례

제2부 퇴폐적 경향과 '자연시'의 한계
–시작 세계의 통시적 고찰

제3부 황석우 시의 주요 심상과 모티프

제4부 '영율靈律'의 시학과 실지비평, 그리고 시어의 훈독화訓讀化

제5부 황석우의 시와 산문 -서지적 접근

제1부

황석우의 생애와 문학

-전기적 접근

황석우의 생애와 문학

– 전기적 접근

황석우는 1895년 서울에서 태어났고, 학벌로는 보성전문과 일본 와세다早稻田대학 정경학과를 중퇴한 것으로 전해지고 있다. 폐허동인으로 참여한 때부터 그의 문단활동의 본격적인 출발로 보고 있다. 그의 아호는 상아탑象牙塔이고, '일민一民'과 '하윤河潤'이란 필명을 한두 번 사용하기도 했다. 이상이 오늘날 우리들에게 알려진 황석우의 생애에 대한 요약된 내용이라 할 수 있다.

그러나 그가 언제 어디서 태어나서 유년시절을 보낸 것인지 잘 알려져 있지도 않을 뿐만 아니라, 그가 초·중등의 교육과정을 어디서 어떻게 받았는지조차 전혀 알 수가 없다. 다만 그가 보성전문에서 퇴교 당하고 일본으로 유학하여 와세다早稻田 대학에 입학했으나, 그것도 마치지 못하고 중퇴한 사실과, 유학시절의 교우 관계로는 선배인 해공海公 신익희申翼熙(전 국회의장)와 가까웠으며, 김기곤金基坤·이병도李丙燾·이종형李鍾榮 등과도 막역한 사이였다고 전해지고 있을 뿐이다.

황석우는 한때 언론기관에 몸담기도 하였는데, 중외일보 기자, 조선실업신보 논설위원을 지냈다고 하지만, 그 구체적인 사실은 밝혀져 있지도 않다. 그리고 8·15 해방 당시에는 이종형이 주재한 대동신문사 논설위원으로 있었고, 6·25사변 이후에는 해공 신익희가 설립하고 초대학장으로 있었던 국민대학 교수로 취임하여 교무과장을 지내기도 했다. 그러나 그의 교수직으로서 안정된 삶도 잠시였을 뿐, 해공 신익희의 급서急逝로 교수직에서 물러나 고독과 빈곤 속에서 살다가 1959년 수도의대 부속병원에서 65세를 일기로 그의 고독한 삶을 마감했다고 한다.

이상의 논의와도 같이, 황석우의 생애와 전기적 국면은 거의 밝혀져 있지 않다. 그 자신도 자기의 생애에 대한 것은 전혀 밝히지 않고 갔을 뿐만 아니라, 현행 문학사전류나 기타의 전적典籍에 나타난 사실들조차도 너무나 엉성하다. 그가 어디서 태어나서 유·소년 시절을 보냈는지조차도 거의 밝혀져 있지 않다. 그리고 그가 어른이 되어서도 무엇을 하다가 죽어간 것인지에 대하여, 그 몇 가지만 단편적으로 전해지고 있을 뿐이다. 2008년 도서출판 박이정에서 출간된 정우택의 「황석우 연구」에서 많이 보충되긴 하였으나, 아직도 전기와 서지적 국면에서 밝혀져야 할 문제들이 너무나 많다.

현 시점에서 그의 삶의 궤적을 구체적이고 명확하게 밝힌다는 것은 그리 쉽지가 않다. 따라서 필자는 여기서 그의 생애와 전기적 국면에서 문제되는 것들을 미래의 과제로 제시하면서 살펴보기로 한다.

1 황석우, 그는 언제 어디서 태어나서 성장했을까? –유·소년기

황석우의 출생과 유소년 시절은 잘 알려져 있지 않다. 그가 언제 어디서 출생했는지 명확하게 밝혀지지 않고 있다. 이제까지 출간된 사서류辭書類나 기타의 전적典籍들을 보아도 각기 다르게 나타나고 있는 것이다. 이것은 오늘날까지도 그에 대한 연구가 철저하지 못했기 때문일 것이다. 그리고 황석우의 유·소년 시절, 아니 그가 초·중등과정을 어디서 어떻게 보냈는지 거의 알 수가 없다. 다만 어려서 부모를 여의고 고모의 집에서 누이의 보살핌을 받고 자랐다는 것밖에 나타나지 않고 있을 뿐이다.

1) 황석우는 언제 어디서 태어났을까? –출생 연도와 출생지의 불확실성

황석우의 정확한 출생연도는 언제인가? 그리고 그의 정확한 출생지는 어디일까? 이제까지 출간된 문학사전이나 기타 이와 유사한 전적典籍들에 나타난 내용을 보면 다음과 같다.

- 1895(고종 32)~1960 시인, 호 상아탑象牙塔 서울 생(문덕수 편 『세계문예대사전』 성문각, 1975)

• 1875~1958 시인, 호 상아탑象牙塔. 경기도 출생(『한국문예사전』 어문각, 1991)

• 1895~1960 시인, 아호는 상아탑象牙塔. 서울 출신(『한국민족문화백과사전』, 한국정신문화연구원 편찬부, 1991).

• 구호舊號는 象牙塔, 京城에서 출생(藝術家의 年齡은 비밀 一歲未滿云)(『文藝家名錄』《문예월간》 3호, 1932.1)

• 1895~1959 호는 상아탑象牙塔, 서울 태생(조남익 저 『현대시해설』 세운문화사, 1977)

이외에도 이와 유사한 내용으로 되어 있는 것은 많다. 더구나 인터넷 매체에는 이보다 다양하게 나타나 있다. 특히 황석우가 사거한 지 4년 뒤에 나온 회상기 「낙백시인落魄詩人 황석우」에서 백대진白大鎭은 황석우가 살고 간 생애를 요약하여 이렇게 말하고 있다.

> 고故 상아탑象牙塔 황석우 군은 경기도 출생으로 집안이 가난해 그의 고모姑母에 의하여 길러졌는데, 그가 지금 살아 있다면 66세의 노옹老翁이 아니면, 67세 노옹이 되었을 것이다. 그는 악의악식惡衣惡食을 하면서 국내에서 배울 것을 배운 후, 다시 학學을 세계에서 구하고자 지금으로부터 47년 전에 일본 동경東京으로 건너갔다. 그의 영발英發한 재분才分은 그로 하여금 능히 급笈을 부負하고 와세다早稻田대학 정치과에서 종사從師케 하였는데, 동과 재학시대부터 정치문제 사회문제에 대하여 일가一家의 견見을 갖고 있어 동경에서 우리말로 무슨 잡지나 발간케 되기만 하면, 저런 문제 이외에 시작을 발표하여 방인傍人으

로 하여금 당목瞠目케 하였다 한다.[1]

백대진은 황석우와 함께 같은 시대를 살았던 문필가로 황석우보다는 3, 4세 연상이었다고 한다. 그러나 백대진은 황석우와 그렇게 친분이 두터웠던 것이 아니었음은 이 회상기의 서두에서 밝히고 있다. 그렇다면, 그가 무엇 때문에 이 회상기를 맡아서 썼을까? 그것은 아마도 황석우와 같은 시대를 살았던 사람들이 희소했기 때문인지도 모른다. 더구나 백대진의 말에 의하면, 황석우의 성격이 까다롭고 유별나서 그와 가까이 지낸 사람들이 거의 없었다는 것이다.

여기서 백대진이 요약한 황석우의 생애에 대한 이야기에서 많은 문제점이 제기된다. 그가 경기도 출생이라는 것과, 고모에 의하여 길러졌다는 것조차도 문제가 있다. 현재 그의 출생지가 '경기도'와 '서울'로 나타나 있을 뿐만 아니라, 그를 길러준 것이 진경眞卿 누이라고 그 스스로 밝히고 있다. 그렇다면, 고모에 의하여 길러졌다는 것은 고모의 집에서 누이의 손에 길러졌다는 것인지, 아니면 또 다른 무엇인지, 그 정확한 사실을 알 수가 없다. 그리고 국내에서 배울 것을 배운 후에 일본 동경으로 유학했다고 하는데, 이것은 너무나 애매한 표현이라 하지 않을 수 없다. 그의 출생연도와 출생지를 포함하여 소학교와 중등과정이 명확하게 밝혀져 있지 않다. 말하자면, 그의 소학 및 중등교육 과정이 구체적으로 밝혀져 있지 않기 때문에, 그가 유·소년시절을 어떻게 보냈는지, 그 정확한 것을 알 수가 없다. 뿐만 아니라, 황석우의 와세다早稻田 대학(일본) 입학

---

1 백대진, 「落魄詩人 黃錫禹」(≪현대문학≫, 1963.1) 238면.

과 졸업 및 중퇴 관계도 구체화 되지 않고 있는 것이다.

백대진의 회상기를 포함하여 각 사서류에 나타난 사항 중에서 공통적으로 문제되는 것은, 첫째로 황석우의 출생 연도를 들지 않을 수가 없다. 이에 대해서는 거의가 1895년도로 하고 있지만, 그 자신의 말에 의하면, 그것이 다른 것 같기도 하다. 그가 사망하기 바로 전해인 1958년 12월호 《신태양》지에 발표한 회상기 「40년 전의 학우생활 낙서」에서,

> 필자가 일본 동경 유학의 길을 떠난 것은 19세 때, 지금으로부터 반세기 전이다. 당시 우리 유학생 총수는 300명 안쪽인 듯하였다.[2]

라고 하고 있다. 여기서 '반세기'가 정확하게 50년 전이라면, 그의 출생 연도가 1895년이 아닐 것이다. 이것은 아무래도 그의 유족을 통해서 확인해야만 될 것 같다.

둘째, 그의 출생지가 서울이냐, 아니면 경기도냐? 경기도 내의 서울이냐? 그렇지 않으면, 경기도 내의 어느 다른 시군인가? 그것이 확실치가 않다.

셋째, 그의 사망 연도가 1959년과 1960년으로 나타나 있는데, 이것은 1959년도가 맞는다고 본다. 그의 유고 시편들이 1959년 6월호 《자유문학》과 《신태양》지에 발표된 것만 보아도 그것을 쉽게 확인할 수가 있다.

2 《신태양》(1958. 12) 224면.

2) 망모亡母에 대한 그리움과 진경 누님에 대한 고마움

앞에서도 논의된 바, 황석우가 언제 어디서 태어났는지조차도 명확하지 않을 뿐만 아니라, 그의 유·소년시절을 어떻게 보냈는지도 잘 모른다. 그가 어려서 부모와 사별하고 누이에게 의지하여 자랐다는 것밖에 전해지지 않고 있으니 말이다. 그것도 그의 아버지에 대한 것은 전혀 나타나지 않고 있다.

그의 어머니에 대한 것도 《폐허》 창간호에 발표된 〈망모亡母의 영전에 받드는 시〉와 그의 시집 『자연송』의 모두에 「이 시집을 진경眞卿 누이에게」라고 한 것이 그 전부라 할 수 있다. 먼저 그 순서대로 돌아가신 어머니에게 바친 시를 보면,

> 당신은 따위에 장님의 미륵彌勒을 남겼어라.
> 나의 육체는 비애의 큰 화신이러라.
> 아아 나의 비애는 무덤구녕(墓穴)과 같은
> 엷은 자자(薄紫)의 한 작은 렌즈를 가졌어라.
> 나는 그것으로, 내 마음에 자욱 난
> 당신의 죽음에로 적막한 발자취와
> 당신의 난서亂書한 피의 유서와
> 당신의 일생의 빈고, 참담한 전기傳記를 읽을 때,
> 아아, 나는 울어라, 나는 미친 소같이 뛰며 울어라.
>
> –〈망모亡母의 영전에 받드는 시〉의 전문

와도 같이 노래하고 있다. 우리는 여기서 어머니가 돌아가셨다는 것과

어머니께서 남기신 피의 유서와 빈곤한 속에서 살다가 돌아가신 망모에 대한 비통한 심정만이 나타나 있을 뿐이다. 어머니가 언제 어디서 돌아가신 것에 대한 것은 전혀 없다. 물론 이것은 시로서 망모에 대한 비애를 표현했기 때문이기도 하다.

그리고 뒤의 누이에게 바친 첫 시집『자연송』의 모두에 있는 서문에서,

> 나에게는 어머니가 둘이 있었다. 하나는 나를 낳아주고 이미 고인이 되어버린 어머니, 또 하나는 나로 하여금 오늘날의 이 시집이 있게 해준 어머니다. 그는 곧 나의 누이 되는 '진경眞卿'이다. 나는 이 시집을 나를 길러주기에 남이 용이히 따르지 못할 모든 눈물겨운 불행한 운명과 싸워온 진경누이와, 또는 가난한 생애 가운데 한恨 깊게 돌아간 망모의 고적한 영전에 엎디어 바칩니다.[3]

라고 하고 있다. 우리는 여기서 진경 누이가 길러주었다는 것으로 보아 어려서 어머니께서 돌아가신 것으로 추정된다. 말하자면, 어머니가 돌아가시고 진경 누이의 보살핌으로 자랐기 때문에, 황석우는 여기서 두 분의 어머니가 있었다고 한 것이다.

---

3 시집『자연송』(조선문단사, 1929) 모두에서 인용.

2 보성전문 시절과 일본 동경에서의 유학생활 – 청·소년기

황석우의 청·소년시절에 대한 것은 거의가 불확실하다. 그의 유·소년기의 초·중등과정조차도 일체 알려지지 않고 있으니 말이다. 다만 황석우가 일본 동경으로 유학하기 직전에 보성전문에서 출교黜校된 사실만이 그의 회상기에 간략하게 나타나고 있을 뿐이다. 따라서 그의 청·소년시절, 곧 초·중등의 교육과정에 대해서는 앞으로 해결되어야만 할 과제로 남게 될 수밖에 없다. 이에 대해서는 앞으로 누군가 그의 유족들을 찾아서 철저히 조사하기 전에는 불가능하다. 그러나 현재로서는 그 유족들의 소재를 확인할 수조차 없다. 어쩌면 이것은 영원히 미해결의 과제로 남게 될는지도 모른다.

1) 보성전문학교 입학과 법학 전공

황석우가 보성전문학교에 입학해서 법학을 전공한 사실은, 그가 사망하기 바로 1년 전에 쓴 회상기라 할 수 있는 「40년 전의 학우생활 낙서」에서,

> 필자도 재판관이 될 목적으로 현재 고려대학의 모신母身인 보성전문학교에 재학하여 법률을 배웠다. 그때 법률지식에는 의무니, 권리니,

> 조건이니, 책임이니, 인권이니,주권이니, 정당방위니 물권침해니, 물권 추취(求)권이니 무슨 적이니 유치한 술어 등이 남아있을 뿐이다.[4]

라 하고 있다. 그러나 황석우가 보성전문에 언제 입학해서 얼마를 다녔는지는 정확하게 알 수가 없다. 그가 초·중등의 교육과정을 마치고 전문학교에 입학했다고 보면, 이때 그는 이미 청년기로 접어들고 있었던 나이가 아닐까 한다. 당시의 학제로 보아, 초등과정 4년, 중등과정 4년을 마쳐야만 전문학교에 입학할 수 있었을 것이라는 전제 위에서 그렇게 생각할 수밖에 없다.

하기야 그 시대는 정상적 교육과정을 밟지 않고서도 전문학교에 입학한 예가 더러 있었던 사실로 미루어, 혹여 황석우도 초·중등의 교육과정을 마치지 않고 입학했는지도 모른다. 미당未堂 서정주徐廷柱가 혜화전문에 입학했던 1930년대만 해도 정상적으로 중등과정을 제대로 밟지 않고 입학한 예로 미루어 보아도 그렇게 생각할 수밖에 없다. 더구나 황석우가 보성전문에 입학했던 것이 1910년대이고 보면, 더 말할 것도 없을 것이다.[5] 일설에는 황석우가 보성전문에서 퇴교를 당한 것은 3학년 과정을 마치고 나서라고 하기도 하지만, 그것이 명확하게 사실로 밝혀진 것은 아닌 것 같다.

---

4 「40년 전의 학우생활 낙서」(《신태양》1958.12) 224면.

5 이 시대는 초등과정을 이수하지 않고 중등과정에 입학한 예는 얼마든지 있다. 이를테면 노작 홍사용이나 이상화의 경우도 초등과정을 거치지 않고 휘문의숙 또는 중앙중학 등 에 입학했다. 아마도 그때 무슨 자격시험 같은 것이 있었는지도 모른다.

2) 모표의장帽標意匠 변경의 문제와 출교黜敎 조치

황석우는 말하기를, 그가 보성전문을 중퇴하고 일본 동경으로 유학의 길을 떠나게 된 계기를 이렇게 말하고 있다.

> 필자는 보전普專 이화모표의장梨花帽標意匠 변경반대 스트라이크 사건에서 출교 黜校되어 양정의숙養正義塾 재학생 안재봉安在鳳(在鴻씨의 백부) 씨의 소개를 얻어가지고 동경으로 가서 맨 처음 안재홍 씨를 알게 되었다.[6]

여기서 말하는 모표의장帽標意匠 반대 사건이란 무엇인가? 보성전문의 모표帽標가 당시 황실을 상징하는 '오얏꽃'의 모양이라 하여 일제日帝가 그것을 변경할 것을 강제한 데 대하여 학생들이 동맹휴학을 결행한 사건이다.

황석우는 이때 신낙선辛洛善·박일병朴一秉 등과 함께 그 사건을 주도하다가 출교黜敎를 당하고 일본 동경으로 갔다고 한다. 이것이 바로 그가 19세 때라고 하니까, 오늘날 전해지고 있는 1895년의 출생 연도가 맞는 것이라면, 그가 일본으로 유학길을 떠난 시기는 1913년도가 아니면, 1914년도에 해당된다. 그것은 만이나 만이 아닌 나이로 따졌을 때 생기는 차이라 할 수 있다.

황석우가 보성전문에서 출교 당하기까지 보성전문에 재학하고 있었

---

6 위와 같은 잡지, 225면.

던 사실밖에는 아무것도 알려진 것이 없다. 그가 어디서 어떤 학교에서 초·중등의 교육과정을 마치고 보성전문에 입학했으며, 또 그가 보성전문에서 출교된 것은 언제인가도 정확하게 밝혀져 있지 않다. 다만 그가 보성전문 3학년을 마치고 출교되었다는 것밖에 전해지지 않고 있는 것이다.

이렇게 일본 유학길에 오른 황석우는 그곳의 많은 유학생들과 사귀게 된다. 그가 일본에 와서 맨 먼저 만난 것은 안재홍安在鴻이었고, 그 다음으로 만나게 된 것은 같은 하숙에서 만난 장덕수張德秀이다. 장덕수는 보기 드문 수재로서, 그때 이미 와세다 대학에서 웅변가로서 명성이 자자하였다. 그리고 메이지대학의 조만식曹晩植, 와세다대학의 김성수金性洙·송진우宋鎭禹·신익희申翼熙·신석우申錫雨·김병로金炳魯·김규식金奎植·현상윤玄相允·최두선崔斗善·정노식鄭魯植·김도연金度演·박이규朴珥圭·나경석羅景錫·김여제金輿濟 등뿐만 아니라. 이외의 많은 유학생들과 사귀게 되었다는 것이다. 이들 가운데서 상당수가 일본 유학에서 상해임정을 거쳐 8·15 해방과 함께 수립된 새 정부에서 정계와 학계는 물론, 각계각층에서 활동한 민족의 지도자들이기도 하다.

3) 와세다早稻田 대학 입학과 졸업의 문제

위에서 논의된 황석우의 와세다대학 입학관계의 문제는 황석우 자신이 동경 유학생시절을 회상한 「40년 전의 학우생활 낙서」에서 한 말로, 들어보면 다음과 같다.

장덕수 씨는 필자가 조대早大에 입학해서 숙소를 학교 근처로 옮기려 하여 우입구牛込區 원정原町 어느 반찬점飯饌店에서 하숙처를 문의하다가 노파老婆 한 분을 만나서 그 집에 방이 있다는 말을 듣고 따라가서 방을 보고 내가 조선 사람인데 좋으냐고 한즉 그 노파는 「그렇습니까? 괜찮습니다. 방이 마음에 드시기만 하면 오셔 주십시오. 우리 집에 조선 학생 한 분이 계십니다. 아주 수재의 훌륭한 분입니다. 당신도 조대早大에 다니신다면 아실 것입니다. '조도구슈- 장덕수'라는 양반이십니다.」이라고 한다.[7]

우리는 여기서 황석우가 일본에 처음으로 가서 와세다대학에 입학하여 장덕수張德秀와 같은 하숙집에서 함께 살았다는 것을 알 수 있는데, 바로 그 시기는 1910년대의 초·중반에 해당된다. 그러나 일본인 교수 오무라 마쓰오大村益夫가 와세다대학 학적부에서 확인한 바에 의하면, 황석우가 와세다대학 입학부터 중퇴까지의 재학기간이 1920년 4월부터 1922년 9월까지라고 한다. 그렇다면, 황석우가 일본 유학생활의 회상기에서 한 말은 무엇을 의미하는가? 이 회상기에서 한 황석우의 말과 오무라마쓰오 교수의 말에서 어느 것이 사실인지, 진위眞僞의 문제가 제기되지 않을 수가 없다.

위에서 인용된 바 황석우의 회상기에 나타난, 말하자면 그 자신이 도일하여 첫 번째로 정한 하숙집에서 장덕수를 만나게 되었다는 것이다. 이것이 황석우와 장덕수와의 첫 만남이었는데, 장덕수는 그보다 앞서 와세다대학에 다니고 있었다는 것이다. 이를 사실로 받아들인다면, 황석

7 황석우, 「40년 전의 학우생활 낙서」(《신태양》, 1958.12) 231면.

우가 와세다대학에 입학한 것은 1913~1914년경이 되는 셈이다. 그것은 장덕수의 와세다 대학 재학기간이 1912~1916년으로 되어 있는 것에서 그렇게 추정할 수밖에 없다. 아무튼 장덕수는 1912년에 와세다대학에 입학해서 1916년에 졸업한 것은 확인된 사실이다.

그런데 《장미촌》 창간호가 출간되었던 1921년도에도 황석우가 와세다대학에 재학 중에 있었다고 한 것에서, 황석우의 일본 유학기간의 문제가 제기될 수밖에 없다. 이것은 동지 창간호의 말미에 실린 편집후기라 할 수 있는 '동인의 말'에서,

> 우리 문단의 독성獨星인 본지 동인 상아탑象牙塔 황석우 씨는 현재 와세다대학早稻田大學 정치경제학과에 재학 중인 바, 금춘 휴가를 이용하여 사회정황社會情況을 시찰코자 전자前者 귀국하였던 바, 근일 동경으로 향하여 다시 발정發程할 예정이더라.[8]

라고 한 것으로 보아, 그가 《장미촌》이 창간될 때까지 와세다대학에 재학하고 있었던 것으로 보인다. 이것이 사실이라면, 오무라마쓰오大村益夫 교수가 와세다대학 학적부에서 확인한 '1920.4~1922.9'까지의 재학기간이 사실이라 할 수밖에 없다. 그런데 그가 말한 대로 그 당시 대학에 다녀온 것인지는 알 수가 없다. 그는 《장미촌》을 펴내고 얼마지 않아 국내와 만주 등지를 돌면서 농촌문제와 사회문제를 주제로 하여 강연을 한 것으로 전해지고 있다.

8 「동인의 말」(《장미촌》 창간호, 1921.5) 22면.

3 잡지 발간과 습작기의 문필활동 –청년기·1

황석우가 일본 동경으로 유학길을 떠난 정확한 시기는 언제일까? 그의 말에 따라 보성전문에서 출교黜敎되던 19세 때라면, 1913년이 아니면, 1914년에 해당된다. 이것은 앞에서도 말한 바, 그의 나이를 만이나 만이 아닌 나이로 따졌을 때의 차이이다. 그런데 그가 실지로 와세다대학의 재학기간이 1920.4~1922.9까지라고 한다면, 황석우가 일본 동경에 간 것과 유학기간이 다르다는 것으로 생각할 수밖에 없다. 그의 행적으로 미루어 1910년대 중반을 전후해서 일본에 간 것은 사실로 확인되고 있다. 따라서 황석우가 그 기간, 아니 1910년대 중반을 전후한 시기로부터 그가 실지로 와세다대학에 입학한 1920년 4월까지의 5~6년에 걸쳐서 일본을 내왕한 것은 대학의 진학을 위한 준비기간으로 볼 수밖에 없다. 아무튼 황석우의 문필활동은 이 기간부터 시작되고 있는 것이다.

1)《근대사조》 발간과 문필활동의 시작

황석우가 유학차 도일한 것이 1913~4년경이었다면, 실지로 그가 와세다대학에 입학한 1920년 4월까지 5~6년간은 일본에서 무엇을 하면서 보냈을까? 그리고 그가 회상기에서 일본에 처음으로 가서 장덕수와 같은 하숙에서 만나게 되었는데, 그때 와세다대학에 입학한 것처럼 말한 것은 또한 무엇일까? 아무튼 황석우는 그가 일본에 간 것이 계기가 되어 문필활동이 시작된 것은 사실이다.

1916년 1월, 황석우는 일본 동경에서 자신이 편집 겸 발행인이 되어 격월간지 《근대사조》를 출간한다. 그런데 어려서 부모를 여의고 누님의 도움으로 아주 가난하게 자랐다면서 잡지를 어떻게 내게 된 것일까? 누구의 도움을 받아서 출간한 것일까? 그렇다고 딱히 누가 도와주었다거나, 아니면 동업한 사람도 알려져 있지 않고 있으니 말이다. 황석우가 이 잡지를 펴낸 것에 대하여는 많은 의문점을 갖지 않을 수 없다. 혹여 그가 사업의 일환으로 잡지를 발간한 것인지도 모른다.

《근대사조》는 처음에 격월간지로 기획되었으나, 그 창간호로 끝나고 말았다. 동지의 내용이라야 서문과 창간사, 그리고 산문시의 유형으로 된 최소월의 「긴 숙시熟視」를 제외하고 5편의 평문으로 된 작은 책자라 할 수 있다. 그것도 김억의 「영길이英吉利 문인 오스카 와일드」와 최소월의 「긴 숙시熟視」 이외의 「개인과 우주의 관계」(印度 타고르) · 「전쟁과 도덕」(露國 쏠로위요프) · 「장래의 미국」(米國 엘리오트) · 「국가주의와 세계주의의 조화」(지. 에프. 빠-뽀이) 등 4편의 평문들은 황석우 자신이 번역한 것으로, 이것들은 이미 일본에서 번역 소개된 것을 중역한 것으로 보인다.

황석우는 동지의 서두에서 '일민一民'이란 필명으로 머리에 「눈물 아래서 붓대를 잡다」란 권두언과 동지 사장으로서 「창간사」를 쓰고 있다. 먼저 권두언에서 황석우는 일본에 유학중에 있는 학우들에게 나라를 빼앗긴 민족으로서의 깊은 잠에서 깨어날 것을 촉구하고 있다.

「일본 유학생들아! 일본 유학생들아! 대처 그대들은 무엇을 하느냐? 우리는 그대들을 반도개척의 사자使者와 같이 우리를 인간으로서 의미 있는 생生의 국에 인도하는 사령자司令者와 같이 신모信慕한다. 그대들이어! 그대들은 뜻이 있고 의義가 있거든 그대들의 보고 들은 것을 만분의 일이라도 이 태양의 따뜻한 '쪼임'도 없고 어느 누의 살던 '끌음'과 '가리킴'도 없는 습냉濕冷하고 침흑沈黑한 '곰팡내' 나는 암옥暗獄으로부터 사람으로서 삶직한 광명의 지에 벗어날 방책을 좀 들리워 주려므나 ………」하는 내지內地 형제의 떠난 '부르짖음'에 놀래어 잠시 모르고 한수鼾睡하던 나는 눈을 벌떡 뜨고 일어났다.[9]

황석우는 여기서 당시의 재일본 유학생들에게 깊은 잠에서 깨어날 것을 촉구하고 있다. 우리들이 날로 발전하는 문명사회의 전열에서 뒤처지고, 거기에 나라마저 빼앗겨 지옥과도 같은 암흑한 속에서 살아가고 있다는 것을 대오각성大悟覺醒할 것을 촉구하고 있다. 말하자면, 우리 젊은 유학생들은 무엇보다도 국권 상실의 민족국가에 대한 시대적 사명감을 갖고 살아가야 한다는 것이다.

그리고 동지의 창간사에서 황석우는 사장으로서 이 잡지가 지향해야 할 목적과 거기에 담겨질 내용에 대해서 간략하게 밝히고 있다. 말하자면, 구미歐美 선진국의 철학사상과 문예사조, 종교사상과 윤리사상 및 기타 학술상의 지식을 소개하고, 당시의 낙후한 우리 사회의 개량에 목적이 있음을 강조하고 있는 것이다.

원래 《근대사조》는 1915년 11월에 발간 예정이었으나, 그 이듬해 1

---

9 《근대사조》 창간호의 권두언 「눈물 아래서 붓대를 잡다」의 서두에서.

월에 출간되었다고 한다. 이 잡지의 출간과 함께 황석우는 곧바로 잡지 200부를 갖고 귀국하여 국내 학생들에게 배포하려다 당국의 제재로 중단되고 만다. 그 까닭은 잡지에 불온한 사상이 담겨져 있다는 것이다. 결국 이 잡지는 격월간으로 발행하려고 하던 당초의 기획과는 다르게 창간호가 종간호가 되고 말았다.

2) 기타 잡지의 발간과 시와 산문의 발표

황석우는 《근대사조》를 발간한 이후, 계속 잡지 발간에 관여하면서 그의 문필활동을 펼쳐간다. 먼저 1918년 일본의 상징주의 시인 미키로후三木露風를 만나 그 가르침을 받으면서 그와 관련된 미래사未來社 동인으로 활동하기도 하고, 미래사에서 창간한 잡지리듬과 우에노上野 음악학교의 기관지 《음악》지에 시를 발표하기도 하였다는 것이다.[10] 그런데 이들 리듬이나 《음악》지에 무슨 작품이 발표된 것인지는 아직 밝혀져 있지 않다.

황석우와 홍영후洪永厚(蘭坡)가 처음으로 만나게 된 것은 우에노上野 음악학교에서이다. 이렇게 이들이 만나게 된 것이 계기가 되어 황석우가 《삼광》지 창간에 참여하게 된다. 《삼광》지는 홍영후洪永厚·유지영柳志永·이병도李丙燾 등이 함께한 동경 유학생 악우회樂友會의 기관지로 1919년 2월에 그 창간호가 홍영후를 편집 겸 발행인으로 하여 출간하게 된다. '삼광三

10 정우택, 『황석우연구』(박이정, 2008) 586면 참조.

光'은 예술의 세 가지 빛, 곧 음악·미술·문학의 함의含意로 예술을 대중들에게 보급하여 문명개화하고자 하는 계도적啓導的 목적으로 출간했다는 것이다. 그런데 3·1운동을 계기로 홍영후와 유지영이 귀국한 사이에 황석우는《삼광》2호의 제작을 맡아 편집 겸 발행인이 되어 출간하면서 자신의 시와 평문을 발표하기도 한다. 그리고 같은 해 12월 황석우는 동경에 있는 창조사무실을 빌어 임시로 차린 사무실에서 시 전문지《중앙시단》의 발간을 기획하기도 했으나, 그 잡지는 끝내 출간되지 못했다.

이렇게 잡지 편찬에 적극적 관심을 갖고《근대사조》와《삼광》등을 손수 펴내기도 하면서, 황석우의 문필활동은 시작된다.《근대사조》의 권두언과 여러 편의 번역논문이 그 시발이었다면,《매일신보》에 발표된 평론을 비롯하여《태서문예신보》·《삼광》·《창조》·《여자계》등에 발표된 시와 평론이 그에 해당된다. 먼저《매일신보》에 실린「현대조선문단」과「시화詩話」와「조선시단의 발족점과 자유시」는 황석우의 습작기의 평론이라 하지만, 우리 근대문학 형성기에서 매우 중요하다고 본다. 말하자면, 문학 감상력의 부족으로 올바른 비평보다는 과장이 아니면 경멸의 경지에 머무르고 있음을 개탄하고 있는 '현대조선문단'이나, 비록「시화」가 단상형식으로 된 시론이긴 하지만, 프랑스 상징주의 시론을 바탕으로 한 '영율靈律'과 '영어靈語', 곧 근대적 자유시의 개성적인 내재율의 문제를 제기하고 있고「조선시단의 발족점과 자유시」에서는 시의 내재율, 곧 개성적인 자유율이라 할 수 있는 '영율'의 문제를 제기하여 우리 근대시의 발전을 한 발 진전시킨 평론으로 볼 수 있다.

그리고 황석우의 본격적인 문단 출발을 의미하는 폐허동인이나 장미촌동인 활동 이전에 《태서문예신보》를 비롯하여 《삼광》·《창조》·《여자계》 등에 발표된 20편에 가까운 시작품들이 그에게는 습작기에 이루어진 작품 활동이라 할 수 있다.

3) '신아新我', 곧 주체성의 자각과 습작기의 한계

황석우가 시작품을 처음으로 발표한 것은 1919년부터 비롯된다. 이 시기는 그가 폐허동인에 가담하여 본격적으로 활동하기 직전으로, 《태서문예신보》·《삼광》·《여자계》·《창조》 등에 발표한 시편들로, 이들 모두가 그의 습작기에 제작된 작품들이라 할 수 있다. 《태서문예신보》나 〈삼광〉지에 많은 시편들을 발표하고 있는 것으로 보아 그 당시 《태서문예신보》와 《삼광》지를 주재했던 김안서나 홍영후와도 깊은 관계에 있었던 것으로 추정되기도 한다. 아무튼 황석우는 그 출발기로부터 적극적이고도 활달한 것으로 미루어 그의 불같은 성격의 일면을 엿볼 수도 있다.

군의 육肉-냉한 가을, 고固한 겨울
군아, 그대 한번 입 다물면

군의 영靈-'진리'의 싹 나오는 연한 봄
군아, 그대 한번 눈 닫으면

군의 眼-암闇의 녹문綠門에 드는 신월新月
군아, 그대 한번 연인과 향하면.

-〈송頌〉의 전문

용사야 들으라. 미래의 호구戶口에 나가 들으라
관능의 폐구廢坵, 희噫, 낙월落月의 밑으로
고요히 애달프게, 울려 나오는
존尊한 장일葬日의 곡曲-신아新我의 송頌

위僞의 골근骨董에 마魔한 낡은 나는 가고
영아는 참회의 암闇-삼위일체의 태胎에 협소頰笑하다.
자연, 인생, 시간

-〈신아新我의 서곡〉에서

이 두 작품은 '은자隱者의 가歌'란 큰 제목으로 제작된 것인데, 황석우에게는 최초로 발표된 시편들이라 할 수 있다. 여기에 구사된 시어들이 너무나 생경하다고나 할까? 시적 형상화를 운위하기조차 어색하고 생경한 한자투어의 어휘들로 이루어졌다. 그야말로 습작품들이라 하지 않을 수가 없다. 인간의 영육靈肉의 문제와 '신아新我', 곧 새로운 자아의 발견이 시적 주제가 되고 있는 것이다. 여기서 자아의 발견은 결국 인간 개아의 존엄성과 낭만주의적 발상법과 연관되기도 한다.

그리고 좀 더 뒤로 《창조》나 《여자계》에 발표된 작품에 이르게 되면,

지금 애인이 빨간 메꽃 같이 입 벌렸다.
강 위를 술 취한 기미氣味로 지나는 바람아,
애인의 그 입으로 하나, 둘 굴러 나오는
반딧불(螢火) 같은 진주형의 '말'을
곱게, 곱게 휩싸오너라.

아아 애인아, 너와 나의 사이에는
회의에 퍼진 큰 들이 격해 있다.
그곳에는 연색鉛色의 눈이 쌓이고, 쌓여온다.
아아, 애인아 지금이야말로 네가 올 때다.

-〈눈으로 애인아 오너라〉에서

은반에 고운 대답 받은 밤,
보드랍고, 짤막한 손으로
녹악綠幄에, 봄은 피아노 타고
나는 젊은 미래의 손목 잡다.

내 집에 가장 어진 미래 오(來)다.
아- 미래와 나는 무도舞蹈하다 무도하다.
밀월蜜月의 높은 혼돈에
붉게, 푸르게 쌓는 아침을 노래(頌)하면서

-〈무도舞蹈〉에서

위에서 앞의 시는 《창조》지에 실렸고, 뒤의 시는 《여자계》에 실린 것이다. 이 두 잡지 모두가 일본 동경에서 출간된 것으로 보아, 당시 우리의 출판 시설이 부족했거나, 아니면 필진 대부분이 유학생들로 일본에 머물러 있었기 때문인지도 모른다. 아무튼 이 무렵에 출간된 월간지 대부분이 일본으로 되어 있는 것에서 그렇게 추정되기도 한다.

이 두 작품에서 우리는 초기의 《태서문예신보》나 《삼광》지에 발표된 시편들과는 다르게 그 표현법, 아니 시어 구사나 문장법에서 세련미를 찾아볼 수가 있다. 다시 말해서 이것은 황석우가 습작기의 단계에서 벗어나 본궤도의 진입으로 한 걸음 다가서고 있다는 것을 의미하기도 한다.

4) 정치가의 꿈에서 시인의 길로 – 그 전환의 의미

정치가의 꿈을 안고 일본에 오게 된 황석우는 와세다대학 정경학부에 입학한다. 그러나 앞에서도 논의된 바, 그의 와세다대학 입학에 관련된 문제는 이제까지의 통념으로 전해지던 것과는 다르게, 그 사실이 밝혀지면서 혼동되고 있다. 그 자신이 회상기에서 말한 대로라면, 분명 그의 와세대대학 입학의 시기는 1910년대 중반임에 틀림없다. 그런데 오늘날 그것이 명확하게 밝혀지면서 문제가 되고 있다는 것이다.

황석우는 정치가의 꿈을 안고 일본 유학을 와서, 그 꿈을 접고 문학, 그것도 시인의 길로 접어들게 된 까닭을 그 자신 이렇게 말하고 있다.

> 나는 본래 정치청년의 한 사람이었다. 나의 어렸을 때부터의 모든 수양의 길은 법률과 정치과학이었다. 나는 곧 정치가로서 서려 하는 것이 나의 입신立身의 최고목표最高目標이었다. 그러나 나는 시를 쓰지 않을 수 없는 어느 큰 설움을 가슴 가운데 뿌리 깊게 안아왔다. 그는 곧 나의 어렸을 때부터 받아오던 모든 현실적 학대와, 또는 나의 가난한 어머니와 나를 위하여 희생되었던 나의 불행한 누이의 운명에 대한 설움이었다. 그는 마침내 나로 하여금 남모르게 탄식해 울고, 또는 성내어 현실을 사회를 저주하면서 더욱더욱 내 누이를 울려가면서 모든 주위의 유혹과 경멸과 싸워가면서 시를 쓰게 하였다. 나의 시를 쓰는 환

경은 실로 괴로웠었다.[11]

위는 시집 『자연송』의 서문인 「자문自文」에서 인용한 것이다. 말하자면, 황석우가 어려서부터 가졌던 정치가, 아니 법률가의 꿈을 접고 시인의 길을 선택하게 된 것은, 가난한 어머니와 황석우 자신을 위해 불행한 삶을 살게 한 누이의 운명에 대한 설움 때문이라 하고 있다. 그렇다면, 여기서 누이의 운명적 설움은 무엇을 두고 한 말인가? 그와 누이를 탄식해 울게 하고, 성내고 저주하게 한 사회현실이 무엇일까? 그의 누이가 출가도 하지 않고 그와 어머니를 위해서 희생적인 삶을 살았단 말인가? 아니면 그 운명적인 설움이란 무엇을 의미하는 것일까?

황석우의 이런 말에 대하여 우리는 시대의 많은 변화를 읽을 수 있다. 가난한 삶과 설움 때문에 정치가나 법률가의 꿈을 접고 시를 쓰게 되었다고 하니 말이다. 시가 무엇이기에 현실적인 정치가나 법률가의 꿈을 접게끔 하였던가? 현실적인 것보다 더욱 더 빈곤한 삶의 길을 택하고 있는 것에서 우리는 엄청난 시대의 변화를 읽을 수 있다. 시가 현실적이고 물질적 삶과 무슨 관계가 있기에 그렇다는 말인가? 오늘날의 관점에서 보면 정말 어처구니없고, 커다란 변화라 하지 않을 수 없다.

> 여러분 나는 지금 다시 고향의 정다운 산과 야野와 시가市街와 온갖 사회의 사람들과 떠나 들것에 가로누운 전염병자 같이, 풍랑 험한 현해탄을 넘어갑니다. 나는 확실히 한 큰 병인이다. 나는 눈멀고, 귀먹고, 벙

11 〈자문自文〉(시집 『자연송』의 서문, 조선시단사, 1929) 2면.

어리 되고, 수족조차 쓰지 못할 여러 가지 난치병을 겸한 큰 병인입니다.[12]

위는 황석우가 유학차 고국을 떠나는 현해탄의 뱃길에서 쓴 「다정한 고향을 떠나면서」의 머리에서 인용한 것이다. 이 여행기가 단순히 제목과도 같이 감상적인 글이라기보다는 당시 우리의 민족적 현실의 문제, 말하자면 노동과 교육문제, 그리고 기독교 등에서 제기되는 사회적 문제에 걸쳐서 광범한 비판적 성찰을 담고 있는 것이다.

이렇게 정치가의 꿈을 접고 시의 길을 선택한 황석우는 일찍부터 작품을 발표하기 시작한다. 그가 와세다대학에 재학하고 있기 이전부터 시작들을 발표하고 있었던 것으로 보인다. 그것들은 시집 『자연송』의 후미에 수록된 '재동경시대在東京時代'의 작품 및 일문시日文詩들이 아닐까도 싶다.

황석우가 일본에 유학한 것이, 그가 말하는 19세 때의 일이라면 1914년에 해당된다. 이 시기에는 신익희·현상윤·최승구·나경석·장덕수·나혜석·최두선 등의 일본 유학생들이 주축이 되어 《학지광》지를 출간하고 있었는데, 황석우는 전혀 나타나지 않고 있다. 그렇다면, 황석우가 일본에 유학했던 정확한 시기는 언제일까? 만약 그가 말하는 유학한 시기가 1914년경이 정확한 것이라면, 《학지광》지에다 그는 단 한 작품도 발표하지 않았을까 하는 의문이 제기되기도 한다.

---

12 《매일신보》(1921.11.12)에서 인용.

4 폐허동인과 장미촌동인으로서의 시작 활동 -청년기·2

황석우가 폐허동인과 장미촌동인으로 활동했던 시기는 청년기에 해당되는데, 그 자신의 시력詩歷으로 보아서도 습작기에서 벗어나 본격적인 시작 활동이 비롯되었다고 할 수가 있다. 우리의 근대문학 운동이 본격화되기 시작한 시기로, 일본을 매개로 하여 서구문학의 영향을 받고 있었다. 폐허동인들의 상당수가 일본에 유학했고, 그곳에서 배운 서구문학을 바탕으로 우리의 문학을 이전과는 아주 다른 새로운 방향으로 이끌어가고 있었다. 그것이 바로 시에서 세기말적 데카당파의 상징주의와 낭만주의, 그리고 소설에서 리얼리즘과 자연주의 문학을 표방하고 나온 것이다.

1) 극예술협회의 창립과 각종 강연회 활동

1920년을 전후하여 황석우는 극예술협회 창립회원으로 참여하는 한편, 시작 활동도 왕성하게 펼치게 된다. 바로 앞에서 논의된바, 황석우는 폐허동인으로 활동하기 직전에 《태서문예신보》·《삼광》·《여자계》·《매일신보》 등에 발표된 많은 시작들과 평론을 통해서 문단활동의 본 궤도에 오르게 된 셈이다.

별 그윽이 깜박이는 꿈의 터, 빈 영靈에
파란 비둘기는 날아 달려옵니다.
아-좁은 윤輪감의 길로 「일어나라, 일어나라」고
목이 주묵朱墨의 글이 매어 있습니다.
그 뒤에는 영저嶺底에 힘없이 졸던 달이
눈(雪)을 활활 털면서
창철색錆鐵色의 구름 안으로 허덩허덩 쫓아옵니다.
아-달은 '기밀機密'을 잃었다고 그 문에 웁니다.

-〈벽구碧鳩〉의 전문

이 시는 앞에서 인용된 〈무도舞蹈〉와 함께 1920년 6월호 《여자계》에 발표되어 있다. 말하자면, 황석우가 폐허동인으로서 본격적 시단활동을 의미하는 1920년 7월을 기준으로, 바로 그 직전이라 할 수 있다. 그래서 그런지, 이 시기의 몇몇 시편들은 《폐허》 창간호에 집중적으로 발표된 시편들과의 차이를 찾아볼 수 없다. 아무튼 이 시는 그 거칠고 투박한 시어 구사와는 달리, 파란 털의 비둘기를 주제로 한 함의와 상징성은 벽모碧毛의 묘猫를 비롯한 《폐허》 창간호에 발표된 시편들과 연관된다. 한마디로 이것은 황석우의 시가 그 습작기에서 벗어나 한 단계 진전된 경지에 접어들고 있다는 반증이기도 하다.

황석우는 폐허동인으로 활동하기에 앞서 극예술협회의 결성에 창립회원으로 참여하여 적극적으로 활동한다. 극예술협회는 일본 동경의 유학생들을 중심으로 조직된 연극단체로 그 주요 회원으로 황석우를 포함하여 김우진金祐鎭·조명희趙明熙·유춘섭柳春燮·진장섭秦長燮·홍해성洪海星·고한승高漢承·김영팔金永八·최승일崔承一·김수산金水山·마해송馬海松 등이다. 이들은 주로 서양의 고전극이나 근대극을 연구하면서 공연하기도 하였다고 한다. 일본 유학생들의 이런 활동이 계기가 되어 후일 토월회土月會가 결성되어 연극 활동이 본격화된 것으로 생각된다.

3월, 종로의 기독교청년회 회관에서 황석우가 주재했던 중앙시단사와 삼광사가 주최하여 시 낭송회가 개최되었다. 이때 이병도李丙燾와 황석우가 식사와 개회사를 맡아서 하고 남궁벽南宮璧·이일李一·이종숙李鍾淑·김인식金仁植·변영로卞榮魯·홍명희洪永厚 등과 같은 많은 젊은이들이 참여하여 자작시를 낭송하였다. 이것은 우리나라에서 처음으로 열리는 시 낭송회라서 그런지 많은 청중들의 뜨거운 열기와 호응을 받기도 하였다는 것이다.

그리고 5월에는 구룡산 연극장 개성좌에서 열린 조선노동공동체의 창립 기념 강연회에서 '신인新人의 성聲'이란 제목으로 강연을 한다. 이후로 황석우는 이 강연회를 시발로 하여 서울과 지방을 오가면서 많은 강연을 한다. 1920년 4월에 창립된 조선노동공제회는 1922년 말까지 6차례에 걸쳐서 강연회가 열렸는데, 동 강연회에는 황석우를 비롯하여 김명식金明植· 정태신鄭泰信·장덕수張德秀 등이 참여하였다. 이런 점으로 미루어 황석우도 당시 노동문제, 교육문제, 농촌문제…… 등 갖가지 사회문제에 대한 것은 물론, 국민 계도啓導의 차원에서 많은 활동을 한 것이 아닐까 한다.

2) 폐허동인의 결성과 '이탈離脫'의 의미

《폐허》 창간호가 출간된 것은 1920년 7월이다. 우리나라 최초의 문예지 《창조》가 출간된 바로 이듬해로, 그 창간호는 김안서金岸曙와 황석우黃錫禹가 주재하여 펴냈다고 한다. 폐허동인의 일원이었던 이병도李丙燾는 그 당시를 회고하여 폐허동인의 활동이 《르네상스》와 《폐허이후》까지 확대되기도 한다. 아무튼 《폐허》지는 2호로서 종간되고, 그 뒤를 《르네상스》와 《폐허이후》가 출간되기도 했지만, 오늘날 《르네상스》는 전해지지 않고 있다.[13]

폐허동인으로는 그 창간호를 주재했던 김안서와 황석우를 비롯하여 남궁벽南宮璧·이혁로李赫魯·김영환金永煥·나혜석羅蕙錫·민태원閔泰瑗·김찬영金瓚永·염상섭廉尙燮·오상순吳相淳·김원주金元周·이병도李丙燾 등 이외에도 동지 2호와 《르네상스》·《폐허이후》로 이어지면서 그 동인들도 크게 확대된다. 그런데 황석우는 동지 창간호만 출간하고 폐허동인에서 탈퇴한다. 이들 가운데서 이병도와 같이 그 방향을 전환하여 사학자가 되었거나, 아니면 문단을 떠나 딴 방향으로 나간 동인들도 있다. 이들 가운데서 평생 동안 문단을 떠나지 않았던 동인들로는 요절한 남궁벽을 비롯하여 김안서·염상섭과·오상순·황석우 등 다섯 사람뿐이다.

그렇다면, 황석우가 이렇게 폐허동인에서 탈퇴한 까닭은 무엇일까? 그가 무엇 때문에 그렇게 열정적으로 참여하여 동인지 창간호까지 주재

13 여기서 '르네상스'는 원래 '뢰뇌쌍스'였는데, 필자가 편의상 현행 외래어 표기법으로 바꾼 것이다.

하고 곧바로 물러나게 된 것인지, 그 까닭을 알 수가 없다. 다만 《폐허》 2호의 말미에 "여러 가지 사정으로 황석우 군과 《폐허》와는 관계를 끊게 되었다."는 '사고社告'만이 전해지고 있을 뿐이다.

> 이번 창간호는 안서 군과 나와 둘이 편집했다. 나는 이 잡지를 세상에 내보내는 데는 너무 큰 부끄럼과 불안을 느낀다. 이 잡지를 세상에 내보내는 여러 동인 중의 일인 되는 나는 마치 얽박고석의 못생긴 계집이 대낮에 어여쁜 사나이들의 앞에 나가는 것 같 다. 그러나 추녀醜女에게는 세상의 더러운 유혹에 용이히 빠져 넘어지지 않는 강한 의지가 있다. 이렇게 말하면, 다른 동인은 노하실 듯도 하다.[14]

우리는 이 글에서 황석우가 같은 동인들과의 대립과 갈등이 있었음을 엿볼 수가 있다. 《폐허》 창간호를 김안서와 함께 편집하면서 그 내용에 대하여 불만이 많았던 것으로 보인다. 이런 잡지를 세상에 내놓기가 너무나 부끄럽고 불안하다고 한 것은, 무엇이 그런지는 그 구체적인 사실은 알 수 없지만, 동지에 수록된 동인들의 작품들의 내용들이 그렇다는 것으로 간주되기도 한다. 그래서 황석우는 《폐허》 창간호의 출간과 함께, 곧바로 그 동인들과의 결별을 고했는지도 모른다.

아무튼 황석우는 《폐허》 창간호에다 많은 작품을 발표한다. 장시 〈석양夕陽은 꺼지다〉와 〈벽모碧毛의 묘猫〉를 비롯하여 단곡 9편을 발표한다. 그리고 〈일본시단의 2대 경향〉이란 논문을 통해서 일본의 상징주의 시

---

14 〈상여想餘〉(《폐허》 창간호 1920.7) 124면.

와 민중시를 소개하기도 한다. 이것은 일본화한 프랑스 상징주의라 하지만, 김안서의 논문이나 번역시편들과 함께 우리나라 근대시, 곧 자유시의 형성기에 크게 기여한 것으로 보인다.

어느 날 내 영혼靈魂의
오수장午睡場(낮잠터) 되는
사막의 위, 수풀 그늘로서
벽모碧毛(파란털)의
고양이가 내 고적한
마음을 바라보면서

－〈벽모碧毛의 묘猫〉에서

이 시는 우리가 황석우를 논의할 때 자주 인용되는 작품으로, 시어 구사에서 어색하고 매끄럽지 못하긴 해도, 시적 발상법에서 보들레르의 시적 발상법과 유사하다 할 수 있다. 고양이의 파란 털을 통하여 봄과 여인, 곧 애인을 발상시킨 것이 보들레르의 고양이 시편들과 같다는 것이다. 보들레르에서는 고양이가 여인으로 상징되지만, 여기서는 고양이와 여인이 따로 분리되어 나타난 것이 다를 뿐이다.

백대진白大鎭의 말에 의하면, 황석우는 남달리 고양이를 좋아했다고 한다.[15] '고양이'에 대한 황석우의 이런 편애가 시적 발상법으로 이어진 것일 수도 있다. 파란 털의 고양이가 시인의 고적한 마음을 바라보고 있

15 백대진, 「낙백시인 황석우」(《현대문학》 1963.1) 239면 참조

다는 것, 바로 이것은 어느 따스한 봄날의 '오수장午睡場(낮잠터)에서 있었던 시적 화자와 고양이와의 관계이기도 하다. 그런데 이때에 시적 화자와 고양이는 마찬가지로 외로움 속에서 서로의 마음을 바라보고 있는 것이다.

백대진은 여기서 황석우의 고양이에 대한 편애의 감정을 특이한 성격으로 보고 있다. 그의 이런 특이한 성격 때문에 많은 친구들을 못 사귀고 외롭게 살다가 갔다는 것이다. 황석우는 친구들과의 사귐이 두터워지면 자기의 살도 베어줄 만큼 극진하지만, 그렇지 못하고 한 번 틀어지면 불구대천不俱戴天의 원수와 같이 여기고 다시 만나기를 꺼려했다고 한다. 그래서 그는 죽음에 임해서도 외롭고 쓸쓸하게 떠나게 된 것인지도 모른다고 한 것이다.

폐허동인들은 후에 다시 모여 조선문인회의를 결성하여 1923년에 《르네상스》를 출간했고, 1924년에는 《폐허이후廢墟以後》를 출간하기도 했다. 동지의 주요 회원으로는 이병도·염상섭· 오상순·변영로 등이었는데, 황석우도 여기에 동참하였다고 한다. 그러나 이 두 잡지는 오래 지속되지 못하고 모두 창간호로서 종간되고 만 것이다.

3) 시 전문지 '장미촌'의 발간과 자유시의 선구

이렇게 폐허동인에서 탈퇴한 황석우는 곧바로 장미촌동인을 결성한다. 동인들로는 변영로卞榮魯·황석우黃錫禹·정태신鄭泰信·신태악辛泰嶽·노자영盧子泳·박영희朴英熙·박종화朴鍾和·박인덕朴仁德·이훈李薰·오상순吳相淳 등인데, 이들 가운데서 오상순만 제하고 《장미촌》 창간호에 작품을 발표하고 있다.

《장미촌》은 우리나라 최초의 시전문지로 1921년 5월에 출간되었다. 그 창간호는 황석우가 편집한 것으로 되어 있다. 전체가 불과 23면밖에 안 되는 소책자이긴 하지만, 우리 근대시사에서 매우 중요하다. 그러나 이 《장미촌》은 단 한 호로 수명을 다하고 만다. 물론 이런 현상은 《장미촌》만 그런 것이 아니라, 그 시대 대부분의 문예지의 수명이 그리 길었던 것이 아니었음은 말할 것도 없다.

《장미촌》 창간호의 표지에 보면, '자유시自由詩의 선구先驅'란 제목으로 그 선언문宣言文이 나타나 있는데,

> 우리들은 인간으로의 참된 고뇌의 촌에 들어왔다. 우리들이 밟아나가자는 길은 고독의 끝없이 묘막渺漠한 설원雪原이다. 우리는 이곳을 개척하여 우리의 영靈의 영원한 평화와 안식을 얻을 촌, 장미의 훈향 높은 신神과 인간과의 경하로운 화혼花婚의 향연이 열리는 촌을 세우려 한다. 우리는 이곳을 다못 우리들의 젊은 영의 열탕 같이 뜨거운 괴로운 땀과 또는 철화鐵火 같은 고도의 정淨한 정열로써 개척하여 나갈 뿐이다. 장미, 장미, 우리들의 손에 의하여 싹 나고, 길리고, 또한 꽃 피려는 장미.

라 하고 있다. 이 선언문은 작자가 밝혀져 있지 않지만, 편집을 주간한 황석우가 쓴 것으로 보인다. 아무튼 황석우는 여기서 고독과 고뇌의 설원雪原을 개척하여 영혼의 영원한 평화와 안식할 그곳에는 언제나 장미의 훈향薰香이 높은 신神과 인간의 화혼花婚이 열리는 '장미촌'을 세울 것을 역설한

다. 그리고〈장미촌의 향연〉과 〈장미촌의 제1일의 여명〉이란 시에서도,

고독은 내 영靈의 월세계
나는 그 위의 사막에 깃들어 있다.
고독은 나의 정열의 불토佛土
나는 그 위에 한 작은 장미촌을 세우려 한다.
그리하여 나는 스스로 그 촌의 왕이 되려 한다.

-〈장미촌의 향연〉에서

아아 나는 스스로 그 촌의 왕이 되려 한다.
여명의/ 태향苔香을 먹음(含)은
신비적의/ 강한 음향은
천지창조 뒤의/ 바다의 타(彈)는
그윽한/ 첫 조음潮音 같이
물속의 잠긴/ 무겁게 괴로운(重苦) 종소리 같이

-〈장미촌 제1일의 여명〉에서

와도 같이 노래하고 있다. 이것들은 앞의 선언문의 내용을 바탕으로 한 시라 할 수 있다. 신과 인간과의 교혼交婚이 이루어지는 이상향인 '장미촌'을 세워서 그곳의 왕이 되고자 하는 데서 우리는 황석우의 시에 대한 열정과 자만심이 대단했던 것을 엿볼 수가 있다. 이것은 그 자신도 그렇게 생각했고, 또한 문단에서의 반향도 대단했던 것이었음은,

동인 상아탑 씨의 작품에 대한 선부善否를 말하는 것은 실로 항우項

> 羽를 보고, 역사力士인 듯 하다 하는 셈이지만, 여하간 금번에 쓴 2편의 시도, 참말 근일 희유稀有의 작이라 아니할 수 없다.[16]

라고 한 것으로 보아도 알 수가 있다. 황석우의 문학에 대한 열정도 대단했지만, 그와 함께 좌충우돌左衝右突하는 과격한 성격의 소유자로서, 당시에 크게 화제를 모았던 문학논쟁을 펼치기도 한 것이다.

4) 신시新詩와 그 형식의 문제 – 현철玄哲과의 치열한 논쟁

1920년 12월호 《개벽》지에 발표된 현진건의 소설 「희생화」와 오상순의 〈구름〉·〈생의 철학〉 등 두 편의 시에 대하여 황석우가 혹평을 한다. 말하자면, 현진건의 「희생화」는 예술적 형식조차 갖추지 못한 소설도 아니고, 그렇다고 독백도 되지 못한 산문에 지나지 않는다고 말하고, 오상순의 시 두 편에 대해서도 서정시나 사상시로서의 요건을 갖추지 못하고 있을 뿐만 아니라 그 표현조차도 너무나 유치하다고 가혹한 논평을 하고 있다.

이에 대하여 개벽사의 학예부장으로서 그 편집을 주관했던 현철玄哲(玄僖運)은 황석우의 이러한 논평에 대하여 강하게 반론하고 나선다. 말하자면, 같은 잡지에 발표된 「비평을 알고 비평을 하라」에서 반론한 것이라 할 수 있는데, 한마디로 황석우는 문학비평의 근본자세가 안 되었다는 것이다. 문학이론, 곧 소설이나 신시에 대한 이론적인 근거를 가지

16 〈동인同人의 말〉(《장미촌》 창간호, 1921.5) 22면.

고 비평하라고 강하게 질타하고 있다.

이런 현철의 논평에 대하여 황석우는, 바로 이어지는 《개벽》지에다 「주문치 아니한 시 정의를 일러주겠다는 현철 군에게」에서 또다시 발론하기도 한다. 그런데 이들의 논쟁은 소설이나 신시에 대한 깊이 있는 문학이론을 바탕으로 한 논쟁이라기보다는 지나친 인신공격에 기울고 있다. 말하자면, 황석우는 현철에게 시의 정의를 일러달라고 주문한 적도 없고, 주정군의 허튼 맹서와 같은 모욕을 받을 만한 그런 막된 글을 쓴 기억도 없다고까지 한다. 한마디로 술주정꾼의 막말과도 같은 그런 논평을 받아들일 수 없다는 것이 황석우의 반론이기도 하다. 그리하여 이것은 김유방의 「'비평을 알고 비평을 하라'를 읽고」까지 확대되기도 했지만, 이것들은 시와 소설의 시학적인 논쟁이라기보다는 오히려 상대방의 비방에 기울어져 있는 것이라 할 수 있다.

폐허동인과 장미촌동인 활동으로 문단에서의 입지가 확고해진 황석우는 그의 불같은 열정과 자만심으로 가득 차 있었다. 여기에는 그의 과격한 성격의 탓도 있다 하겠으나, 아무튼 동인들 간에도 불협화의 흔적이 엿보이기도 한다. 그래서 폐허동인 활동에서도 그 시작과 동시에 탈퇴했고, 장미촌동인도 오래 지속되지 못했던 것이 아닐까 한다.

이렇게 《폐허》와 《장미촌》을 통해서 문단의 위상을 확고하게 굳힌 황석우는 《개벽》·《현대》·《청년》·《신민공론》·《동아일보》 등에 1923년 4월까지 시와 평론, 그리고 산문을 발표하다가 국내와 만주로 이어지는 유랑의 길에 오르게 된다. 그것도 5년이 넘는 세월을 국내와 만주를 떠돌다가 1928년이 되어서야 문단으로 다시 돌아온다. 그러나 그가 국내와 만주로 이어지는 유랑생활에서 무엇을 하면서 살았는지는, 그 자신이 밝힌 몇 가지 단편적인 사실밖에는 별로 알려진 것이 없다. 그가 무엇 때문에 만주로 갔고, 또한 거기에서 무엇을 하면서 머물렀다가 귀국한 것에 대해서는 별로 알려진 것이 없다.

5) 흑도회黑濤會의 결성과 아나키스트로서의 사회운동

황석우가 원종란元鍾麟과 함께 일본 동경에서 세계주의, 코스모폴리탄이즘 선전을 목적으로 결성된 코스모클럽에 출입하게 된 것은 1921년 가을이다. 이때에 황석우는 일본에서 공산주의와 아나키즘을 주도했던 사카이도시히코堺利彦와 오스키사카에大杉榮 등과 교유交遊하게 된다. 이것이 계기가 되어 황석우는 아나키스트들의 모임인 흑도회黑濤會의 결성에 적극 참여하게 된 것이다.

흑도회는 일본의 아나키스트 오스키사카에大杉榮 등을 배경으로 결성된 모임으로 박열朴烈·전태신鄭泰信·김약수金若水·서상일徐相日·원종린元鍾麟·황석우黃錫禹·백무白武· 조봉암曺奉岩·정태성鄭泰成 등이 창립회원으로 참여하고 있다. 이들 대부분은 농민과 노동자 계층의 이익을 대변하는 사회주의 색채가 짙은 인물들로 분리되어 총독부의 엄격한 감시를 받기 시작했다. 아마도 이들 사회주의적 진보계열들이 민족진영보다는 그 저항성에서 훨씬 강했기 때문이기도 하다.

흑도회는 얼마 지나지 않아서 해체하게 되는데, 그것이 이렇게 쉽게 해체된 까닭은 잘 알 수가 없다. 이 흑도회는 박열 중심의 흑우회黑友會와 김약수 중심의 북성회北星會로 갈리게 되는데, 황석우는 북성회 쪽으로 서게 된다. 그러나 이 모임이 얼마나 지속된 것인지는 잘 알려져 있지 않다. 황석우가 사회주의와 아나키즘 운동에 동조하여 참여하고 거기에 경도된 것은 그의 논문 「현 일본사상계의 특질과 주조」를 통해서도 나타난다.[17]

황석우는 이 논문에서 일본 민족성의 특질을 요약하여 일본인은 "천성天成의 인간지상주의적이고 현실지상주의적 인종"[18]이라 하고 있다. 말하자면, 일본인의 민족적 특성이 인간적이고 현실적일 뿐만 아니라, 감정적이기도 하다고 한다. 이러한 일본인들의 민족성을 바탕으로 그 시대 새로 유입된 신사상新思想, 곧 그 가운데서도 공산주의와 무정부주의가 일본 사회사상 운동의 주류를 형성하게 되었다는 것이다.

우리는 여기서 황석우가 그 당시 세차게 밀려들어온 사상적 조류로서 공산주의와 무정부주의에 기울게 된 까닭을 조금은 짐작할 수가 있다. 사카이도시히코堺利彦와 오스키사카에大杉榮 등과 같은 사람들을 통해서 공산주의와 아나키즘에 대하여 눈을 뜨고 그 운동의 대열에 가담하여 흑도회를 결성하게 된 것으로 보인다.

아무튼 황석우는 이런 정치 및 사회운동에 관여하면서 그의 시작 활동은 거의 중단 상태에 머물게 된다. 노동자들의 인격 향상과 고학생들

---

17 이 논문은 1923년 4월호 《개벽》지에 발표되었다.

18 《개벽》 24호(1923.4) 25면 참조.

의 취학지도를 위해 창립된 조선고학생동우회[19]에 참여하여 적극적으로 활동하는가 하면, 신문기자로서 활동하기도 하고, 만주로 달려가 그곳 동포들의 생활상을 조사하여 만주는 물론 국내를 오가면서 강연회를 개최하면서 열정적으로 활동하기도 한다.

황석우는 한때 김명진金明鎭과 함께 《상업시보》의 발간을 기획하기도 하고, 조선상업사의 주필 겸 이사장으로 잠시 활동하기도 한다. 그리고 중외일보사 기자로서 활동하기도 하고 만주에 머물 때에는 동아일보 장춘지국의 고문을 맡기도 한다. 그리고 그가 만주이주조선농민 보호연구회 부회장의 직책으로 있을 때는 만주의 전역에 거주하는 조선농민들의 생활상을 조사하기도 하면서 강연회도 열기도 하였는데, 동 보호연구회의 회장은 장춘지역을 중심으로 오랫동안 독립운동을 하였던 함석은咸錫殷이 맡고 있었다.

한편 황석우는 장춘에 만주통신사를 개설하여 사장직을 맡았고, 고문직은 함석은이 맡아서 하였는데, 동 통신사는 만주 지역에서 일어나는 사건들을 국내의 신문사와 잡지사에 연결시키는 역할을 하였다고 한다. 이렇게 황석우는 만주에다 거점을 두고 활동하다가 돌아와서는 만주 이주농민들의 실상과 농촌문제를 주제로 강연하기도 하였다. 이뿐만 아니라, 황석우는 1935년경까지 경제 및 사회문제를 가지고 전국을 돌면서 간간이 강연회를 개최하기도 한 것이다.

19 조선고학생동우회의 회원으로 박열·김약수·백무·최갑춘·황석우·임택룡 등이 있다.

5 조선시단사의 개설과 첫 시집 『자연송』의 출간 – 청·장년기

황석우가 국내와 만주로 이어지는 유랑생활을 접고 돌아온 것은 1927년 말경이 아닐까 한다. 그것은 그가 1927년 12월에 중외일보사 기자로 취임한 것이 사실이라면, 그렇게 추정할 수밖에 없다. 아무튼 황석우가 조선시단사를 개설하고, 그 창간호가 1928년 11월에 출간되었다. 아무리 작은 잡지를 제작한다고 해도 상당한 시간이 소요됨은 말할 것도 없다. 하물며 1920년대에는 더 말할 것도 없을 것이다. 사무실을 열고 원고를 수집하여 편집하고 교정과 제본하는 기간을 감안하면, 황석우의 귀국한 시기는 좀 더 이전으로 앞당겨 볼 수도 있을 것이다.

그 당시 《조선시단》은 2~3호 합병호와 5권 특대호로서 『청년시인백인집』을 포함하여 총 8호가 출간된 것으로 추정된다. 그런데 현재 1, 2~3, 5, 6, 8호만 전해지고, 나머지 4, 7호는 전해지지 않고 있다.[20] 이것들이 출간된 기간을 보면, 1928년 11월에서 1934년 9월까지 이른다. 혹여 제8호 이후에도 더 지속되었는지도 모른다. 그리고 여기서 결호로 남은 4, 7호도 그 어디엔가 보관되어 있을 것으로 추정되기도 한다.

20 현존하는 《조선사단》의 간행 연월을 보면, 제1호(1928.11) / 2~3 합병호(1929.12) / 제5 호(1929.4) / 제6호(1930.1) / 제8호(1934.9) 등과 같다.

1) 신진시인新進詩人의 발굴과 그 영역의 확대 – 《조선시단》의 창간

황석우는 불같은 열정과 패기로서 조선시단사를 출발시킨다. 황석우는 여기서 기존의 시인보다는 신인 발굴에 역점을 두고 있다. 《조선시단》은 그 창간호는 물론, 2~3의 합병호에도 많은 젊은 신인들의 작품들을 전국적으로 모집하여 발표하고 있다. 기성 시인들은 극히 한정되어 몇 편에 불과하고, 대부분이 신인들의 작품들을 수록하고 있는 것이다. 황석우의 이런 편성지침은 그 창간호 편집후기라 할 수 있는 〈여언餘言〉에 잘 나타나 있다.

> 금번 창간호 임시호 내에는 제군의 젊은 가슴의 피 속에서 끓어 나온 시는, 이것이 정히 새 조선의 문화의 혼을 대표한 부르짖음의 가장 힘 있는 자의 하나일까 합니다. 제군의 진용은 실로 당당하다 하겠습니다. 그러나 금후를 더욱더욱 노력해 나가지 않으 면 안 될 줄 압니다. 제군 가운데서 세계를 뒤흔들 위대한 시인이 나오도록 제군의 현재의 그 싹을 힘써 쉬지 않고 길러나가면 반드시 제군의 시대에, 제군의 가운데로 세계를 놀랄 만한 시인이 나올 것을 믿습니다.[21]

우리는 여기서 조선시단사가 무엇보다도 신인 발굴에 역점을 두고 출발하게 된 황석우의 의도를 잘 알 수가 있다. 새로 자라나는 젊은 세대에게 커다란 기대를 걸고 그들을 격려하고 자극하여 세계적인 시인으로 만들고자 한 데 있는 것이다. 그래서 그는 보다 좋은 신인을 발굴하기 위하

21 〈여언餘言〉(《조선시단》 창간호, 1928.11) 76면.

여 그 영역을 전국적으로 확대하여 신인들의 작품들을 선정하여 수록하고, 그들의 출신지역을 낱낱이 명시한 것이라 할 수 있다.

그런데 그 창간호가 이보다 일찍 출간될 수 있었지만, 검열에 걸려 늦어졌다는 것이다. 그 시대가 일제의 강점 하에 있었기 때문에 현실적 정치성 사회성을 띠는 작품들 때문에 그렇게 된 것으로 보이기도 한다. 그래서 동 창간호는 '임시호'가 되어 그 배포가 늦어졌음을 말미의 〈여언餘言〉에서 편자는 밝히고 있다. 그리고 동 2호와 3호는 합병호가 되어 창간호가 출간된 바로 그 다음 달인 12월에 출간된다. 이로 미루어 창간호는 임시호가 되어 나오기 11월 이전에 출간되었어야 했던 것으로 추정되기도 한다.

1929년 4월에 출간된 《조선시단》 제5호는 『청년시인백인집』으로 출간된다. 이것은 황석우가 조선시단사를 설립하면서 의도했던 것으로, 전국적으로 젊은 신인들을 육성하고자 하는 강한 의욕의 반영이라 할 수도 있다. 여기에는 기존 시인의 작품은 거의 없고 모두가 젊은 신인들의 작품들만으로 편성되어 있다.

> 세계시단의 앞으로 무대를 전취해 나가려는 원대한 포부를 가진 우리 조선시단은 창간된 지 불과 3, 4개월에 조선 내외에 산재한 백 여인의 피 끓는 젊은 남녀시인을 찾아냈다. 이네들은 사막보다 더 황량한 조선의 광야의 사력砂礫 가운데 금옥 같이 파묻혀 있던 장차 오는 조선 신시단의 주인공이다. 곧 이네들은 새 조선의 예술, 새 조선의 혼을 창조할 - 시대가, 역사가 보낸 선구의 신神들이다. 이네들은 지금 새 시단의 새별들 가운데 만리원정의 기사의 무리 같이 용맹스럽고 웅웅雄雄

하게 진용을 나타냈다. 그 얼굴은 아리답기 꽃과 같고, 또는 기운차기 태양과 같다. 이네들은 참으로 꽃같고, 태양 같은 시인들이다. 이네들의 앞길은 멀고, 그 사명은 크다. 새로 서는 시단 새로 오는 조선은 장차 이네들의 손에 의하여 맞으러 올 것이다. 조선아 - 이 신인들의 앞에 엎디어 경건하게 예배하고 그 앞길을 기도하라. 쓰러졌던 조선의 시원詩苑은 이네들의 손에 의하여 부흥될 것이며, 또는 조선시단 사상에 대서특필할 신기원의 황금시대는 올 것이다. 곧 조선의 시단을 세계시단의 앞으로 이끌어 나갈 자는 정히 이들이다. 오오 전 조선의 청년들이 나와 이네들을 맞으라. 또한 이네들의 진출을 미워할 자 있거든 기탄 없이 정면으로 나와 다고.[22]

위는 황석우가 1929년 4월에 출간된 《조선시단》(통권 5호)을 '청년시인백인집'으로 펴내면서 그 머리에 붙인 서문이다. 한마디로 황석우는 여기서 우리 조선시단의 젊은 청년들에게 기대하는 것이 너무나 많다고 한다. 젊은 청년들이 가진 무한한 능력과 신뢰, 이것들로 하여금 우리 시단을 세계의 대열에 동참시킬 원대한 포부를 갖고 이 시집을 편성했다는 것이다.

황석우는 무엇보다도 우리나라의 먼 미래를 모두 신진의 젊은이들에게 걸고 있다. 말하자면, 우리 젊은이들의 천재성만이 낙후한 우리들의 문단을 세계 무대로 이끌어 올릴 수 있다는 것이다. 그가 오랫동안 국내 및 만주 등지의 유랑생활을 접고 돌아와 조선시단사를 설립한 목적도 바로 여기에 있었던 것이다. 황석우는 낡은 세대로서는 세계화의 먼 미래

22 《조선시단》 제5호(1931.4) 1면.

를 개척할 수 없다는 것을 너무나 잘 알고 있었다. 그래서 그는 전국의 젊은이들을 대상으로 신인의 발굴에 전력을 기울이게 된 것이다.

그러나 조선시단사의 이러한 의욕과는 다르게, 황석우는 얼마지 않아 재정상의 문제에 직면하게 된다. 그것은 동지의 간행 과정을 보면 쉽게 알 수가 있다. 1~5호까지는 그래도 약속된 시기에 크게 어긋나지 않게 출간되는데, 그 이후로는 그렇지가 못했다. 물론 이것은 재정상의 문제뿐만 아니라, 원고 문제도 있었을 것으로 안다. 동지 8호만 해도 1934년 9월에서야 출간된 것만 보아도 그렇다. 동지의 사고社告에 의하면《조선시단》의 발간 경비를 후원받기 위해서 황석우 일행은 안동(만주) 의주·신의주·선천·정주·평양·강서 등지를 찾아갔는가 하면, 또 한편으로는 평양의 '예술사' 동인들과 합작하여《예술시대》의 발행을 선언하기도 한다. 그러나《예술시대》는 종합잡지로서 이러한 선언만 있었을 뿐이며, 끝내 출간하지 못했던 것으로 전해지고 있다.

《조선시단》을 통해서 황석우는 많은 시편들을 발표한다. '자연시自然詩'와 '잡상시雜想詩'와 '수상시隨想詩' 등으로 유형화하여 1~3호까지 대량 발표하고 있다. 그런데 이런 유형화가 무슨 뜻인지 잘 알 수 없지만, 아무튼 이것들을 다시 증보 정리하여 첫 시집『자연송』을 펴내게 된다. 그런데 이들의 일부는 그가 만주에서 방랑생활을 하면서 제작된 것들임은 그 자신도 밝히고 있다. 그리고 현재 결호로 된 4호에도 황석우의 시집에 수록된 작품들이 발표되어 있을 것으로 추정되기도 하지만, 그것이 나타나지 않아서 그 정확한 것을 밝힐 수가 없다.

2) 첫 시집 『자연송』의 출간과 그 반향

첫 시집 『자연송』은 그가 설립한 조선시단사에서 1929년 11월에 간행된다. 그것도 황석우가 국내와 만주로 이어지는 유랑생활을 접고 귀국하여 손수 펴낸 《조선시단》에 집중적으로 발표된 시편들로만 엮은 것이다. 그가 《태서문예신보》나 《삼광》지에 발표한 습작기의 시편들은 물론, 《폐허》와 《장미촌》과 《개벽》 등으로 이어지는 초기의 시편들 - 말하자면 상징주의나 낭만주의를 표방하고 있는 시편들은 단 한 편도 수록하지 않고 있다. 그의 시력詩歷으로 보면, 중간기에 해당되는 《조선시단》에 발표된, 그가 말하는 자연시편들로만 편성되어 있다. 그런데 이것들은 대부분 그가 유랑생활 중에 쓴 것들이라고 한다. 그의 초기 시편들로는 그가 일본 유학시절에 국문과 일문으로 쓴 시편들을 말미에 수록하고 있을 뿐이다.

황석우의 『자연송』에 수록된 시편들은 총 153편으로, 그 시대로 보아서는 많은 분량이라 할 수 있다. 책머리에서 저자는 '자연'에 대하여 말하기를,

> 자연을 사랑하라. 자연을 사랑하지 못하는 자는 사람도 사랑할 참된 길을 알지 못한다. 사랑을 배우는 세례는 자연을 사랑하는 광야曠野 위에서 받아라.

라고 하고 있다. 이것은 그가 이 시집의 제목을 '자연송'으로 하게 된 해명解明의 일단이기도 하다. 황석우는 이 시집을 일본 유학시절의 친구인

김기곤金基坤의 함흥자택 서재에서 펴냈다고 한다. 그리고 황석우는 이 시집을 어려서 돌아가신 어머니와 그를 길러준 진경眞卿 누이에게 바친다고 하고 있다. 그는 이 책의 자서自序라 할 수 있는 〈자문自文〉에서, 자신은 원래 정치청년으로서 법률과 정치과학도였으나, 그 꿈을 접고 문학의 길을 선택하게 된 것은 그의 가슴속에 뿌리 깊게 박힌 큰 설움 때문이라 하고 있다.

> 그는 곧 나의 어렸을 때부터 받아오던 현실적 학대와, 또는 나의 가난한 어머니와 나를 위하여 희생되었던 나의 불행한 누이의 운명에 대한 설움이었다. 그는 마침내 나로 하여금 남모르게 탄식해 울고, 또는 성내어 현실을, 사회를 저주하면서 더욱더욱 내 누이를 울려가면서 모든 주위의 유혹과 경멸과 싸워가면서 시를 쓰게 하였다.[23]

황석우로 하여금 시를 쓰지 않을 수 없게 하였던 '큰 설움'은 무엇일까? '어릴 적부터 받아왔던 현실적인 학대'는 무엇이며, '불행한 누이의 운명'은 무엇을 두고 한 말일까? 집안이 가난했다면 어떻게 일본 유학까지 하였을까 하는 의문을 제기하지 않을 수 없다. 유관기관의 장학금이나, 아니면 어느 독지가의 도움을 받았다는 사실은 전혀 찾아볼 수 없으니 말이다.

황석우의 첫 시집『자연송』에 대한 반향은 너무나 컸다. 한 쪽에서는 시성詩聖으로 추켜세울 만큼 그의 천재성을 극찬했는가 하면, 또 다른 반대

23 〈자문自文〉(『자연송』 조선시단사, 1929.11) 2면.

쪽에서는 극렬히 혹평하기도 한다. 먼저 박우천朴宇天은 그의 짧은 논평에서 〈여자의 마음〉·〈두 도적〉……등『자연송』의 시편들은 들어 기발奇拔하고, 웅혼雄渾하고, 심각深刻함에서 그 천재적 시상을 엿보게 한다고 하면서,

> 그 기발과 웅혼은 노장사상老莊思想을 생각케 하며, 또 사실적이고 풍자적임에는 러시아의 그리보에토프를 생각케 하며, 그 심각함과 연연娟姸함과 미묘함은 시성詩聖 푸슈 킨을 연상케 합니다. 아니 차라리 어떤 점으로는 그들도 씨의 천재에 미치지 못할까 합니다.[24]

라고 극찬하고 있다. 그리고 전운향全雲香은 자신이 중학 재학시절에 어느 선배로부터 들은 이야기라 하면서,

> 그는 곧 인도에는 시성詩聖 타골이 있고, 조선에는 시성 상아탑象牙塔이 있다고. 이 말을 들은 지 얼마 안 되어 지금 명월관 본점이 태화여자관泰和女子館 자리에 있을 때, 어느 여름인지 가을경인지에 무슨 연회가 있었다 한다. 그 자리는 경성명사벌京城中堅 名士벌이 모였다 한다. 그 자리 가운데서 재사평才士評이 나왔다 한다. 그곳에는 장덕수張德秀·유진희兪鎭熙·정우영鄭又影 등도 참가하여 있었다 한다.…… 그때 이혁로李赫魯 씨인가 누군가 황석우지요. 그는 역사적 보배의 천재이지요라고 답함에 일동이 그럴 걸이라고 동의했다 한다.[25]

---

24 박우천, 「황석우 씨의 시를 읽고」(조선시단 2~3합병호, 1928.12) 7면.

25 전우향, 「조선신시단의 자부慈父 황석우 씨의 재현」(조선시단5호, 1929.4) 140면.

라 하고 있다. 오늘날의 관점에서 보면, 이 두 논평은 너무나 지나친 것이 아닐까 싶다. 시적 표현이나 시상의 전개가 그리 매끄럽지도 못할 뿐만 아니라, 그 시적 주제의 면에서도 그렇게 기발하고 뛰어난 것이 없다고 본다. 아무튼 폐허동인으로부터 출발하는 그의 시단활동은 오늘과는 달리, 그 반향이 매우 컸던 것으로 추정된다.

『자연송』에 대한 부정적인 논평으로 주요한朱耀翰의 논평을 들지 않을 수 없다. 주군의 『자연송』에 대한 논평은 일종의 중상中傷으로밖에 볼 수 없다는 황석우의 반론은 거의 막말에 가깝기까지 하다. 이들의 이런 논쟁은 시의 이론적 논쟁이 아니고, 독설과 인신공격에 가깝게 펼쳐지고 있다. 그 시대에 그만큼 이론적인 논쟁을 한다는 것은 불가능했는지도 모른다. 시의 시학과 고도한 문학이론이 형성되어 있지 않았기 때문일 것이다.

황석우는 주군의 이 논평에 대한 반론의 서두로부터 극렬하게 반발한다.[26] 그 논평의 동기조차 의외지사意外之事라는 것이다. 아니 좀 더 신중하게 처신하라고 경고하기도 한다. 이런 투의 논쟁에서 학리적인 것을 기대하기란 도저히 불가능한 것이다. 마치 '신시新詩'를 두고 개벽사의 현철玄哲과 펼쳤던 과격한 논쟁과도 유사하다고 할 수 있다.

26 황석우, 「『자연송』에 대한 주군의 평을 궤독跪讀하고서」(동아일보 1929.11.24~25) 참조.

3) '반송伴頌'의 시편들과 동시적 서정성

《조선시단》 1~5호까지는 그런대로 약정된 기간에 출간된 것으로 보인다. 그렇다고 그 기일이 정확하게 지켜졌다고 할 수는 없다. 그 창간호조차도 약정기일을 지키지 못하여 '임시호'로 출간했는가 하면, 2~3호는 합병호로 하여, 창간호에 바로 이어서 출간하고 있을 뿐만 아니라, 동지 5호가 이듬해 4월에 출간된 것을 보아도 그렇다. 그리고 동지 6호와 8호의 출간연도를 보면, 1930년 1월과 1934년 9월로 되어 있는 것으로 보아 조선시단사의 경영상태가 순탄치 못하다는 것을 짐작할 수 있다. 이것은 물론 경제적 문제도 있고, 원고의 문제도 있었을 것으로 짐작되기도 한다.

이렇게 그 자신이 주재했던 《조선시단》의 출간이 순탄치 못해서 그런지는 몰라도, 황석우의 작품 활동은 다른 지면으로 크게 확대된다. 그 하나로 《조선일보》를 들지 않을 수 없다. 1931년 11~12월에 걸쳐서 '반송伴頌'의 시편들이 1~12회까지 집중적으로 발표된다. '반송伴頌'이란 큰 제목은 무슨 뜻으로 사용한 것인지 확연치 않지만, 수십 편의 시작들로 이루어져 있다. 1회에 4~5편씩 12회에 걸쳐서 발표하고 있으니 말이다. 어떤 것은 '소녀'나 '사랑' 또는 '꽃'이나 '태양'과도 같은 주제로 몇 편식 묶어서 편성하기도 했다.[27]

이렇게 주제별로 묶어서 편성한 것은, 『자연송』의 시편들의 편성과도

---

27 이 '반송'의 시편들이 총 12회에 걸쳐서 발표된 것이 아닌 것 같다. 아무리 찾아보아도 이들 가운데 몇 회분은 찾을 수가 없다. 아마도 신문에 연재될 때에 잘못된 것이 아닐까도 싶다.

같다고 할 수가 있다. 그런데 이들 시편들은 거의가 동시형童詩形의 소품들이라 할 수 있는데,

소녀의 마음은 봄 잔디 풀!
그는 밟으면 웅크러지고
그는 불대면 타진다.

소녀의 마음은 유리창 풍경!
그는 바람 부딪히면 울리고
그는 내던지면 깨진다.

-〈소녀의 마음〉의 전문

하늘 타고
산도 타고
사람도 타 없어진다 하더라도
땅 위의 꽃만은 타지 마라라.
꽃은 '우주의 혼'이 땅 위에서 피어보이는 것이란다.

-〈꽃만은 타지 마라라〉의 전문

와도 같이 가녀린 '소녀'의 마음이나 아름다움, 그리고 아름다운 '꽃'에 대한 안타까움을 주제로 한 것이 있는가 하면, '태양'과 '별'과 '달' 등과 같은 천체를 주제로 하여 부른 노래들도 있다.

별들은
섬 바른 여자의
날카로운 눈동자 빛 같고
달은
음탐한 여자의
길게 빼 물은 혀 바닥 같습니다.

–〈별과 달〉의 전문

이 시는 마치 『자연송』의 시편들의 속성과 유사하다. 그러나 그 주제의식에서 보면 동시나 동요와도 같이 가볍고, 표현기교에서 『자연송』의 시편들보다는 부드럽고 세련되었다고 할 수 있다. 물론 어느 작품은 주제가 꽤 중후한 것도 없는 것이 아니다. 이를 계기로 황석우의 작품 발표의 지면은 크게 확대된다. 용아 박용철이 펴낸 《문예월간》을 비롯하여 《신생》·《신동아》·《삼천리》·《조선중앙일보》·《조선문단》 등에 이르기까지 이런 유형의 시편들을 발표하고 있다. 이것들은 그가 말한 대로 일종의 자연시편들이라 할 수도 있을 것이다.

사실 여기서 말하는 '자연시'라는 개념의 모호성을 지적하지 않을 수 없다. 이들 시편들이 나타내고 있는 특색으로 미루어, 지상의 모든 자연사물과 풍설風雪을 비롯하여 천체운행의 일월성진日月星辰에 이르기까지 총망라되어 있는 것으로 보이기도 한다. 그렇다면, 그가 말하는 사상시는 무엇을 두고 한 말일까? 그것은 인간의 현실적 생활로 정치적·사회적 문제를 주제로 한 것들을 두고 한 말일 것으로 생각되기도 한다.

4) 새 부인 윤덕상과의 만남과 헤어짐의 진위 문제

앞에서도 논의된 바, 황석우의 개인사 문제는 거의 알려져 있지 않다. 특히 그의 결혼과 자녀들의 문제, 곧 그가 언제 누구와 결혼하고, 자녀들은 몇이나 두었는지……, 이제까지 전해지는 것은 전혀 없다. 다만 그가 중년의 나이에 새 부인을 맞이하였다는 기사가 「조선 문단 신문」에 나타나 있을 뿐이다.

> 씨는 요사이에 또 신부인新夫人을 맞이하여 동대문 밖에서 사랑의 보금자리를 틀고 지낸다 한다. 여인들께 버림을 받는 대신에, 그는 어느 때나 사랑의 노래에 도취하여 있다. 더욱이 그 부인은 여인평론을 편집하기로 하고 예술시대인가를 편집한다니, 양인의 대활약이다. 두 분에게 행복이 있을지어다.[28]

여기서 '신부인新夫人'이라 함은 재혼을 두고 한 말인지, 아니면 그때에 처음으로 결혼한 것을 두고 한 말인지 명확치가 않다. 당시의 결혼풍습으로 미루어 재혼으로 간주되기도 한다. 그런데 여기에서 말하는 '신부인新夫人'은 이후 두 달 뒤에 나온 조선문단 4월호에 실린 「시인 황석우 사건 진상」이란 기사에 등장하는 윤덕상尹德相으로 생각된다.

> 조선시단을 가끔 발행하던 황석우의 평판은 웬일인지 최근 와서 더욱 나빠졌다. 본래 여성에게는 남다른 관심을 가진 황석우인지라 이 여

---

28 B기자, 「조선문단신문」(《조선문단》 신간호, 1935.2) 57면.

> 성 문제도 아니 여자와의 사건으로 말미암아 오늘날 황석우로 하여금 문인사회에서 제거되었으며, 조선사회에서 쫓기어 나다시피 하였다. 그런데 최근엔 신문잡지에 '여자사원 모집'아란 광고를 내어 가지고 찾아오는 여자를 여러 번 어떻게 했다는 소문이 높아져서 죽일 놈 살릴 놈 하는 판에 이번의 돌발사건이 생긴 것이다.[29]

위는 동 기사의 서두에서 인용한 것인데, 여기에 등장하는 신부인은 황석우의 부인 윤덕상이 아닐까 한다. 왜냐하면 이 사건은 황석우가 신부인을 맞이한 직후에 발생했기 때문에 그렇게 추정할 수밖에 없다.

이 사건은 전북 군산 출신의 여성인 김안녕金安寧과 사가史家인 이씨李氏와 황석우와 얽힌 사건으로 당시의 도하 신문에 대서특필되었다고 한다. 그 기사의 내용으로 미루어 그가 당시 새로 맞이한 부인 윤덕상과 곧바로 헤어진 것이 아닐까 싶기도 하다.

지금으로서는 이 사건 내용의 진위眞僞 문제는 가릴 수가 없다. 이 사건이 크게 기사화되자 곧바로 황석우는 조선문단사에 편지 두 장을 보내어 자신의 결백을 해명하고 있으니 말이다.[30] 그리고 그 부인 윤덕상도 그것을 취재한 기자와의 대화에서 남편인 황석우와 마음이 잘 맞지 않아서 헤어져야겠다고 하였는데, 그때 그들이 정말로 헤어진 것인지 확인할 수가 없다.

---

29 이 기사는 '이천李天군 조사단 제2회 보고서'로 되어 있는데, 이 잡지 머리의 목차에 보면, 이 기사의 작성자가 '조봉호趙鳳昊'로 되어 있다. 따라서 이천李天과 조봉호趙鳳昊와는 어떤 관계인지 알 수가 없다.

30 1935년 5월호《조선문단》239면 참조.

앞에서도 말하였듯이, 황석우의 삶은 그의 자유분방한 성격 때문인지는 몰라도 많은 이야깃거리가 뒤따르고 있다. 거기에는 여자와의 문제도 있었을 뿐만 아니라, 무슨 사연인지는 확연치 않지만, 황석우가 새 부인을 맞이한 직후에 돌발적인 사건이 터져 크게 이슈화된 것도 불행하게도 거의 같은 시기에 있었던 일이기도 하다.

황석우는 남과 같이 안정되게 가정생활을 영위하지 못했던 것으로 전해지고 있다. 그래서 그는 외로움 속에서 많은 일화逸話를 남기고 이 세상을 떠나간 것이지도 모른다. 그것은 모두가 그의 자유분방하고 남다르게 유별난 성격 때문이라 하기도 한다. 그의 죽음조차도 옛 친구들의 손으로 거두어졌다고 함은, 바로 그것을 말해주고 있는 것이 아닐까 싶기도 하다.

6 8·15 해방과 또다시 문단으로의 회귀 –장·노년기

1935년 2월호와 5월호 《조선문단》에 실린 시와 산문, 곧 〈5전회비〉와 〈편지 두 장〉을 끝으로 황석우는 또다시 문단에서 자취를 감춘다. 말하자면, 그는 두 번째로 문단을 떠나 10년 넘게 단 한 작품도 발표하지 않는다. 조선시단사를 설립하는 등 그가 그렇게 열정적으로 활동하다가 무슨 까닭으로 문단을 떠나 잠적한 것인지 알 수가 없다. 그가 국내와 만주로 이어지는 유랑생활을 했던 5년이란 기간보다 훨씬 더 긴 10년 세월을 침묵하고 있었으니 말이다.

문단의 동인들과의 갈등인가, 아니면 조선시단사의 운영이 너무나 어려웠기 때문일까? 이야 어쨌건, 황석우는 이 무렵 가정에도 문제가 있었던 것 같다. 그가 재혼하여 새 부인을 맞이했던 시기와도 맞물리고 있기 때문이다. 아무튼 황석우가 문단을 이렇게 떠나 오랫동안 나타나지 않았던 까닭은 전혀 알려진 바가 없다. 이런 전기적 사실들은 그의 가족들을 통해서 밝혀질 것으로 생각되는데, 지금은 그 가족들의 행방조차 찾을 길이 묘연하다.

1) 대동신문사 주간의 취임과 시작 활동의 재개

황석우가 문단에 또다시 나타난 것은 8·15 해방 후의 일이다. 그의 친구 이종형李鍾滎이 중구 북창동에 대동신문사大東新聞社를 설립하면서부터다. 황석우는 동 신문사의 창간 멤버로 참여하여 주간의 임무를 맡아 신문의 논설을 주간한 것으로 전해지고 있다. 그래서 많은 논설문을 발표했을 것으로 추정되지만, 그가 이때 집필한 논설이나 기타의 구체적인 사실이 밝혀진 것은 아무것도 없다.

아무래도 황석우가 시작 활동을 재개하게 된 것은 1946년 3월에 《태평양》과 《대동신문》에 발표된 여섯 편의 시작에서 비롯된다. 말하자면, 《태평양》 3월호에 발표된 〈봄바람〉·〈봄의 동무〉·〈3월 1일〉 등 3편과 《대동신문》에 〈옛 종소리〉·〈나의 정열〉·〈자유〉 등의 3편이라 할 수 있다.

3월 1일 조선 사람의 나라를 잃은 설움이 머리끝까지 치밀어 오르던 날이다.

3월 1일 조선 사람의 자유에의 동경이 불같이 폭발되던 날이다.

3월 1일 조선 사람의 목을 훔켜 죄이는 악마의 손가락을 물어 제치이고 숨을 돌리려든 날이다.

3월 1일 조선 사람이 주먹으로 지옥문을 두드려 깨트리고 뛰어 나오려든 날이다.

3월 1일 조선 사람의 손발을 채워 놓은 착고를 성난 범같이 몸부림질 하여 깨뜰어 벗어버리려든 날이다.

그 날의 조선 사람의 덩어리로 흘린 피는 그 얼마나 되던가!

그 피는 어느 시냇물 어느 강물로 씻겨 흘러갔을까!

-〈3월 1일〉에서

로 시작되는 이 시는 황석우가 8·15 해방 이후 처음으로 맞이하는 3·1절의 감격을 노래한 것이다. 그가 젊어서 겪었던 기미년 3·1절 만세사건을 회상하면서 쓴 것이라 할 수 있다. 이제야 이런 노래를 목청껏 소리쳐 부른들 그 누가 막겠는가? 그러나 그때 이 사건을 통해서 얼마나 많은 사람들이 죽어갔던가? 그때 우리 민족은 나라를 빼앗기고 얼마나 아파하고 울어야만 했던가? 그때 우리들이 흘린 피가 강물이 되어 흐르던 것을 생각하면 지금도 몸서리치지 않을 수 없다는 것이다.

그리고 창간 당시 자신이 주간으로 참여하였던 《대동신문》에 '자유'를, 아니 나라를 되찾은 감격을 주제로 한 작품에서,

나는 설탕과 같이 달고 임금林檎과 같이 맛좋은 자유도 싫다.

나는 또한 황금관과 다이아몬드 경환頸環 같은 찬란한 자유도 싫다.

나는 더러우나마 산고에 애쓴 피 묻은 달걀 같은 자유가 그립다.

나는 작으나마 바위틈을 비집고 나오는 단풍과 소나무와 같은 자유가 그립다.

나의 그리워하는 자유에는 꽃이 없어도 좋다.

옥분玉盆 가운데의 화초 꽃은 자유의 꽃이 아니다.

–〈자유〉의 전문

와도 같이 노래하고 있다. 쉽게 얻어지는 달콤한 자유나, 황금의 관과 다이아몬드의 가락지와도 같은 찬란한 자유보다는 산고産苦로 인한 피 묻은 달걀과도 같고, 바위틈을 비집고 돋아나는 소나무나 단풍나무와도 같이 어렵게 얻어진 자유가 그립다고 한다. 쉽게 얻은 자유는 어렵게 쟁취한 자유보다 가치가 없을 뿐만 아니라, 그 소중함을 모른다는 것이다. 일제에 빼앗겼다가 피나게 싸워서 쟁취한 자유를 생각하고, 그 자유의 소중함을 환기시킨 것이라 할 수 있다.

황석우가 대동신문사 주간으로 얼마나 근무했는지는 확연치가 않다. 그리고 논설 주간으로 함께 있었던 김옥근(金玉斤)과 함께 있으면서 논설을 쓴 것에 대한 것은 거의 알려져 있지 않다. 이들 둘이서 교대로 많은 사설이나, 기타의 논평 같은 것을 썼을 것으로 추정되지만, 그것들은 일체 정리되지 않고 있다. 그리고 시작의 경우도, 위의 6편 이외에는 그 어디에도 정리되어 밝혀진 것은 아직 없다.

이외에 8·15 해방의 정국과 관련하여 황석우는 임시정부가 펼치는 반탁운동을 주도했던 정당합동준비 위원회에 참여하기도 하고, 건국기

금조성회 총무부에 참여하여 활동하기도 한다. 그리고 1946년 3월에 결성된 문필가협회 회원으로 참여하여 미술가협회와 중앙문화협회 등과 함께 민족대표 외교사절 후원회에서 이승만을 후원하는 활동을 하기도 한다. 그러나 이것들은 모두 우리들이 새 정부가 수립하기 이전의 활동이라 할 수 있다. 이후로 6·25전쟁의 종식과 함께 설립된 국민대학 교수로 취임하면서, 그가 잠시 의욕적으로 펼쳤던 정치활동을 중단하게 된다.

2) 국민대학 교수의 취임과 안정된 가정생활

황석우가 국민대학 교수로 취임한 것은 1953으로 전해지고 있다. 아마도 대동신문사의 논설주간을 그만둔 뒤에 취임한 것이 아닐까 한다. 국민대학은 8·15 해방과 함께 상해 임시정부를 거점으로 독립운동을 하다가 귀국한 해공海公 신익희申翼熙가 젊은이들의 교육을 위해 1946년 12월에 설립한 사학기관이다. 이 대학은 처음에는 사회계열의 법학法學과 경제학經濟學 등 2개 학과로 출발한 소규모의 야간대학이었다. 그러나 지금은 대형의 종합대학으로 성장 발전하고 있다.

황석우가 초창기에 동교의 교수로 취임하게 된 것은, 아무래도 해공 신익희와의 친분관계에서 비롯된 것이 아닐까 싶다. 황석우와 해공과의 교유交遊는 일본 유학시절부터 시작된다. 이들은 같은 와세다早稲田대학 선후배 사이로 유학시절부터 친분을 쌓게 되었다는 것이다. 이들의 이런 친분관계가 아니더라도, 그 당시 황석우의 명망만으로도 그의 취임에 문제될 것이 없었던 것으로 보이기도 한다.

앞에서도 말했지만, 황석우가 대동신문사 논설주간을 언제 그만두고 국민대학으로 온 것인지 잘 알 수가 없다. 그리고 그가 국민대학을 언제 그만둔 것인지도 확실치가 않다. 지금까지는 황석우가 이 학교에 부임한 것은 1953년이고, 그만두게 된 것은 해공이 대통령 후보로 출마하여 유세 도중에 서거했던 1956년 5월 이후로 잡고 있는데, 이것이 아주 정확한 것이라고 말할 수가 없다.

황석우가 국민대학 교수로 부임하고부터 그의 가정은 안정되었을 것으로 생각된다. 그는 교무처장 등의 보직을 역임하는 중견교수로서 재임하다가 물러났다고 하는데, 그가 중간에 퇴임한 것인지, 아니면 정년까지 재임한 것인지 확연치가 않다. 그의 출생 연도가 전해지는 대로라면, 그의 사망한 1959년은 60대 중반에 해당된다. 따라서 그는 정년을 얼마 앞두고 그만둔 것이 되기 때문에, 이것도 앞으로 반드시 해결되어야 할 과제로 남아 있다.

오늘날 각종 문헌이나 전자매체에 나타난 것들을 보면, 황석우의 사망 연도가 1959년과 1960년으로 나타나 있다. 그런데 황석우의 사망 연도는 정확히 말해서, 1959년 5월이라 할 수 있다. 따라서 황석우가 국민대학에서 중간에 그만두었다면, 그 까닭이 무엇인지도 확인할 필요성이 있다고 본다. 그렇지 않고, 그가 사망할 때까지 사임하지 않았다면 별로 문제될 것이 없을 것이다.

앞에서도 논의된 바, 황석우는 1946년 3월에 6편의 시를 발표하고 나서는 또다시 침묵을 한다. 이렇게 침묵한 기간이 10년이 넘는 것을 보면, 무슨 일이 있었을 법도 하다. 그는 무엇 때문에 이렇게 주기적으로 시를 발표하다 말다 한 것인지 알 수가 없다. 그것도 한두 번이 아니고 그가 사망할 때까지 몇 번이고 반복하고 있으니 말이다. 아무튼 황석우가 또다시 시작품들을 발표한 것은 그가 사망하기 1년 전으로, 1958년 3월부터 이듬해 4월까지다. 그 외에의 나머지 시편들은 유고로 발표된 것들이다.

3) 혜화동 수도여의대 병원에서의 외로운 죽음

바로 앞에서 논의된 바, 황석우가 마지막으로 시를 제작 발표하게 된 것은, 그의 죽음을 일 년여를 앞둔 1958년 3월호의 《신태양》지에서 비롯된다. 이를 시발점으로 하여 그는 《현대문학》·《동아일보》·《자유문학》 등에 15편의 시작들을 발표한다. 이것들 중에는 그의 사후에 유고로 발표된 7편도 포함된다.

황석우는 무엇 때문에 이렇게 문단에서 나왔다가 잠적하고, 잠적했다가 다시 나와 활동하기를 반복한 것일까? 그의 작품 연보를 보면서 정확히 계산해 보면, 그가 문단에서 활동한 기간보다 잠적한 기간이 훨씬 더 긴 것이 아닐까 한다. 말하자면, 습작기로부터 폐허와 장미촌동인의 활동까지가 1919~1923년까지 4년인 데 비하여, 국내와 만주로 이어지는 유랑생활은 1923~1928년까지로 5년이고, 그 중간기의 활동은 1928~1935년까지의 7년인 데 비하여, 잠적기간은 1935~1946년까지로 11년이다. 그리고 그의 말기에는 1946년에 6편의 시작을 발표하고 곧바로 잠적했다가 12년 만에 다시 나타나 1년 남짓 활동하다가 1959년 5월에 사망한다. 이렇게 보면, 그의 문단활동 기간이 13년이라면, 잠적

기간은 28년이나 되는 셈이다.

아침 해는 나는 듯이 눈 위를 걸어간다.
아침 해는 눈 위에 붉은 발자욱을 남기고 간다.
아침 해는 눈 위에 붉은 키-스 자욱을 남기고 간다.
아침 해의 고운 키-스에 눈송이들의 뺨마다 밝아졌다.
아침 해는 젊은 어머니와 같이 눈송이들의 이마 위를
쓰다듬어 만지고 간다.

-〈소시곡小詩曲〉의 전문

나는 산, 들, 바다와 함께, 대지와 함께 호흡한다.
나는 별의 무리, 해와 달과 함께, 창공과 함께 호흡한다.
나는 우주와 함께 호흡한다.
나는 우주의 대기 속에서 조그만 개미들과 풀싹들과도 함께 호흡한다.
…〈중략〉…
우주는 나의 삶의 신경이 통하는 전신상全身像이다.
나는 또한 우주와 또한 우주와 함께 말한다.
나의 말, 나의 노래는 우주의 목 속에서 나오는 소리의 멜로디이다.
그러나 나의 말은 우주의 소리를 전하는 가장 오음誤音 많은 졸변拙辯이다.

-〈나의 호흡과 말!〉에서

위의 두 편은 황석우가 죽음을 바로 앞둔, 1958년 3월호 《신태양》과 동년 4월호 《현대문학》에 발표한 것이다. 이외에도 〈숨길구멍〉·〈웃음에 잠긴 우주〉·〈봄날에 새벽풍경〉 등을 《동아일보》·《현대문학》·《자유문학》 등에 발표하고 있다.

그리고 앞에서 말하였듯이, 황석우의 사후에 유고로 발표된 시도 〈초대장〉·〈우주의 기승〉·〈눈동자 뒤의 전망〉 등 7편이나 된다.

꽃동산에 산호탁珊瑚卓을 놓고
어머님께 상장을 드리렵니다.
어머님께 훈장을 드리렵니다.
두 고리 붙은 금가락지를 드립니다.
한 고리는 아버지 받들고
한 고리는 아들딸, 사랑의 고리
어머님이 우리를 낳은 공로 훈장을 드리렵니다.
나라의 다음가는 가정상家庭賞, 가정 훈장을 드리렵니다.
… 〈중략〉 …
세상의 아버지들, 어린이들,
꼭, 꼭, 꼭 와주세요.
사랑의 용사,
어머님 표훈식表勳式에 꼭 와 주세요.

–〈초대장〉에서

밤마다 오는 그는 오늘밤도 또 왔다.
그는 와서 나의 집 방문을 장난치듯 두드린다.
나는 그를 환영하여 방문을 열어 주었다.
그는 꽹긋거리며 내 방문을 걸어 들어왔다.
그는 다정히 내 손을 쥐고 손등을 부벼주며,

〈왼 종일 수고했네.〉 한다.
… 〈중략〉 …
그는 나의 베개 곁에 앉아 나를 위로하는
 고소한 재미있는 이야기를 해준다.
나는 그이의 달콤한 속삭임에 맥 놓고 취해 버린다.
그는 밤마다 나를 찾아오는 즐거운 벗 〈잠〉이다.
그는 나의 혼을 꽃밭 속으로 끌고 간다.
나의 혼은 꽃밭 속에서 밤새도록 꿈과 술래잡기를 한다.

-〈잠〉에서

위는 그의 유고시 7편 중의 2편이다. 이들 두 편의 시는 1959년 6월호 《자유문학》에 발표된 것들이다. 우리는 앞의 것들은 물론 뒤의 것들, 아니 그가 죽음을 앞에 둔 말기의 시편들에서 표현기교의 면에 대하여 말하지 않을 수 없다. 그의 초·중기의 시편들에서는 표현기교에다 무리하게 집중하다 보니 그것들이 오히려 표현을 매끄럽지 못하고 어색한 면이 없지 않았다. 그런데 말기에 이르러서는 그런 면이 거의 해소되어 그 표현이 매끄럽고 자연스러울 뿐만 아니라, 시상의 깊이도 보다 더하고 있다. 다 같은 천체 우주나 자연 사물을 주제로 했으면서도 그 발상이나 시적 표현에서 심도를 깊이하고 있다고 할 수가 있다.

앞에서도 인용 논의된 바, 백대진의 말에 의하면, 황석우의 유아독존적이고 유별난 성격으로 말미암아 학교나 문단의 선배나 친구들도 그를 멀리 했기 때문에, 그는 평생을 외롭고 쓸쓸하게 살 수밖에 없었다. 거기에다 집안은 더없이 가난하여 가족들은 이산離散의 아픔을 몇 번이고 거듭한 것으로 전해지고 있다. 그는 중년에 이르러 재취한 후처와 자녀들과도 헤어졌다 만나기를 반복했다고 한다. 말하자면, 황석우는 그의 일본 유학시절부터 사귀었던 해공의 도움으로 국민대학 교수로 취임하면서 가족을 만나 잠시 안정된 삶을 영위하다가 해공의 서거와 함께 학교에서 물러나면서 또다시 이산의 아픔 속에서 살다가 생을 마감했다고 한다.

에필로그

황석우가 이 세상에서 살다간 삶의 이력은 한마디로 빈곤과 외로움 속에서 이어진 너무나도 고단한 삶이라 할 수 있다. 그의 죽음조차도 쓸쓸하였다는 백대진의 말과도 같이 황석우의 삶도 그리 순탄치가 못했던 것 같다. 첫 부인과 헤어져 외롭게 살다가 중년에 이르러 재취했으나 해로하지 못하고 몇 번이고 별거를 거듭했다는 것이다. 그것이 모두 다 빈곤 때문에 빚어진 것이라고 한다.

황석우는 항시 범상의 궤도에서 벗어나 자유분방한 삶을 살고자 한 것이다. 이러한 삶을 통하여 날로 늘어가는 주벽과 가난에 쫓기면서 살아간 그 자신이 가정을 온전하게 이끌어 간다는 것이 그리 쉽지가 않았을 것으로 짐작되기도 한다. 그래서 그는 가족들과 헤어졌다 만나기를 몇 번이고 반복했는지도 모른다.

황석우는 감수성이 예민하고 신경질적인데다, 독선적인 성격의 소유자로 교우交友관계도 원활치가 못했다. 그래서 그는 극히 한정된 몇몇 친구들과 교유하면서 살았다고 한다. 가깝게 지내던 친구도 한 번 틀리면 두 번 다시 만나지 않았다. 그는 일생을 고독과 빈곤 속에서 살다가 죽어갔다 해도 과언이 아님은 그와 가까웠던 몇몇 친구들에 의하여 밝혀진 사실이기도 하다.

황석우의 작품 발표는 1920년을 전후한 시기에서 비롯된다. 말하자면, 그가 1919~20년 초에 걸쳐서 《태서문예신보》·《매일신보》·《삼광》 등에 습작품들을 발표하다가 1920년 7월에 창간된 《폐허》지와, 그 이듬해 5월에 창간된 시전문지 《장미촌》을 주재하면서 그의 문단활동은 본격화된 것이라 할 수 있다. 바로 이 시기는 우리 근대시사의 차원에서 보면, 주요한朱耀翰의 〈불놀이〉에서 비롯된 자유시 운동이 전개되기도 한 것이다.

황석우는 김안서金岸曙와 함께 《폐허》 창간호를 주재하게 되는데, 이때 폐허동인들이 상징주의, 그것도 보들레르·베를레느·랭보 등이 지향한 세기말적 데카당의 프랑스 상징주의 시운동을 표방하고 나온 것이다. 물론 이런 세기말적 데카당의 시적 속성은 이미 그 이전부터 일본에 유입되어 한 시대를 풍미한 것으로, 그들이 일본에 유학하면서 배워온 것을 바탕으로 펼쳐온 문학운동이기도 하다. 사실 그 시대 우리 근대문학의 출발은 이렇게 서구 문학의 일본화한 것을 이식移植하게 되는데, 이것은 우리의 근대화 과정에서 불가피했던 것이 아닐까 한다.

여기서 필자가 불가피하다고 한 것은, 아무래도 한말기의 폐쇄정책으로 뒤늦게 밟기 시작한 근대화 과정을 지적하지 않을 수 없다. 한마디로 우리의 근대화 과정은 일본화한 서구 문화를 수용할 수밖에 없었다. 그리하여 우리의 많은 젊은이들이 일본에 유학했고, 우리는 이 유학생들을 통해서 서구의 문물을 본격적으로 받아들이기 시작하였다.

프랑스 상징주의만 해도 그렇다. 김안서·주요한·황석우 등과 같은 일본 유학생들과, 또 국내에서 신교육 기관을 통하여 일본화된 서구 문화를 받아들인 젊은이들이 일으킨 시가운동이라 할 수 있다. 결국 이들이 일으킨 것이 세기말적 데카당의 문학풍조에 휘말려서 우리 의 근대적 자유시 운동을 정착시킨 계기가 되었던 것이다.

제2부

퇴폐적 경향과 '자연시'의 한계

- 시작 세계의 통시적 고찰

'신아新我'의 발견과 습작기의 시작 활동

'저녁'의 심상과 퇴폐적 경향

《장미촌》의 발간과 자유시 운동

천체의 운행질서와 만유萬有의 생성 원리

정감적 속성과 경향적 사상시의 시도

자연과의 일체화와 죽음의 문제

퇴폐적 경향과 '자연시'의 한계
-시작 세계의 통시적 고찰

황석우는 김안서, 주요한 등과 함께 1920년을 전후해서 출발한 우리 근대시 운동의 선두에서 활동했던 시인이다. 《태서문예신보》와 《매일신보》에서 비롯되는 그의 시작 활동은 폐허동인을 거쳐 한국 최초의 시전문지 《장미촌》을 주재했는가 하면, 홀연히 떠나 국내와 만주로 이어지는 유랑의 세월을 보내다가 다시 돌아와서 조선시단사를 경영하면서 신인新人의 발굴에 총력을 기울이기도 한다. 그러나 이런 재기의 다짐도 얼마 가지 못하고, 또다시 시작 활동을 중단하고 긴 침묵 속으로 빠져들고 만다.

그의 불행했던 삶의 궤적을 따라 시작 활동도 단속적이었다. 결국 말년에 또다시 시단에 나타나 몇 편의 시를 발표하다가 사망한 것을 보면, 그는 끝내 시를 버린 것은 아니었던 것 같다. 그는 시단에 잠시 나타났다 또다시 사라지는 반복을 거듭한 것으로 미루어 그의 삶 자체도 평탄치가 못했다. 안정된 삶을 향유하기에는 그에게 항시 외적 제약이 따랐을 뿐만 아니라, 심리적으로도 불안정한 상태에 놓여 있었던 것이 아닐까 싶기도 하다.

1 '신아新我'의 발견과 습작기의 시작 활동

황석우의 초기 시는 '낭만과 퇴폐적 경향'으로 요약할 수 있다. 입신立身의 최고 목표를 정치가에다 두었었는데, 그가 시를 쓰지 않을 수 없었던 것은 '큰 설움'이 있었기 때문이라고 한다. 이것은 황석우가 초기 시를 쓰던 때의 심경을 피력한 것으로, 그의 시가 감상이나 퇴폐적인 데로 기울게 된 일단의 요인이 될 수도 있다.

황석우의 경우, 그가 본격적으로 출발했던 폐허동인 이전의 작품 활동을 습작기라 할 수 있다. 이 시기는 황석우가 일본에 유학했던 기간과 맞물리기도 한다. 《태서문예신보》·《삼광》·《매일신보》·《창조》·《여자계》 등에 발표된 시와 시론이 이에 해당된다. 이것들은 거의가 시어 선택이나 결구結構 및 시적 기교에서 미숙성을 면치 못하고 있다. 문장이 무척 거칠고 생경할 뿐만 아니라, 지나친 한자어漢字語들의 구사로 시상의 전개를 어색하게 하고 있는 것도 사실이다.

1) '신아新我', 곧 '참나(眞我)'의 발견

《태서문예신보》와 《삼광》지에 실린 시편들, 곧 '은자隱者의 가歌'의 시편인 〈송頌-K형에게〉·〈신아新我의 서곡序曲〉과 '정사丁巳의 작作'의 시편들인 〈기아棄兒〉·〈신아의 서곡〉·〈야유揶揄〉, 그리고 '어린 제매弟妹에게'의 시편인 〈봄〉·〈밤〉·〈열매〉·〈앵鶯〉과, '단장 5편'으로 〈상자傷者의 연宴〉·〈미아迷兒〉·〈서방西邦의 여女〉·〈격리자隔離者〉·〈봄〉·〈실솔蟋蟀〉 등은 모두 황석우의 습작품에 해당된다. 이들 중 '은자의 가'와 '정사丁巳의 작'의 시편들은 서로 같은 작품을 약간 손질하여 다시 발표한 것들이다. 이것들은 모두 발표되기 2년 전에 제작된 시편들이고, '단장 5편'의 시편들도 제작된 지 3년이 지나서 발표되었다고 한다. 따라서 앞의 '은자의 가'나 '정사의 작'의 시편들과 거의 같은 시기에 제작된 것들로, 그 주제의식이나 내용 및 표현기법에서도 습작품의 한계를 벗어나지 못하고 있음은 말할 것도 없다.

군의 육肉 - 냉한 가을, 고固한 겨울.
군아, 그대 한번 입 다물면.

군의 영靈 - '진리'의 싹 나오는 연한 봄
군아, 그대 한번 눈 닫으면.

군의 안眼 - 암闇의 녹문綠門에 드는 신월新月,
군아, 그대 한번 연인과 향하면.

―〈송頌-K형에게〉의 전문

용사야 들으라, 미래의 호구戶口에 나가 들으라.
관능의 폐구廢垢, 아 낙월落月의 밑으로
고요히 애달프게 울려나오는
존尊한 장일葬日의 곡曲, 신아新我의 송頌.

위僞의 골동骨董에 마魔한 낡은 나는 가고
영아嬰兒는 참회의 암闇- 삼위일체의 태胎에 협소頰笑하다.
자연, 인간, 시간

신아新我는 부르짖다. 「오-대아大我의 인력引力에
감전된 육肉의 산목刪木 - 일아一我, 일아一我야,
신아의 혈血은, 세世의 시始와 종終과에 흘러가고, 흘러오다.

나에게 애수哀愁없다. 공포恐怖없다. 고뇌苦惱없다.
참의 '나' 무한의 상傷과 멸망 밖에,
희噫, 사死와 노老는
조화의 화화花火일다. 석연夕宴일다」라고

―〈신아新我의 서곡序曲〉의 전문

위의 시는 황석우의 첫 발표작들로 습작기에 해당된다. 한자 투어套語로 되어 있으나, 전대의 시와 비교하여 다른 점이 있다면 주정적인 데 있다. '관념의 유희'란 지적을 받기도 했지만, 어느 면 감각적 표현기교와 상징성을 엿볼 수가 있다. 이 두 작품을 묶은 큰 제목으로 '은자의 가'에서 '은자'의 상징성은 다분히 의도적인 것이라 아니할 수 없다.

이들은 바로 뒤에 '정사丁巳의 작作'이란 큰 제목으로 된 〈기아棄兒〉와 함께 《삼광》 창간호에 다시 발표되었는데, 〈송頌〉은 〈야유揶揄〉로 개제하고 있다. '정사丁巳의 작'에서 '정사丁巳'는 1917년에 해당되는데, 제작된 지 2년 만에 발표된 셈이 된다. 먼저 〈송〉. 곧 〈야유〉는 '육肉'·'영靈'·'안眼'을 통해서 지각되는 차고 굳은 관념과 '진리의 싹', 그리고 연인으로 비유된 '신월新月'에서 소박한 상징성을 읽을 수가 있다. 어떤 논자는 이 작품을 당시의 시대상에 맞춰 무리한 해석을 하고자 하기도 하지만, 낭만주의적 정감과 주정적인 데 있는 것이다.

〈신아의 서곡〉은 표제 그대로 '신아新我', 곧 '새로운 나(自我)'의 자각을 주제로 하고 있다. '구아舊我', 곧 '낡은 나(自我)'와의 대응 개념으로 미래의 문간에 나가 듣는 용사가 바로 '신아'라는 것으로, 위선적인 골동품에 매혹된 '낡은 나'를 버리고 '새로운 자아'를 자각해야 한다는 것이다. '신아'는 곧 슬픔도 무서움도 괴로움도 없는 '참나'이기도 하다. 그런데 그 '참나'는 '무한의 상처'와 '멸망'이 있고, '사死'와 '노老', 곧 생로병사生老病死는 '조화調和의 화화花火'이며 '석연夕宴'이라 하여 자연의 순리와 한바탕의 꿈과도 같은 허망함에 직면하게 된다는 것이다. 말하자면, 이지적인 것에서 감정의 세계로의 회귀를 '신아新我'의 본질로 규정하고 있다.

한편 이 두 작품과 함께 발표된 〈기아〉는 다분히 자전적인 속성을 띠는 작품으로 인용해 보면 다음과 같다.

어머님, 당신의 말아末兒- 아버님의 유복遺腹- 나입니다.
나는 적영赤嬰입니다. 진나신眞裸身입니다.
어째, 어째 나를, 단 하나를 ,
묘장墓場에, 이런 빙사氷砂에, 내버렸습니까.
또 무섭게, 크게 입 벌리고 옵니다.
나의 눈의 위, 앞,
무시무시한, 자악紫齶의 수성獸性,
창백으로 번쩍이는 상치上齒, 낮에 닿는 찬 혀.

이상하다, 아-털 깊은 구강口腔
검은 타액唾液- 호흡의 매妹
횡탄橫呑일다 아 - 묵색墨色으로 핥아 물든 나여.
약한 혼魂에, 삼입滲入하는 마약魔藥의 향響이여.

구강口腔에 또 구강, 결아缺牙의 가온,
아- 나신裸身의 아픈 진탕振蕩이여,
한가운데, 한가운데에 떨어지며, 날려 말리(捲)면서
어머님, 전지全智의 어머님, 당신의 말아末兒 애달픈 나입니다.

-〈기아棄兒〉의 전문

유복자遺腹子로 태어난 황석우는 어려서 어머니와도 사별하고 '적영赤嬰', 곧 빨가숭이가 되었던 자신의 삶을 회상한 것이 첫 번째 연의 내용이라면, '전라全裸의 적영赤嬰'이 되었던 그에게 무섭게 다가서는 공포와 외로움 속에서 허덕이는 애달픈 마음을 노래한 것이 2~4연까지의 내용이다. 무섭게 입 벌리고 다가서는 짐승 앞에 선 것과도 같은 모습으로 형상화한 이 시에서 버려진 '말아末兒'는 바로 유복자 막내둥이로 태어난 황석우 자신의 모습이라 할 수 있다. 한마디로, 〈기아〉는 자전적 속성의 작품으로, 위의 두 작품에 비하여 시상의 전개나 구성 및 시어 선택 등 그 표현적 기교에서 보다 세련미의 느낌이 들기도 한다. 그리고 《삼광》 2호에 실린 '단장 5편'의 시작들은 서두의 주기註記로 보아 위의 작품들과 거의 같은 시기에 제작된 것들이라 할 수 있다.

아아, 향로香爐에 타는 수녀의 말과 웃음,
아아, 희게, 굳게 눈물어려 겹치는 암闇일다.
싸움일다. 싸움일다. 슬픈 백인전白刃戰일다.
아아, 서방西邦의 여女의 울어 떠는 팔.
아아, 금반金盤에 봉捧한 '슬픈 운명'아,
가다, 가다, 서방西邦의 여女.

를 서두로 하고 있는 〈서방西邦의 여女〉는 매우 이색적이다. 한 여인의 서글픈 운명을 주제로 하고 있다. 겉으로 꾸며진 외식外飾의 화사함 뒤에 숨겨진 이국적인 서방녀西邦女의 서글픈 운명을 통해서 느끼는 사랑의 감정을 형상화하고 있는 것이다. 문맥적으로 모호하고 그 주제의식이 선명하지 못한 것이 특색이라 할 수 있는데, 이는 상징적 표현기법을 표방하고 시도한 것이라 할 수 있다. 그러나 시어의 선택이나 행연의 구성법에서 습작품의 한계를 크게 벗어나지 못하고 있는 것도 사실이다.

〈격리자隔離者〉는 처음 《삼광》 2호에 발표될 당시는 〈서방西邦의 여女〉에 합쳐서 발표되었다가 후에 《폐허》 창간호에서 정정되어 그 중간에서 분리하게 된 것이다. 그런데 이 작품이 수록된 《삼광》 2호는 황석우 자신이 직접 편집을 주재했던 것으로 잡지사 측에서 잘못하여 두 작품이 합쳐진 것이라 할 수는 없을 것 같다. 아마도 이 작품을 발표하고 난 뒤에 분리했으면 하는 마음에서 그렇게 된 것으로 보이기도 한다.

> 토족土足의 적跡이다. 참혹한 유린이다.
> 공空에 녹유색綠油色의 닭아 닫은 관조觀照의 공空에
> 무거운 베일의 안, 나족裸足으로 흑흑 우는 자야
> 또 몸부림 하였구나, 의취饐臭 나는 마분魔粉.
> 황옥黃玉의 벽, 어디를 뚫고 들어왔나.
> 아니다. 아니다. 네 안역眼闕을 보라.
> 그곳에 나를 부르던 뜨거운 손 자욱이 있다.
> 너야, 보좌寶座에 돌입突入한 너야.
> 너는 굳은 의지에 격리된 전간자癲癎者다.
> 네 맘은 꽃나무 밑을 숨어 흐름에 살 벗는 자는
> 헌데장이, 불구자, 낙오落伍의 무리-
> 아니다, 아니다, 네 안역眼闕을 보라.
> 그곳에 나를 부르던 뜨거운 자욱이 있다.

-〈격리자隔離者〉의 전문

이 작품은 〈서방의 여〉와 연관된 작품으로 어디선가 쫓겨난 '서방 여'의 발 벗은 나족裸足의 발자취와 유린당한 참혹한 모습, 아니 이 세상과 격리된 고독의 심상을 주제화하고 있다. 파란 허공 속에 버려져 흐느끼는 '격리자', 아니 미친 전간자癲癎者와도 같은 낙오의 대열에서 몸부림치는 현대인의 모습을 이렇게 형상화한 것이라 할 수 있다. 일상적 인간의 대오隊伍에서 축출된 '서방의 여', 아니 이 세상에서 격리된 시적 화자, 이것은 인간의 실존적 고뇌에서 벗어나지 못하는 현대인의 초상肖像이기도 하다.

한편 항구의 어두운 밤에 상자傷者들이 베푸는 연회를 주제로 한 〈상자傷者의 연宴〉과 갈 길을 잃고 헤매는 '어린아이(赤兒)'를 주제로 한 〈미아迷兒〉와 태양은 작은 '약차約車'에 어린 딸을 태우고 왔다는 〈봄〉, 그리고 가을의 귀뚜라미가 서글프게 우는 울음소리를 주제로 한 〈실솔蟋蟀〉 등이 있다. 그러나 이것들도 마찬가지로 내용 및 주제의 모호성뿐만 아니라, 시적 표현의 기법에서 그 미숙성을 지적하지 않을 수가 없다.

2) 회화적 기법과 감각미感覺美의 추구

《태서문예신보》 16호에 실린 '어린 제매弟妹에게'의 시편 〈봄〉·〈밤〉·〈열매〉·〈앵鶯〉에 이르면 문맥의 애매성이 다소 완화된 것 같다. 그 주제의식이 보다 선명할 뿐만 아니라, 시적 형상화에서도 어느 만큼은 진전된 느낌이 없지도 않다. 시의 회화성, 곧 감각적 기법에 많은 공력을 기울인 것 같은 느낌이 들기도 한다. 이런 표현기법의 문제는 황석우가 처음부터 신경을 기울인 것이기도 하다.

가을가고 결박 풀어져 봄이 오다.
나무, 나무에 바람은 연한 피리 불다.
실강지에 날 감고 밤 감아
꽃밭에 매어 한 바람, 한 바람씩 탕기다.

가을가고 결박 풀어져 봄이 오다
너와나 단두 사이에 맘의 그늘에
현음鉉音, 감는 소리, 타는 소리.
새야, 봉오리야, 세우細雨야, 달아.

-〈봄〉의 전문

달 지고 새 지저귀는 동산에
고는 밤의 접문接吻을 받다
나의 가슴에 눈물이 괴어지다

피곤과 뇌惱에 부닥치던 만유萬有는
밤의 손바닥에 어루만지며
고요히 자다, 고요히 자다.

-〈밤〉의 전문

이 두 편의 시는 관념보다는 감각성을 강조한 것으로 다른 습작품들에 비해 시적 수준을 유지하고 있다. 먼저 〈봄〉에서 "가을가고 결박 풀어져 봄이 오다"라는 반복구에서 불가시적 시간의 속성을 시각화하여 보고자 한 것도 특이하지만, 나무와 나무가 부닥치어 연한 바람이 피리를 분다고 한 표현법은 그 감각, 곧 시각적 형상화를 시도한 작자의 강한 의도와 집념 같은 것을 엿볼 수 있다.

그리고 〈밤〉에서는 '눈물'이란 시어가 보이나, 그것도 단순한 감정의 토로가 아니고, '눈물' 자체가 사물화 되어 있다. "고는 밤의 접문接吻을 받다"라고 함은 어둔 밤의 깊이를 이렇게 표현한 것이다. 또한 "밤의 손

바다"과 같이 의인화하여 "피곤과 뇌에 부닥치던 만유萬有는 고요히 자다"라 하고 있다. 이와 같이 황석우는 여기서 '어린 제매弟妹에게'를 주제로 한 시편들에 이르러 감각적 표현기법에서 새로운 조형의 특색을 보이고 있다.

이외에도 《여자계》와 《창조》지에 발표된 〈고읍苦泣〉·〈눈으로 애인아 오너라.〉·〈소곡小曲〉·〈벽구碧鳩〉·〈무도舞蹈〉 등이 있는데, 이들 가운데서 '연인戀人'을 주제로 한 〈눈으로 애인아 오너라.〉도 마찬가지로 시적 감각성이 뛰어난 작품이라 할 수 있다.

> 지금 애인이 빨간 메꽃같이 입 벌렸다.
> 강 위를 술 취한 기미氣味로 지내는 바람아.
> 애인의 그 입으로 하나, 둘 굴러 나오는
> 반딧불(螢火)같은 진주형의 '말'을
> 곱게, 곱게 휩싸오너라.
>
> 아아 애인아, 너와 나의 사이에는
> 회의에 퍼진 큰 들이 격해 있다.
> 그곳에는 연색鉛色의 눈이 쌓이고 쌓여온다
> 아아, 애인아, 지금이야 말로 네가 올 때다.

로 시작되는 이 작품은 9연으로 된 장시이다. 멀리 떠나고 없는 애인을 부르고 있다. 강물 위로 불어오는 '바람'에게 애인의 입에서 굴러 나오는 진주형의 말을 휩싸오라고까지 한다. 애인과의 사이에 놓인 회의懷疑의 들에 연색鉛色, 곧 납색과 같이 하얀 눈이 쌓이고 있으니, 지금이야말로 네가 올 때라고 간절히 호소하고 있다. 그리고 화자에게는 애인이 내 전존재의 비서관이나 발동기가 되기도 한다.

> 아아 너는 나의 전존재의 비서관이다.
> 아아 너는 나의 전존재의 발동기이다.
> 나의 생애는 너의 손에 의하여 기록되며
> 나의 객차 같은 실재는
> 네의 애의 화력에 의하여 닿는다.
> 애인아, 너의 눈은
> 나의 생명의 노정기路程記며
> 애인아, 너의 입은
> 나의 생명의 오페라(歌劇)며
> 애인아, 너의 언제든지 따뜻한 손은
> 나의 너에게 받드는 소가頌歌, 애의 옥반대玉盤臺이다.
> 아아 눈만으로, 눈만으로 애인아 오너라.
>
> -〈눈으로 애인아 오너라.〉에서

너의 눈은 내 생명의 노정기路程記이며, 너의 입은 내 생명의 오페라이고, 너의 따뜻한 손은 '송가頌歌'이고 '옥반대玉盤臺'라고도 한다. 이러한 비유적 표현과 낭만적이고 정감적인 속성은 이후로 펼쳐지는 홍사용(露雀)·박종화(月灘)·이상화(尙火)·노자영(春城) 등과 같은 백조파 동인들의 시적 속성과도 같다. 물론 이들은 눈물과 한숨으로 짜 느린 듯한 질척한 감상과 낭만으로 치닫지만, 황석우에게는 그 초기의 시적 경향으로 다분히 감상과 낭만적인 정조를 형성하고 있는 것이다.

이 밖에도 《여자계》에 발표된 〈벽구碧鳩〉나 〈무도舞蹈〉도 바로 앞에서 논의된 〈눈으로 애인아 오너라〉와 마찬가지로 황석우의 본격적인 시적 출발을 의미하는 《폐허》지가 창간되기 직전에 제작 발표된 작품들이라 할 수 있다. 따라서 이들은 《폐허》지에 발표된 시편들과 차별화될 수 없는 유사한 시적 속성들을 지니고 있다.

별 그윽이 깜박이는 꿈의 터, 빈 영靈에
파란 비둘기는 날아 달려옵니다.
아- 좁은 윤輪감의 길로 「일어나라, 일어나라」고,
목에 주묵朱墨의 글이 매어 있습니다.

–〈벽구碧鳩〉에서

내 집에 가장 어진 미래 오(訪)다
아- 미래와 나는 무도舞蹈하다. 무도하다.
밀월蜜月의 높은 혼돈에
붉게, 푸르게 싸는 아침을 노래(頌)하면서,

태양은 가슴에 떠오르고
영겁은 미소에 턱 고이다.
아-녹악綠幄에 봄의 피아노 음音 흐르고
즐거운 밤, 미래와 나는 춤추다, 춤추다.

–〈무도舞蹈〉에서

먼저 파란 털의 비둘기는(碧鳩)는 파란 털의 고양이(碧毛의 猫)와도 같은 연관선상에서 해석할 수도 있다. '꿈의 터'와 '오수장午睡場(낮잠 터)'

은 물론, '빈 영靈'을 바라보는 비둘기와 '마음을 바라보는' 고양이의 시적 발상법이 서로 유사한 면이 없지도 않다. 그리고 〈무도舞蹈〉는 마치 김안서의 '오뇌懊惱의 무도舞蹈'에서 발상한 듯한 주제의식으로 '미래'와 시적 화자인 '나'와의 밀월蜜月의 혼돈 속에서 붉고 푸르게 아침을 노래하면서 춤을 추는 무도舞蹈가 허무하다는 것이다. 환한 가슴에 태양이 떠오르고 영겁은 미소 짓고 푸른 장막 속에서 울려 펴지는 피아노 소리를 타고 춤을 춘다고 하는 종연은 마치 프랑스 상징시인인 베를레느의 가을의 노래와도 같은 느낌이 들기도 한다. 다른 게 있다면 베를레느의 시가 비오롱의 몽롱한 소리를 통하여 깊은 비애와 애상에 빠져들게 하고 있는데 반하여, 황석우의 〈무도〉는 봄의 피아노의 소리를 통하여 '미래'와 시적 화자인 '나'와의 즐거운 춤과 연계되면서 밝고 투명한 낭만의 정조에 젖어들게 하고 있다. 그러나 그 춤 속에는 '영겁'과 '미소'가 영원히 합치될 수 없기에 시적 화자로 하여금 턱을 고이고 서로 바라보게 하고 있다.

2 '저녁'의 심상과 퇴폐적 경향

황석우는 김안서·남궁벽·오상순 등과 함께 《폐허》지 창간에 가담하여 〈석양夕陽은 꺼지다〉 외 9편의 시작품을 발표하고 있다. 그런데 〈석양은 꺼지다〉를 제외하고는 '구고舊稿'라는 표지가 있는 것으로 보아, 거의가 이전에 제작된 것이라 하겠으나, 시작의 성격은 《태서문예신보》·《삼광》지에 발표된 습작품들과는 상당한 거리를 보이고 있다. 그가 〈시화詩話〉를 비롯한 몇 편의 시론에서 주장한 프랑스 상징주의의 시론과 세기말 사상 등과 같은 관념을 형상화하고 있는 것이다.

1) '파란 털의 고양이'와 '애정'의 모티프

〈벽모碧毛의 묘猫〉와 〈애인愛人의 인도引渡〉는 보들레르와도 같은 상징파 시인들의 세기말 사상과 퇴폐적 경향과 낭만파 시인들의 주정적인 감상과 낭만을 기조로 하고 있다. 이것은 이 두 작품에만 국한된 것이 아니라, 당시 폐허동인들이나 백조동인들이 함께 지향했던 시적 경향이라 할 수도 있을 것이다.

어느 날 내 영혼의/ 오수장午睡場(낮잠터) 되는
사막의 수풀 그늘로/ 벽모碧毛(파란털)의
고양이가, 내 고적한/ 마음을 바라다보면서
(이애, 네의 /온갖 오뇌懊惱, 운명運命을
나의 열천熱泉(끓는 샘) 같은/ 애愛에 살짝 삶아주마
만일, 네 마음이/ 우리들의 세계의
태양이 되기만 하면/ 기독基督이 되기만 하면)

-〈벽모碧毛의 묘猫〉의 전문

전체가 14행으로 후반부 8행은 괄호 속에 묶여져 있다. 괄호 속의 내용은 푸른 고양이가 내 영혼 속에다 속삭이는 대화로 이루어졌다. '영혼의 낮잠 터'·'사막의 수풀 그늘'·'파란 털의 고양이'와도 같은 심상을 통해서 신비하고 몽롱한 분위기를 형성하고 있다. 그동안 우리는 이 작품에 대하여 많은 논의를 거듭해 왔을 뿐만 아니라, 황석우를 대표하는 시로 평가되어 온 것도 사실이다. 그러나 이 시가 그렇게 높은 평가를 받을 만큼의 수준급의 작품인가 하는 점에 대해서는 회의적이라 하지 않을 수 없다.

이 시는 인간의 온갖 고뇌를 떨치게 하는 '사랑(愛)'을 상징적으로 표현했다고 한 박팔양朴八陽의 논평과 함께, 극히 난해한 시로 평가되기도 하였고, "음성구조의 측면이 거의 거세된 채로 제2의 사상만이 고목 줄기처럼 남았다."고 논평하고 있는가 하면, 1920년대 초기의 상징주의 시의 대표로서 우리 근대시사에서 혁신적 의미를 부여받기도 한 것이다.

'벽모의 묘', 곧 '고양이'를 사랑의 관념과 연관시킨 특이한 시적 발상법은 아무래도 프랑스 상징파 시의 영향을 받은 것으로 여겨진다. '영혼'·'파란 털의 고양이'·'오뇌懊惱'·'열천熱泉'·'태양'·'기독基督' 등 주요 시어로 표상되는 심상은 다분히 보들레르의 시적 속성이기도 하다. 뿐만 아니라, '나'와 '고양이'와의 관계에서 '열천熱泉 같은 사랑(愛)'으로 형상화한 것은 보들레르의 〈고양이 Le Chat〉 시편의 발상법과도 같다. '파란 털의 고양이'가 나의 고적한 마음을 바라다보는 '사랑(愛)'의 대상으로 되어 있는 것은, 마치 쟌느 뒤발이 고양이로 상징된 보들레르의 시적 발상법과도 유사하다.

'파란 털의 고양이'는 이 작품의 제목이기도 하지만, 그 핵심적 심상이 되기도 한다. 나의 고적한 심령心靈을 바라다보는 고양이는 '열천 같은 사랑(愛)'의 소유자일 뿐만 아니라, 그것으로 온갖 고뇌를 해소해 줄 수도 있다. 그러나 이것은 서로의 마음이 융화되어 '태양'이나 '기독'이 될 때에만 가능하다는 것이 이 시의 내용이라 할 수 있다.

이런 '사랑(愛)'의 관념과 '마스크(假面)', 곧 도덕적 윤리관의 베일을 벗겨버린 '기독基督'과의 관계, 그리고 '무덤' 위를 방황하는 영혼은 프랑스 상징파 시의 한 속성이기도 하지만, 이런 시적 발상법은 〈애인愛人의 인도引渡〉와 같은 작품에서도 마찬가지다.

> 흙비 같이 탁한
> 무덤터(墓場)의 선향線香내 나는 저녁 안개에 휩싸인
> 끝없는 광야曠野의 안으로
> 바람은 송아지(雛牛)의 우는 것 같이
> 조상弔喪의 종소리 같이
> 그윽하게 불어오며
> 나의 영靈은 사死의 번개 뒤번치는
> 흑혈黑血의 하늘밑
> 활문산에 기도하는 기독같이
> 엎디어 운다.
> '애인을 내다고'라고
> 아아 내 영은
> 날 때 데리고 온 단 하나의
> 애인의 간곳을 찾으려

여름의 울도鬱陶한 구름 안 같은

끝없는 광야를 헤매이는 맹인이로라.

-〈애인愛人의 인도引渡〉의 전문

시적 화자인 '나'는 떠나고 없는 애인을 찾아 끝없는 광야를 헤매는 우울한 '맹인'이 되어 있다. 마치 베를레느의 〈가을의 노래〉와 유사한 발상법이다. '조상弔喪의 종'과 애인을 찾아 무한한 광야를 헤매는 영혼의 유랑의식이 바로 그것이다. 한마디로 이 시의 정조情調는 아주 암울暗鬱하다. 흙비와도 같이 탁한 '묘장墓場'의 저녁 안개와 내 영혼의 죽음이 번개 치는 흑혈黑血의 비가 쏟아지는 하늘 밑이라고 한 표현에서 우리들은 그것을 느낄 수가 있다. 버리고 온 애인을 찾아 헤매면서 울고 있는 영靈의 통곡이 그것을 말하고 있다. 일체의 모든 것을 상실하고 난 시적 화자의 좌절감과 절망적 상황, 그리고 허전해진 소외감에서 이 시는 발상하고 있다.

2) '태양'과 '저녁'의 심상과 모티프

황석우의 시에서 '태양'과 '저녁'의 심상과 모티프는 매우 중요하다. 이들은 서로 연결의 고리를 이루어 '태양'이 꺼지거나 잠기면서 암흑한 '저녁'이 펼쳐진다. 말하자면, '태양'과 '저녁'이 이어지는 연계의 고리는 '어두움'을 통해서 이루어진다고 할 수 있다.

태양은 잠기다. 저녁 구름(夕雲)의 전광자癲狂者의 개 거품같이

얼음비(氷雨) 같이, 여울(渦)지고
보랏빛으로 여울지는 끝없는 암굴岩窟에 태양은 잠겨 떨어지다.
태양은 잠기다. 넓은 들에 길 잃은
소녀의 애탄스러운 가슴 안 같은
황혼의 안을 숨(潛)여 태양은 잠기다.
태양은 잠기다. 아아, 죽는 자의 움푹한 눈 같이
이국異國의 제단祭壇의 앞에, 태양은 휘돌아 잠(翔沈)기다.

-〈태양太陽의 침몰沈沒〉의 전문

태양이 침몰해 버린 절망적 상황의식이 기미독립운동과는 전혀 무관한 것만은 아닐 것이다. 그것은 '이국異國의 제단祭壇' 앞에 휘돌아 잠긴 태양에서 엿볼 수가 있다. 시적 화자가 실려 가는 곳은 '전광자癲狂者, 곧 미친 사람의 개 거품'과도 같은 저녁 구름이 덮인 곳이며, '얼음비(氷雨)'에 여울지는 보랏빛의 '암굴岩窟'이다. 이런 절망적 상황 속에서 '죽는 자의 움푹한 눈'과도 같은 태양은 침몰하고 어둠 속으로 빠져들어 가고 있다는 것이다.

태양이 잠기고 어둠이 깔린 우울한 저녁은 세기말을 상징하는 것으로 이런 시적 발상법은 〈석양夕陽은 꺼지다〉에서도 마찬가지이다.

젊은 신혼부부의 지저귀는 방의
창에 불 그림자가 꺼지듯이 석양은 꺼지다
석양은 꺼지다
애인아 밤 안으로 흠뻑 우서다고.
나의 질소質素한 처녀의 살 같은 깨끗한 마음을 펼(擴)쳐서

네 눈이 부시게 되도록, 너에게 뵈이마,
내 마음에는 지금 받은
황혼의
맥 풀린, 힘없는
애통한 접문接吻의 자욱이 있을 뿐이다.

를 서두로 하고 있는 이 시는 앞에서 논의한 〈눈으로 애인아 오너라.〉와도 같은 낭만적 발상법이다. 그러나 황석우도 '저녁'은 세기말적 기분에 붙잡힌 나의 최근의 사상적 경향을 나타낸 것이라고 했듯이, 이 시의 제목조차도 이런 의도에서 붙인 것으로 보인다.

이 시는 거의가 '애인아'라는 호격어의 반복으로 분연하고 관능과 쾌락의 관념을 형상화하고 있다. '내 마음을 덮는 아지랑이', '내 마음의 앞에 드리우는 한 꽃밭', '길 떠나는 한 태풍', '내 생명의 상처를 씻어주는 무슨 액液', '너의 비애의 비밀한 화첩'과도 같이 아무런 희망도 없는 암담한 현실을 노래하여 이 시로 하여금 더욱 환몽적이고 비극적이게 한다. '석양夕陽'·'밤'·'황혼'·'석월夕月' 등과 같은 심상으로 이어지는 '저녁'과 이것들을 배경으로 한 '고적한 혼'과 '애통함'을 느끼는 시적 화자의 심경을 통해서 형상화된 시적 분위기는 더욱 어둡고 우울하다. 그러나 "애인아 밤 안으로 흠뻑 우서다고"라는 행 절의 반복을 통해서 환기되는 시적 정조는 오히려 애상적이고 낭만적이라 할 수 있다.

애인아, 밤 안으로 흠뻑 우서다고
네 웃음이 내 마음을 덮는 한 아지랑이(靄)일진댄

네 웃음이 내 마음의 앞에 드리우는 한 꽃발(花簾)일진댄
나는 그 안에서 내 마음의 고운 화장을 하마
네 웃음이 어느 나라에 길 떠나는 한 태풍일진댄, 구름일진댄
나는 네 혼을 그 위에 가볍게 태우마.
네 웃음이 내 생명의 상처를 씻는 무슨 액일진댄
나는 네 웃음의 그 끓는 감과坩堝에 뛰어 들마.
네 웃음이 어느 세계의 암시, 그 생활의 한 곡목曲目의 설명일진댄
나는 나의 귀의 굳은 못을 빼고 들으마.
네 웃음이 나에게만 열어 뵈이는
너의 비애의 비밀한 화첩일진댄
나는 내 마음이 홍수의 속에 잠기도록 울어주마,
애인아 우서라, 석양은 꺼지다

-〈석양夕陽은 꺼지다〉에서

황석우는 여기서 애인에 대한 열렬한 사랑의 감정을 열정과 비애의 정감을 통해서 형상화하고 있다. 한마디로 너의 웃음 속에다 시적 화자인 나의 모든 것을 불어넣겠다는 것이다. 그러나 이런 불과도 같은 낭만과 비애의 정감이 어둡고 우울하게 느껴짐은 '석양은 꺼지다'라는 어둡고 캄캄한 절망적 상황과 웃음의 이면에 흐르는 시적 화자의 비통한 심경이 깔려 있기 때문이다.

3) 원초적 관능과 원색적 표현

〈음락淫樂의 궁宮〉은 마치 보들레르의 〈악의 꽃〉의 시편들을 방불케

한다. "나의 금다색金茶色의 면사面紗를 쓴 고뇌가/ 나의 영靈과 불탄 터와 같은/ 태양이 떠오르는 검은 구름의 앞"을 서두로 하고 있는 이 시에서 한 아리따운 소녀가 걸어와서 화자에게 말하기를,

> 소녀는 말한다. 「너희들의 서있는 그곳은
> 교살絞殺, 참살斬殺, 팽살烹殺, 인살磷殺의
> □□□□□□□□□□□일다.
> 그리고 너희들의 생명의 음악의 터일다.
> 나는 너희들의 서있는 길을
> 내가 너희들에게 준(授) 영靈의 위에 벌려진
> 너희들의 본능의 벌 떠듬(蜂騷)의 터를,
> 온갖 음악의 더러운 엉덩이(尻)를
> 곱게, 곱게 씻으러 왔다.
> 그리고 너희들의 공허한 가슴 안에
> 눈물과 창조의 신선한 피를 부으려 왔다.
> 나는 또 너희들의 영의 온갖 우치愚痴한 눈물과
> 온갖 나태의 눈곱을 닦으려 왔다.
> 아아 나는 너희들의 참생활의 풀무 채를 끌려 왔다.」
>
> -〈음락淫樂의 궁宮〉에서

라고 한다. '한 무리 유령의 주정'하는 괴이한 천막과 대비된 '얼굴 동글납작한 고운 소녀'를 등장시키고 있다. 그러나 그 소녀의 입에서 나오는 말은 '교살絞殺'·'참살斬殺'·'팽살烹殺'·'인살磷殺' 등과 같은 끔찍한 원색적 표현과 "너희들의 본능의 벌 떠듬(蜂騷)"이나 "온갖 음락淫樂의 더러

운 엉덩이"와도 같이 관능적 표현을 서슴지 않고 있다. 이런 원색적이고 과격한 표현은 보들레르의 시적 속성과도 같은 표현법이라 하지 않을 수 없다. 이러한 육체적 관능과 원색적 표현을 통하여 기존의 관념적 가면 속에 가려진 인간의 적나라한 본 모습을 보고자 함이다. 보들레르가 그렇게 끊임없이 추구했던 인간의 가면 속에 가려진 인간의 본 모습은 무엇이었을까? 그것은 아무래도 누구나 죽음과 맞서야 하는 허무적 인간관, 아니 지적 고뇌와 실존적 비극성에 있는 것이다.

이러한 세기말의 허무적 종말관과 상황의식, 그리고 지적 고뇌와 원색적 표현법은 자전적인 〈망모亡母의 영전靈前에 받드는 시〉에서도 마찬가지다.

> 당신은 따위에 장님의 미륵彌勒을 남겼어라
> 나의 육체는 비애의 큰 화산이러라.
> 아아 나의 비애는 무덤구멍(墓穴)과 같은
> 얇은 자주(薄紫)의 한 작은 렌즈를 가졌어라.
> 나는 그곳으로, 내 마음에 자욱 난
> 당신의 죽음에로의 적막한 발자취와
> 당신의 난서亂書한 피의 유서와
> 당신의 일생의 빈고貧苦, 참담한 전기傳記를 읽을 때,
> 아아 나는 울어라, 나는 미친 소같이 뛰며 울어라.
>
> **-〈망모亡母의 영전靈前에 받드는 시〉의 전문**

황석우는 여기서 자신을 '장님의 미륵彌勒', 또는 '비애의 큰 화산'에다 비유하고, 그 비애를 묘혈의 렌즈와 대응시킴으로써 더욱 음산해진

다. 그리고 '피의 유서'나 '미친 소' 등과 같은 원색적이고 과격한 언어 구사로 형성되는 격조는 더욱 거칠게 느껴진다. 이런 현상은 황석우에게만 국한되는 것이 아니라, 폐허나 백조동인들의 공통되는 시적 속성이기도 하다.

이외에도 〈새 결심〉·〈참혹한 얼굴이어!〉·〈혈血의 시〉·〈백과전서〉 등에서도 마찬가지로 이런 상징과 시학의 표현법을 사용하고 있다. 이는 전대의 표현법과 거리감을 의식케 할 뿐만 아니라, 또한 시어 구사의 확장을 의미하기도 한다. 그리고 황석우는 자신이 시의 제작법이나 감상법을 제시한 자유시의 형식을 실험하고, 또 어느 정도 성공을 거둔 것으로 간주되기도 한다. 시의 행연의 배열은 물론, 시어와 전통적인 음수율의 규칙성을 파기하고 자율화한 개성적인 내재율을 '영어靈語'와 '영율靈律'로 하여 실험하고 있는 것이라 할 수 있다.

3 《장미촌》의 발간과 자유시 운동

황석우는 《장미촌》의 창간을 전후해서 시적 전환을 시도한다. 프랑스 상징주의 시의 영향을 받았던 그 초기시의 퇴폐적 경향과는 달리, 시적 정조가 맑고 투명해지면서 감상과 낭만적 경향으로 훨씬 기울게 된다. 그러나 황석우는 이런 유형의 작품들을 많이 쓰지는 않았다. 왜냐하면, 황석우가 《장미촌》을 간행하고 난 뒤 얼마 되지 않아 시단을 떠나 유랑의 세월을 보냈기 때문이다. 따라서 이것은 그의 시력으로 보아 초·중간기에 해당되는 작품들이 양적으로 극히 한정되어 있다는 것을 의미함이다.

1) 미소微笑의 꽃가마(花輿)와 영적 방황

《폐허》 창간호에 실린 시편들의 대부분이 '구고舊稿'였음은 바로 앞에서 말했다. 그런데 《장미촌》이 창간되기 전에 《개벽》 3~4호에 발표된 〈미소微笑의 화여花輿〉와 〈발 상한 순례의 소녀〉는 황석우의 시력으로 보아 전환기에 놓인 작품들이라 할 수 있다.

> 내 영을 실어가는 네 미소의 꽃가마(花輿)야,
> 내 영은 네 미소에 휩끌려
> 애愛의 작은 거화炬火를 놓(放)고
> 저물어가는 태양의 힘없는 빛(光)의 위를
> 이상한 이끼(苔) 덮인 화강석의 언덕의 위를
> 울어 비는 듯한 어린 목초牧草의 위를
> 폐환자의 천식喘息과 같은 훗훗한 바람의 위를
> 줄 끊어진 연鳶(凧) 같이
> 향방 없이 비틀거려 가는 도다.
> … 〈중략〉 …
> 그대여 네 우물거리는 석류와 같은 그 입에는
> 어느 귀여운 사람에게 맡은 '말'을

내 마음의 갈아올(耕立)린 넓은 밭고랑에
뿜어 뿌려 주렴이 아니냐 생각한다.
나는 한갓 그것을 받으려는 나머지에
유선流船과 같은 네 미소의 위에 뛰어오르는 것이다.
아아 내 영을 실어가는 네 미소의 꽃가마(花輿)야.

-〈미소微笑의 화여花輿〉에서

황석우는 여기서 내 영을 어디론가 실어다 줄 미소의 꽃가마에 대한 염원을 노래하고 있다. 너의 미소에 이끌려 사랑의 횃불을 놓고 언덕과 목초와 바람 위를 줄 끊어진 연처럼 향방을 잃고 비틀거리는 시적 화자의 모습에서 우리는 서글픔을 느끼지 않을 수 없다. 언제나 의지할 곳 없는 나의 영은 바람에 휩쓸어 가고 유선流船과도 같은 너의 미소, 곧 어두운 현실에서 벗어난 영원한 낙원과 이상향理想鄕을 염원하고 있는 화자의 심경은 오히려 낭만적이라 할 수 있다.

소녀여, 발 상한 자축 어려가는 소녀여
소녀여, 석양은 철병鐵屛과 같은 포도덩굴과
단향나무 입의 무성한 높은 고개를 넘어
야사野死한 사람의 시해屍骸의 위를 헤매이는
주린 솔개에 채듯이
지명地名도 모르는 곳으로
뉘 가슴엔지 붙 안기어 가버렸다.
아아, 지상은 초상집(喪家)같이 얼 차릴 수 없이 떠들썩거린다.
아아, 소녀여, 이런 때 너는 어디로 가느냐.

소녀여, 발 상한 자축 어려가는 소녀여
너는 인생의 최고촉最高燭의 불이다.
아아, 너는 천국의 정淨한 거리, 성두城頭에 비치는
성자聖者의 눈동자 빛 같은
혼魂, 애愛, 상야등常夜燈이다.

–〈발 상한 순례의 소녀〉에서

를 1·2연으로 하고 있는 이 시는 작자가 '문산역'에서 본 광경을 소재로 하여 쓴 작품으로 다분히 감상과 낭만의 정조를 기조로 하고 있다. 발이 상해 절룩거리는 어린 소녀의 애처로운 모습을 그린 것이다. 황석우는 여기서 소녀를 두고 인생의 '최고 촛불'이고 성자의 눈동자 빛과 같은 '혼'과 '애'의 '힘'의 '상야등常夜燈'이라 하고 있다. 어린 소녀의 순결한 '혼魂'을 통해서 사랑이란 관념과 항시 어두운 밤을 밝히는 역동적인 힘으로 형상화 하고 있다.

한마디로 시해屍骸 위를 헤매는 암흑한 현실을 떠나 한 작은 빨간 운명의 '티켓'을 가지고 간 소녀의 행방을 찾아 헤매는 유랑의식을 형상화하고 있는데, 이 시는 어쩌면 신앙적 종교관이 엿보이기도 한다. 괴롭고 어둔 현실, 곧 지상을 떠나 천상에 안주하려는 의식이 바로 그것이다. 이 땅에서 이루지 못한 것을 저세상, 곧 천상에서 이루어보려는 염원은 오히려 인간의 본능적 속성이기도 하다.

2) 이상향인 장미촌과 자유시 선언

폐허동인에서 탈퇴하여 곧바로 결성한 장미촌동인은 황석우에 의해 주재되었다. '자유시의 선구'라는 부제를 붙이고 간행된 《장미촌》은 우리나라 최초의 시전문지로 23면에 불과한 소책자의 창간호로 그쳤으나, 이 시전문지의 문학사적 의미는 자못 크다 아니할 수 없다. 그 까닭은 《장미촌》이 우리나라 최초의 시전문지라는 사실과, 또한 그 동인을 결성하고 있는 중심인물들인 변영로·황석우·노자영·박영희·박종화 등이 문학사에서 차지하는 비중이 그만큼 크기 때문이다. 그런데 이 시전문지는 동인들의 구성원에 따른 양면성, 곧 폐허와 백조동인들의 문학적 성격을 동시에 지니고 있다고 할 수 있다.

- 우리들은 인간으로서의 참된 고뇌의 촌에 들어 왔다. 우리들의 밟아 나가는 길은 고독의 끝없이 묘막한 큰 설원雪原이다. 우리는 이곳을 개척하여 우리의 영靈의 영원한평화와 안식을 얻을 촌, 장미의 훈향薰香 높은 신과 인간과의 경하慶賀로운 화혼의 향연이 열리는 촌을 세우려 한다. 우리는 이곳을 자못 우리들의 젊은 영의 열탕熱湯 같이 뜨거운 괴로운 땀과 또는 철화鐵火같은 고도의 정淨한 정열로써 개척하여 나갈 뿐이다. 장미, 장미, 우리들의 손에 의하여 싹 나고 길리고 또한 꽃피려는 장미.[31]

- 그러면 우리는 적어도 정진精進한 순례자의 경건敬虔한 심정과 시인의 적염赤焰 같은 정열과 철인哲人의 전광電光 같은 이지理智로, '침묵의 해海'와 '고독의 삼림森林'을 찾아 나가지 아니하면 안 될 것이다. … 〈중략〉 … 우리는 정신의 세계요, 시의 왕국인

31 《장민촌》 창간호의 표지에서 인용.

장미의 촌을 찾아가자.[32]

이 두 인용은 《장미촌》 창간호의 권두에 실린 것들로, 전자는 황석우의 「선언宣言」 전문이다. 그가 너의 미소, 곧 사랑하는 사람의 꽃가마를 타고 가고자 염원한 이상향이 바로 '장미촌'이란 말이다. 그러니까 장미촌은 평화와 안식의 이상향을 의미하며 이를 위해 인간으로서의 고뇌와 고통이 전제되어야 한다는 것이다. 신神과 인간과의 경하로운 '화혼花婚'의 향연이 열리는 촌, 그곳이 바로 장미촌이며, 젊은 '영'의 열탕과 같이 뜨겁고 괴로운 땀과 철화鐵火와도 같은 정열로 개척해 나가야 할 그런 이상향理想鄕이기도 하다. 그리고 후자는 변영로의 「장미촌」이란 글의 일절로 시의 왕국, '예지叡智의 원園'이 바로 '장미촌'이라는 것이다. 여기서 그는 정신계의 생명성을 강조하고 있다. 정신계의 주민들과의 추억과 현재의 사랑과 미래에 대한 예감을 따라야 한다는 것이다.

위의 두 글을 통해서 우리는 장미촌동인들이 의도한 '장미촌'의 성격을 어느 만큼은 짚어볼 수가 있다. 한마디로, 장미촌은 고뇌의 인간이 지향하고 있는 이상향을 이름이다. 그리고 그런 이상향을 동경하고 염원하는 심경은 오히려 낭만적이기도 하다. 바로 앞에서 논의된 퇴폐적 경향과는 다소 거리가 있는 것으로, 고독이나 괴로움과 같은 것은 감상과 낭만의 정감적 속성이라 할 수 있다. 그러나 이런 정감적 세계는 화자의 내면의 깊이까지 파고들어 인간의 근원적 존재나 실존의식에서 형성된 관

32 《장미촌》 창간호, 1면에서 인용.

념은 아닌 것이다.

① **장미촌의 왕과 낭만적 발상법**: 〈장미촌의 향연〉과 〈장미촌의 제1일의 여명〉은 같은 성격의 작품으로 《장미촌》 창간호에 함께 실려 있다. 먼저 〈장미촌의 향연〉을 인용해 보기로 한다.

고독은 내 영의 월세계
나는 그 위의 사막에 깃들어 있다
고독은 나의 정열의 불토佛土
나는 그 위에 한 작은 장미촌을 세우려 한다.
그리하여 나는 스스로 그 촌의 왕이 되려 한다.
아아, 나는 고독에 돌아왔을 때, 비로소
나의 지혜가 눈뜸을 알(認識)았다.
고독은 고통이 아니고, 나의 혜지慧智에의 즐거운 여명黎明이다.
실로 고독은 신과 인간과의 애愛의 경계
이곳에 들어와야
신의 감춘 손(秘手)은 쥠을 얻는다.
안일다. 고독 그 자신이 '애愛'이다.
신과 인간과의 신인동체의
가장 합리적의 강하고, 정淨한 애이다.
아아, 고독은 애의 절정이다.
아아, 나는 이 위에 한 작은 장미촌을 세우려 한다.

–〈장미촌薔薇村의 향연饗宴〉의 전문

앞에서 인용 논의한 권두의 〈선언〉과도 같은 내용과 취지를 시에다 담은 것이다. 그의 이상향인 장미촌을 세우고 스스로 그곳의 왕이 되고자 한 것이 이 시의 간추린 내용이다. 아무튼 황석우는 《장미촌》의 창간을 전후해서 시적 변모를 시도한다. 이전의 시편들에서 볼 수 있는 퇴폐성과는 달리, 감상과 낭만적 색조가 훨씬 돋보이고 있는데, 이것은 백조파동인들의 시적 속성인 감상이나 낭만의 정조라 할 수 있다.

'고독은 내 영의 월세계다'나, '고독은 나의 정열의 불토佛土'와도 같이 황석우의 고독의식은 오히려 외곽에 머물러 있을 뿐이며, 그 내부의 깊이에까지 이르지 못하고 있다. "고독은 고통이 아니고 나의 혜지慧智에의 즐거운 여명"이며 신과 인간의 애愛, 곧 '신인동체神人同體'의 가장 합리적이고 깨끗한 사랑이 된다는 것이다. 인간의 고독의식을 주제로 삼고 있는 이 작품에서 시적 화자는 고독이 사랑의 절정임을 강조하고 있다. 고독 속에다 장미촌을 세우고 그곳의 왕이 되고자 하는 것은 오히려 낭만적 속성이 아닐 수 없다.

> 아아, 나는 스스로 그 촌의 왕이 되려 한다.
> 여명의/ 훈향을 먹음(含)은
> 신비적의/ 강한 음향은
> 천지창조 뒤의/ 바다의 타(彈)는
> 그윽한/ 첫 조음潮音 같이
> 물속의 잠긴
> 무겁게 괴로(重苦)은 종소리같이도
> 젊은 우주의/ 가늘게, 굴곡된, 빨간
> 연한 힘줄(軟筋) 속으로
> 맥박 쳐 나오며, 여울져나(渦出)와

진眞·선善·미美의
전적 생활의 먼 제단에 향(參詣)하는
'인간성'의 째낸(織立)
내 영의 새로운 심장에 피가 되어 떨어져 돌며,
부어든(注入)다.

—〈장미촌薔薇村의 제1일의 여명黎明〉의 전문

황석우가 장미촌의 왕이 되고자 함은 이 시에서도 마찬가지다. 그리고 그 초기 시편 모두에게 해당되는 것이지만, "한자어와 한글의 과도기적 상태, 원형투原型套의 어미 처리, 관념적 환상성을 특징으로 하고 있다"고 한 김윤식의 말과도 같이, 그 표현법에서 한계성을 드러내고 있음은 부인될 수 없는 사실이다. 그러나 그 나름대로 한자어를 우리말의 고유성을 살려 표현하고자 하는 시도는 도처에서 발견된다. 이것이 황석우가 처했던 우리 근대시의 출발에 있어서 다각적으로 자유시 형식을 실험하고 있었던 점으로 과소평가될 수만은 없다. 황석우의 이런 실험시를 근거로 우리의 근대시가 형성된 것이라 할 때, 보다 큰 의미를 부여받게 될 것으로 생각된다.

이 시는 '장미촌'의 탄생을 기린 것으로 "내 영의 새로운 심장에 피가 되어 떨어져 돌며 부어든(注入)다."고 한 결미절과도 같이 황석우의 시에 대한 강한 의욕과 열정을 엿볼 수가 있다. 여기서 시적 형상화나 표현기법에 대해서 운위한다는 것은 무의미하다. 이것은 과도기적 현상으로 보면 된다. 아무튼 이 시는 '장미촌' 탄생의 기쁨을 웅변적으로 표현한 것이라 할 수 있다. 황석우는 장미촌, 곧 이상향理想鄕의 추구에 온 심혈을 기울이고 있었다. 그가 이상촌의 왕이 되고자 함은, 바꿔 말해서 그의 시에 대한 열정을 나타낸 것이기도 하다. 고독과 고뇌로 축조되는 이상촌의 왕이 되려고 함은 바로 시의 왕이 되고자 하는 것과도 같은 것이다.

② **감읍感泣과 애욕愛慾의 추구**: 장미촌에서 비롯되는 황석우의 시적 변모는 〈구상丘上의 누淚〉에 이르면 더욱 확연해진다. 어느 이름 없는 무덤을 보고 자신의 어린 시절의 슬픈 과거를 떠올린 이 작품은 1921년 11월호 《개벽》지에 발표된 것이다.

눈물이다. 눈물이다.
지금 나는 언덕 위의
이름도 없는 한 무덤 속을 바라다보면서
하염없는 눈물을 흘리고 있다. 눈물이다. 눈물이다.
… 〈중략〉 …
이곳에 묻힌 것이 자기의 과거냐고 생각하면, 나는 다못 울지 않고는 있을 수 없다. 아니, 나의 지금의 마음(氣持)이 마치 이런 것을 바라보고 있음과 같은 애처럽고 슬픈 그것이다.
나는 지금 확실히
밝은 새벽의 태양을 기다리면서 그런 언덕 위에서 울고 있다.
눈물이다. 눈물이다.
바라다보면 바라다볼수록 눈물, 하염없는 눈물이 흘러온다.

–〈구상丘上의 누淚〉에서

어려서 사랑하는 어머니의 임종을 지켜보았던 모습을 떠올리면서 화자는 하염없는 눈물을 흘리고 있다. 이곳 무덤에 묻힌 것이 그의 지난 과거라고 생각하면 울지 않을 수 없다는 것이다. 그러나 그는 좌절하지 않고 '밝은 새벽의 태양'을 기다리는 결의를 다지기도 한다. 눈물과 울음의 반복으로 형성되는 서글픈 정서는 맑고 투명하다. 그의 초기 시에서 보인 어둡고 우울한 정조와는 달리, 직정적이고 겉으로 흐르는 눈물의 감읍感泣으로 바뀌고 있다. 이것은 지난 과거의 회상에서 흘리는 소녀 취향의 감상이라 할 수도 있을 것이다.

황석우의 이런 감상적 정조는 꿈과 낭만성과 신비와 미지의 세계로 향하고 있다. 청춘의 고뇌를 통해서 애욕을 추구하고 있는 〈연애〉는 촌상寸想으로 '어느 애인에게 박해를 받은 2, 3의 젊은 영혼을 위하여'란 부제로도 짐작할 수 있듯이, 감상과 낭만을 기조로 하고 있는 것이다.

> 감정은 청춘의 그 가장 위대한 문화이다
> 청춘의 생명은 그 감정의 금욕禁慾 중에 들어 있다
> 감정은 청춘의 그 생명의 일종의 솜 든 금의錦衣며, 또한 그(生命)를 포飽케 하며, 취케 하며, 가歌케 하며, 무舞케 하는 그의 유일한 구락부俱樂部이다.
> 감정은 청춘의 그 생명의 배양되는, 일개의 비옥한 밭이다. 대지이다.
> 청춘의 그 특수한 무르녹은 방순芳醇한 향기와 그 맑은 음향과 또는 그 만색萬色의 영롱玲瓏, 찬란한, 화려한 광채는 모두 이 감정의 안으로부터 발효되며, 울리며, 유로流露되어 나오는 자이다.
>
> -〈연애戀愛〉에서

여기서 황석우는 말하기를, "감정은 청춘의 가장 위대한 문화이며, 생명의 금의錦衣로서 생명을 포만케 하고 취하게 하며 춤추게 한다."고 한다. 그리고 청춘의 감정은 세 가지 향락욕으로 구분되는데, '식욕食慾'과 '미욕美慾'과 '연애戀愛'가 바로 그것이다. 한마디로 연애는 청춘의 최고 낙원으로, 그 낙원을 추구하는 데 조금도 주저하지 않는 것이 그의 연애관으로 연애는 인간의 피 속에 피어난 산 종교가 되기도 한다는 것이다.

그는 '예술욕'과 '성욕'을 동일시하고, 또한 청춘의 연애는 일종의 영감이라 하여 이 '애의 영감'에 예술의 옷을 입힐 때 시가 되고 회화繪畫가 된다고 한다. 청춘의 서정시는 성욕의 회화화, 또는 음악화에 불과하다는 것이다. 그 결론적으로서 연애는 종교와 예술을 합한 일종의 본능의 간이簡易한 천국인 평민적인 종합대학이며, 무정부주의적 자유민이라 하고 있다. 누구도 침해할 수 없는 신성불가침의 연애를 주장한 황석우의 시적 속성은 낭만적일 수밖에 없다.

그러나 황석우는 이런 시적 변모를 시도했을 뿐, 많은 작품을 남기지는 못했다. 《장미촌》 간행 직후 몇 편의 시작품을 발표하고 곧바로 시단을 떠났기 때문이다. 혼자서 작품을 썼는지는 몰라도 그가 다시 시단활동을 시작했던 1928년도까지는 전혀 작품을 발표하지 않고 있다. 조선시단을 출간하면서 발표한 시작품들을 합쳐 엮은 시집 『자연송』의 시편들은 그에게는 또 한 번의 시적 변모를 시도한 이후의 작품들이라 할 수 있다.

3) 자연의 종신적 왕과 어린아이 박사들

성지聖地 예루살렘의 문이 열리고 밝은 해가 동녘에 떠오르면서 암흑한 세상을 밝힌다는 성서의 내용을 주제로 한 〈봄과 3인의 어린아이 박사〉에서 황석우는 봄을 의인화하여 3인의 어린아이 박사들과의 대화형식으로 노래하고 있다. '봄'을 '자연의 독생자獨生子'로 하여 나의 왕, 아니 '자연의 종신적 왕이 되어 죽은 자에게 혼을 새로 불어넣고 꽃을 주며, 여윈 자에게는 '살'을 주어 살지게 해달라고 하고 있다.

봄아 너는 자연의 종신왕終身王이 되라
인간의, 인간 사상의 섭정이 되라.
또 너는 개체個體의 '생의 형식'을 구속치 않는다.
굼벵이는 기게 하고, 호접蝴蝶은 날게 하고
모기와 벌은 쏘게 하고, 나무에는 잎, 풀에는 꽃을 줌과 같이
- 박애博愛의 신神, 평등의 신, 자유의 신 -

나는 다시 소생甦生하도다, 소생하도다.
나를 믿어라, 나는 자연의 독생자
나의 감정에는 언덕이 없고
나의 눈에는 색色이 붙은 물체가 없고
다만 생명이 있는 자의 곁에는
나의, 여름 한철 걸려 기른 아이들을
학살한 구적仇敵의 곁, 그 자손의 곁에도
그를 살리고, 그를 일으키려 가노라.
나는 인공호흡기와 같은 기계가 아니고

온갖 생물의 마음의 큰 뜰에 있는 「사상思想」이며, 애愛며
「주의主義」노라, 불멸의 실재實在노라.

위에서 앞의 인용은 '어린아이 3인의 박사'가 봄에게 한 말이고, 뒤의 것은 '봄'이 그들 어린 박사에게 답한 것이다. 말하자면, '봄'을 만유萬有의 현상을 지배하는 전지전능자로 신격화하여 '박애의 신'·'평등의 신'·'자유의 신'으로 형상화하고 있는 것이 앞의 내용이라면, 뒤의 '봄'의 말은 구적仇敵의 후손은 물론, 생명이 있는 모든 것들에게 '사상'과 '애愛'와 '주의主義'를 불멸의 것으로 실재화하겠다는 것이다. '봄', 곧 그의 눈에 비친 '색상의 물체'로 차별화의 현상을 초월한 평등의 세계를 강조하고 있는 것이다.

이 시는 황석우가 어려서 기독교에 귀의한 신자였다는 그의 말을 근거로 기독교의 '박애'와 '평등'과 '자유' 사상을 주제화한 것이라 할 수 있다. 그리고 이 시의 특색의 하나로 '봄'과 '3인의 어린아이 박사들'과의 대화 형식으로 그 서사성과 함께 비유적 수법의 일관성을 그 특색으로 들지 않을 수가 없다. 황석우의 대부분의 시가 이런 의인화를 비롯한 비유적 표현법을 자유자재로 구사한 점은 당시로서는 새로움의 경지라 하지 않을 수 없다. 『자연송』의 시편들에 구사된 비유법의 특이성도 마찬가지라 할 수 있다. 아무튼 우리는 이 작품을 통해서 '자유주의자', 곧 황석우의 '철저한 해방주의' 사상을 엿볼 수가 있다.

4 천체의 운행질서와 만유萬有의 생성 원리

만주지방의 유랑 길에서 돌아온 황석우는 조선시단사를 주재하면서 다시 시단에 복귀하게 된다. 그가 주재한 《조선시단》에다 그 동안 쓴 시편들을 집중적으로 발표하고 있다. 《조선시단》 1~3호까지 '가을 시'·'6호 잡곡雜曲'·'잡상곡雜想曲'·'단상곡短想曲'·'겨울시' 등으로 구분해서 60편 가까운 시작품을 발표하고 있다. 그리고 《조선시단》에 실린 시편들을 합쳐서 출간한 『자연송』은 '자연시소곡自然詩小曲'이란 부제를 붙이고 있다. 서문인 〈자문自文〉에서 황석우는 "나의 십여 년간의 만든 시편에서 자연시만을 골라 낸 것"이라 하고 있다. 대부분이 국내와 만주로 이어지는 유랑생활을 하면서 쓴 것으로 보이는데, 그 자신 인생에 대한 시편들은 또 다른 시집으로 엮겠다고 하였지만, 그것들은 끝내 내지 못하고 그는 떠나고 만 것이다.

'자연시'를 표방한 『자연송』의 시편들에 나타난 시적 소재로 한 천체는 '태양', '지구', '달', '별'…… 등을 총괄한 우주(대우주·소우주)이며, 자연은 계절의 순환을 따라 변화하는 '비'·'눈'·'강'·'바다'·'구름'·'나비'·'제비'·'꽃'·'초목' 등이다. 황석우는 이들 자연과 천체를 의인화하여 감각적으로 형상화하고 있을 뿐만 아니라, 우화와 동화적 수법을 함께 실험하고 있는 것이다.

1) '우주宇宙', 곧 천체의 운행과 허무사상

시집 『자연송』의 머리에 "자연을 사랑하자. 자연을 사랑하지 못하는 자는 사람도 사랑할 참된 길을 아지 못한다……."라고 하고 있다. 황석우가 시집의 제목을 '자연송'이라 한 까닭을 짐작해 볼 수가 있다. '자연'에 대한 사랑에서 모든 것이 출발하고 있음을 이렇게 말한 것으로, 『자연송』의 시편들은 이런 의도에서 제작된 것들이라 할 수 있다. 천체와 계후季候의 운행 질서를 과학적으로 사유하기도 하고, 때로는 우화와 동화의 수법을 구사하기도 한다. 요컨대 천체 및 우주에 대한 소박한 과학적 지식, 그리고 우주만상이 무화된다는 관념과 허무사상을 형상화하고 있는 것이다.

① **우주의 운행 질서와 '불'의 심상**: 시집의 권두에 편성된 〈태양계·지구〉·〈소우주·대우주〉·〈태양계〉·〈물의 우주〉·〈우주의 구멍〉…… 등 일련의 시편들에서 우주 및 천체의 구성 요소로서 태양과 달과 지구와의 상관성을 다루고 있다. 물론 뒤에서는 '태양'·'달'·'지구'·'별' 등으로 구분되기도 하지만, 권두의 시편들은 총괄론으로서 이들이 각각 분리되지 않고 서로 상관관계를 형성하고 있다.

사람의 눈에 보이는 우주는
태양계 둘레의 천체뿐입니다.
그곳을 '도서적島嶼的 소우주'라고 합니다.
소우주 안에는 헬크레스 성운의 별우주계통別宇宙系統과 이억만의

몸 엄장한 별들 이 하늘 높이 병풍과 같이 둘러앉아 있고

그 밑으로 달과 태양과 지구는 조그만 풍선공과 같이 귀엽게 떠돌아 다닙니다.

이 우주 바깥은 대우주, 그 안에 있는 은하銀河의 저쪽으로 저쪽까지의 끝없는 무한에의

모든 '도서적島嶼的 소우주'의 성운, 또는 그들 성운 속의 항하恒河 모래 같이 깔리어 있는

조그만 별들

태양들

생물의 세계들의 그 종류와 수효를 어지러워 상상할 수도 없습니다.

–〈소우주·대우주〉의 전문

태양계를 둘러싼 천체, 곧 소우주와 대우주를 주제로 하고 있다. 우주는 태양과 달과 지구와 성운星雲으로 형성되어 있다는 것이다. 황석우에게 '자연'이란 천체의 구성을 두고 한 것이지, 서정적인 차원은 아니다. 천체 운행의 질서와 계절의 순환에 다른 갖가지 변화, 그리고 과학적 지식과 결합하여 그 생성 원리를 바탕으로 해서 쓴 것이다.

태양계 둘레의 천체가 섬과도 같은 '도서島嶼적 소우주'라면 그 소우주 바깥, 은하의 저쪽 끝없는 무한대의 공간이 대우주가 된다는 소박한 과학지식을 바탕으로 하고 있으나, 여기서 의도한 것은 그런 상식적인 차원은 아닌 것 같다. 천체 운행의 질서를 근원적 차원에서 사고하고, 그것의 심미성을 시적으로 형상화하고 있는 것이다.

별들도 불

태양도 불
별들과 태양은 하늘 위의 불의 폭죽!
지구도 불의 세계에서 추락해 나온
뱃속에 불을 통통히 배인 말썽거리의 색시!
오오 우주는 한 개의 불 구렁(坑)속!
우주는 곧 불길로 틀어 된 성운구멍
그 가운데는 별들과 태양이 지질현상地質現象과 같이
크고, 작아지고 죽고 살고 변환복잡
암성暗星들은 곧 별, 태양들의 시체!
그럼으로 금후의 우주는 한 때는 불 꺼진 캄캄한 램프와 같이 되기도 하리라.
그러나 이 성운의 구멍이
어느 큰 화산의 뱃속인지
어느 죽은 별의 지심속인지 무엇인지 또 그 이전의 상태는 미지, 미지, 미지.

―〈불의 우주〉의 전문

'별'과 '태양'과 '지구' 등 우주는 한 개의 '불 구렁' 또는 '불길로 틀어진 '성운星雲구멍'으로 보고 있다. 별들을 태양의 시체로 보기도 한다. 그리고 별과 달과 태양을 가등街燈으로 보고, '달'과 '태양'과의 관계에서 지구를 동서로 갈라놓고 주야로 번갈아 비치는 '등불'이라 하기도 한다. 그러나 금후의 우주는 불이 꺼진 캄캄한 세상으로 변화할 것이라고 예견하기도 한다. 태양계의 성운들이 모두 '불'이나, 언젠가는 싸늘한 암흑세계로 바뀌게 된다는 것이다.

② **'태양'의 심상과 '혼魂'의 덩어리**: 황석우의 시에서 '태양'의 이미지는 매우 중요하다. '태양의 침몰'과도 같은 초기 시에서의 '태양'은 '저녁'과 연관되어 세기말의 사상을 표상하고 있는 데 반하여, 『자연송』의 시편들에서는 전혀 다르다. 천체 운행의 중심을 이루고 있는 '태양'에 의한 만유萬有의 생성과 우주의 순환원리를 사변적으로 사고하고 있다.

'태양'은 '혼'의 덩어리'로 지구상의 모든 생물들을 길러낸다. 태양이 지구라는 온실에 씨앗을 뿌리면, 인간은 그 온실의 원정園丁이 되어 그것을 가꿔 낸다는 것이다. 이와 같이 태양과 지구와의 관계를 주제로 한 시편들은 〈태양의 분가〉·〈공중의 운전수님〉·〈달과 태양의 교차〉·〈광선의 부채〉·〈물 자아 올려가는 태양〉·〈태양이 떠오르면〉·〈흐린 날의 구름 속에 드는 태양〉·〈태양의 괴로운 싸움〉·〈태양의 수명〉·〈태양이 돌아가시옵거든〉 등 이외에도 많다. 따라서 태양계의 운행과 그 운행으로 지상에 만물이 생성하고, 태양의 수명이 다하기까지의 전 과정을 여러 각도에서 바라보고 있는 것이다.

> 태양은 운전수님!
> 태양은 지구의 자동차 위에
> 억조億兆 생물의 가족을 태우고
> 높은 공중에 배 걸치고 엎디어
> 지구의 기-ㄴ 핸들을 잡고
> 아침에는 조선朝鮮으로 달려오고
> 저녁에는 서반구의 아메리카로 달려갑니다.

–〈공중의 운전수님〉의 전문

태양은 남편, 달은 아내,
둘은 생이별의 부부
그들의 생업은 배달부
태양은 '용맹스러운 정력'을 배달하고
달은 '평화로운 잠'을 배달한다.

-〈두 배달부〉의 전문

'태양'을 운전수로 보고 지구에다 수많은 생물의 가족을 태우고 밤낮으로 달려간다고 한 〈공중의 운전수〉나, 태양을 남편으로 보고, 달을 아내로 본 〈두 배달부〉에서 우리는 거의 정감적 속성을 찾아볼 수도 없다. 오히려 우화寓話나 동화童話와도 같은 발상법으로 태양을 회화하고 있는 점에서 황석우의 낙천성을 읽을 수도 있다. 천체의 운행에 대한 소박한 과학적 지식을 바탕으로 하고 쓴 것이라 할 수 있다.

만유萬有의 아버지로서 '태양'의 수명을 예견한 작품으로 〈태양의 괴로운 싸움〉·〈태양의 수명〉·〈태양이 돌아가시옵거든〉 등이 있는데, 이들도 그의 태양계, 곧 우주과학에 대한 지식을 바탕으로 시적 주제로 삼고 있는 것들이다.

만상萬象의 아버지 태양은
한때도 편안히 눈 붙여 보지 못하고
공중에서 어느 무서운 적과
괴로이 괴로이 싸우신답니다.
… 〈중략〉 …
태양은 이 무서운 적과 싸우시기에 그 몸이 날로 여위어 그 나마 위에 검은 주름살(黑點)이 잡히어 가십니다.

저 오십만 리 이상을 몽몽濛濛히 뻗쳐 올라가는 푸로미넨스(紅焰)는 태양의 그 애태우는 괴로운 숨결이시랍니다.

-〈태양이 괴로운 싸홈〉에서

그도 쉷게 돌아가(逝)실 날이 머-ㄹ지 않았답니다.
달덩이는 이미 소태양이 돌아간 그 목내이木乃伊!
그는 곧 거인巨人 태양이 돌아가신 뒤에
그 무덤 앞에 깎아 세울 비석으로서 준비된 자랍니다.

-〈태양의 수명〉에서

태양이 돌아가시옵거든
그 몸을 곱게 조각하여
황금불黃金佛 보석불寶石佛 만들어
하늘 위에 영원히 모셔둡시다!

-〈태양이 돌아가시옵거든〉의 전문

이 세 편의 작품은 태양의 죽음을 두고 쓴 것이다. 말하자면, 〈태양의 괴로운 싸움〉에서는 '태양'을 만상의 아버지라 하고, 그가 무한대의 공간에서 무서운 적인 한랭과 싸우다가 점차로 여위어 흑점이 생기게 된다는 것이다. 〈태양의 수명〉에서는 태양이 죽을 날이 멀지 않았다고 하고 있으며, 〈태양이 돌아가시옵거든〉에서는 태양이 죽거든 그것을 조각해서 하늘에 모셔야 한다는 것이다. 언젠가는 소멸될 태양, 이는 곧 과학적인 사고를 바탕으로 한 시적 주제라 할 수 있다. 태양의 신성성보다는 오히려 뜨거운 열로 지구 위 생명현상의 상징이 되는 '열熱'을 빼앗기게 되면, 이 지구는 어둡고 찬 얼음덩이로 화할 수밖에 없다는 허무사상을 형상화하고 있다. 결국 태양이 소멸하면, 지상에 살아 있는 모든 생명체는 무화된다는 허무사상을 바탕으로 한 것으로 당시로서는 이색적이고도 생신감 넘치는 시적 발상법이 아닐 수 없다.

③ **'지구'의 파멸과 허무의식**: 태양계의 하나인 지구를 황석우는 '우주의 소낙원小樂園', 또는 '소이상향小理想鄕'으로 보고 있다. 그것은 태양과의 관계에서만이 그 존재의 유의적 함의성을 갖게 된다는 것으로,

지구는
태양이 끄는 유모차
생물들은
그 위에 채인 태양의 애기들

-〈지구·생물〉의 전문

지구는
태양이
생물들에게 세간 내준
조그만 분가
그러므로 태양은
하루도 궐闕치 않고 아침마다 땀 흘리며 허위허위 와서
생물이 가져야 살 열과 광명과
맑은 공기 등의 양식을 구미구미 되 말아 줍니다.

-〈태양의 분가〉에서

와도 같이 지구를 태양이 끄는 유모차로 보기도 하고, 또는 태양이 세간을 내준 조그만 분가로 보기도 한다. 그리고 지구를 하늘 한가운데 있는 '말'·'벙어리'·'맹인'·'섬' 등으로 비유하기도 한다.

지구는 공중을 달려 도는 한 큰말(馬)
사람은 그 등 위에 안고 눕고 서서
하루에 한 번씩 우주의 장엄한 넓은 공원을 구경한다.

–〈하늘 가운데의 말〉의 전문

지구는 말 못하는 벙어리
그 뱃속에는 몇 천도의 시뻘건 화火(熔岩海)가 끓어 돌아다닌다.

-〈하늘 가운데의 무서운 벙어리〉에서

사람의 어머니 되는 지구는 장님!
사람도 그 어머니 지구를 닮아 장님!
그러므로 지구는 달과 태양의 길게 늘어진 짝짝이의 의안義眼을 달고
사람은 그 광선의 알 두터운 도안경度眼鏡을 쓴다.

–〈두 맹인〉의 전문

깊이도 헤아릴 수 없는 무시무시한 시퍼런 하늘 가운데
지구라는 한 섬 - 떠 있는 조그만 절도絶島가 있다.
그 섬 가운데는 괴상한 형체의 사랑의 무리들이 깃들어 있다.
그러나 사람의 무리는 언제 어느 곳으로부터 그 섬 가운데 표류해온

지를 알지 못한다.

–〈하늘 가운데의 섬〉에서

와도 같이 지구를 하늘, 곧 허공 중에 있는 '말(馬)'로 본 것도 특이하지만, '말 못하는 벙어리'와 '장님'과 '섬'으로 보기도 한다. '섬', 곧 '절도絶島'에 인간이 언제 어떻게 와서 살았는지 그 내력을 알지 못하지만, 앞으로 지구가 어떻게 되어갈 것인가 하는 운명도 알지 못한다는 것이다. 인간은 지구 위에 유배당한 죄인과도 같이 번민에 싸여 울적한 마음으로 살아가고 있을 뿐이다.

이렇게 내력도 잘 모르면서 무심히 살고 있는 지구상의 인간들은, 결국 절망하고 좌절할 수밖에 없다고 한다. 이러한 인간의 좌절감이나 허무사상은 〈허무인의 생물관, 지구관〉에 더욱 잘 나타나 있다.

지구 위에 다시 전 지구적의 빙하가 범해 오거나

지구 위의 공기가 다른 천체로 날아 흩어져 가거나

또는 어느 천체와의 고장에 의하여 공기층이 희박해지거나 태양으로부터의 송열送熱이 멸살되거나

혹은 태양의 죽음에 의하여 그 송열送熱이 전혀 그쳐지거나

사화산死火山의 부활 등 전 지구적의 지진이 일어나거나

지구의 독와사성毒瓦斯性의 '내화內火'가(전 지구적 대규모적)으로 폭발되거나

또는 운석隕石의 거탄巨彈의 포성砲聲, 혜성彗星, 성운星雲 기타 천체와의 충돌을 받거나

그렇지 않으면 최후로 지구조직의 원자탄이 폭발되거나

또는 지구가 태양의 무서운 화염가운데 몰입되는 때에는
지구 위에 깃들어 있는 생물과 지구는 어찌 될 것입니까

-〈허무인虛無人의 생물관, 지구관〉에서

황석우는 여기서 지구의 멸망을 예견하고, 그로 인한 인간의 좌절과 허무사상을 형상화하고 있다. 태양의 죽음으로 지구에 송열送熱이 차단되어 차가운 얼음덩이로 변하거나, 지구 위의 공기가 온통 다른 천체로 흘러가거나, 아니면 천체가 서로 충돌하여 폭발하고 지상의 모든 생명체들이 소멸되고 말 것이라 하고 있다.

이 시를 놓고 시적 형상화의 문제를 운위할 수는 없다. 태양계는 물론 지구에 닥쳐올 파멸의 허무사상을 사변적으로 형상화하고 있는 것이다. 다만 여기서 이런 과학사상을 바탕으로 형성되는 인간의 허무의식을 시화하고 있을 뿐이다. 한마디로 이 시는 지상의 모든 생명체는 언젠가는 무화된다는 허무사상을 바탕으로 하고 있다는 것 이외의 어떤 딴 의미를 부여한다면 자유시 형식의 대담한 실험에다 둘 수도 있다. 그러나 그것도 이 시기에 이르면, 이런 유형의 실험정신은 그리 크게 문제될 것이 없다고 본다.

④ **'별'의 심상과 의인화의 기법**: '잠'을 별들의 넋으로 본 〈잠〉이란 시에서 태양은 아침에 와서 잠의 맛있는 진액을 핥아 먹는다고 한다. 그리고 태양은 하늘 위의 물새와도 같은 별들의 어린 애기를 품었다가 밤이 되면 내놓아 준다고 한 〈밤이 되면 내놓아 준다.〉와도 같이 별을 살아 움직이는 생명체로 보고 있다. 달 곁에 앉은 별들은 태양을 만나려고 단장

한 색시로 보기도 한다.

> 별들은
> 하늘의
> 몇 억만년 동안
> 수없이 낳고 또 낳아
> 귀히귀히 기르는 자손!
> 그 별들은
> 밤이 되어야 잠깨서
> 그 어머니의 푸른 가슴 속으로
> 머리 내밀고
> 눈 깜박깜박
> 넓은 세상 구경해가며 이야기하고
> 밤새도록 곤지곤지 쥐암쥐암의 갖은 아양 부린답니다.
>
> -〈별들〉의 전문

'별'은 얼핏 태양이나 달과 지구에 비교하여 작고 앙증스럽게 보인다. 이것은 그 실체보다 인간의 육안에 비치는 현상 그대로 묘사한 것으로, 오히려 동시나 동화적 발상법이라 할 수 있다. 별들은 밤이 되면 어머니의 품속으로 다가가서 어리광을 부린다는 비유를 통해서 그렇게 생각하게 된다. '별'에 대한 황석우의 이런 동시나 동화의 관념은 별을 낚싯배의 등불 같다고 한 〈별들의 위〉나, "오오 올빼미 같이 낮에 자는 어린 귀여운 별들아 밤은 왔다"라고 한 〈별들아 일어나거라.〉에서도 마찬가지이다.

한편 '혜성'을 허무적 방랑자로 보기도 하고, 지구를 부수는 '내란혐의 요시찰인要視察人'으로 보기도 한 〈혜성〉은 앞의 작품들과는 좀 다르다고 할 수가 있다.

혜성은
우주주의宇宙主義의 허무적 방랑자

혜성의 그 긴 꽁지는
우주유랑의 괴로움을 노래하는 젓(笛)대랍니다.

혜성은 '화火'가 나면 그 긴 젓(笛)대로
지구덩이를 때려 부수겠답니다

태양계에서는 혜성을 보기만 하면 그를 붙잡으려 한답니다.
혜성은 곧 태양계의 내란혐의의 그 가장 큰 요시찰인이랍니다.

-〈혜성彗星〉의 전문

'혜성'을 허무적 방랑자로서 그 긴 꼬리는 유랑자의 괴로움을 노래하는 젓(笛)대가 되기도 하지만, 그것이 화가 나면 지구덩이를 부수려고 한다는 것이다. 그래서 시적 화자가 혜성을 붙잡고자 하는 것은 바로 그것이 내란혐의가 있기 때문이라고 한다. 결국 천체의 하나인 별, 곧 혜성은 귀엽고 앙증스런 어린아이로 형상화한 것과는 달리, 태양계의 질서를 깨뜨리는 무서운 존재가 되기도 한다.

⑤ **'달'의 심상과 여인의 상징성**: 불량배인 구름덩이가 얼굴 고운 '달'

을 귀찮게 굴고 있다는 〈공중의 불량배〉나, 달이 지나는 하늘 길가에 듬성듬성 떠있는 구름들을 구경꾼과 전송자로 보기도 한 〈달밤의 구름떼〉, 그리고 구름 속에서 해쓱해져 나오는 '달'과 밝은 밤의 구름 속으로 들어가는 달을 노래하기도 한다. 이렇게 '달'을 곱고 아름다운 여인으로 의인화하여 구름과 연관시키고 있는 시편들이 대부분을 차지하고 있다.

그러나 달을 이렇게 곱고 아름다운 여인으로 상징한 것과는 달리, 〈달의 탄식〉에 이르면, '달' 그 자체의 본 모습을 드러내면서 한탄하기도 한다.

"세상 사람들이 나를 천상의 절세미인이라 하여
시인, 철학자, 음악가들 가운데는
내 얼굴빛에 홀리고 홀려 정신이상이 되어
폭포나 강물이나 바다가운데 몸 던져 자살해 버리는 사람이 한둘이 아닙니다.
그러나 나는 이런 일을 당할 때마다 등에서 땀이 나도록
미안하고 미안해서 못 견디겠습니다.
실상을 고백하오면 하늘 위에
나 같이 놀랠 흉참한 박색은 없습니다.
내 얼굴은 석탄 빛의 얽박곰보
얼굴 가운데는 심지어 무슨 산이니 분화구噴火口니
시내 골자구니라고 이름을 붙이는
큰 혹과 구멍 투성이오.
게다가 코도 뭉겨지고
눈도 없는 자기가 보기에도 찬 소름이 끼쳐지는 괴물

나는 곧 하늘에 시체를 빨가벗겨 내 너(曝)른
별 죽은 해골덩이입니다.
내 얼굴에 빛나는 아리따운 광채는
마치 여우가 호랑이 가죽을 쓴 것과 같이
태양의 광선자락을 얼굴 가리우는 장옷으로 쓴 것입니다.
아아, 이런 나를 보고 미인이라고 속는 세상 사람들이
얼마나 가여운지 모르겠습니다."라고
달은 공중에서 혼자 말로 탄식하고 있습니다.

–〈달의 탄식〉의 전문

'달'의 독백형식으로 된 이 시는 달을 천상의 '절세미인'이라 하여 시인·철학자·음악가 중에는 그에게 홀려 정신이상이 되고 자살한 자가 없지 않는데, 그때마다 그들에게 미안한 마음이 들었다는 것이다. 자신의 실체를 드러내어 보면, 그만치 심한 박색은 없다고 한다. 얽박 곰보이고 괴물이며…… 별 죽은 해골일 뿐이다. 내 얼굴에 빛나는 광채조차도 태양 광선의 자락으로 가리는 장옷을 쓴 것이라고 한다. 이런 나를 보고 세상 사람들이 미인이라 하는 것이 너무나 가엾고 어처구니가 없다는 것이다.

이외에도 누이동생과 공중에서 상봉한다고 한 〈월식〉을 위시하여 〈새벽의 해 만나는 달〉·〈달 뚜껑〉·〈삼방월야곡三防月夜曲〉·〈시냇물 위의 달〉 등도 '달'을 주제로 한 작품들로 모두 비슷한 내용으로 되어 있다. 한마디로 천체의 태양계에 대한 황석우의 이런 관념은 당시로서는 특이한 시적 발상법이라 할 수 있다. 우주 과학에 대한 나름대로의 과학적 지식을 바탕으로, 그것을 동화적 수법으로 표현하고 있는 것이 대부분을 차지하고 있다. 천체에 대한 정감적인 속성과는 거리가 먼 과학적이고 사변적일 뿐만 아니라, 때로는 우화적이고도 동화적인 신비성을 보이기도 한다.

2) '봄'의 시편들과 '나비'·'미풍'·'꽃'의 심상

『자연송』의 시편들에서 태양과 달과 별과 지구 등 우주의 운행질서를 주제로 한 것들과는 달리, 그 후반부에 이르면 '봄'과 '가을'의 시편들로 편성되어 있다. 봄의 시편들은 또 '나비'·'제비'·'꽃'·'미풍'…… 등으로 유형화하여 봄과 연관시켜서 형상화하고 있다. 분량으로 보아 '봄'의 시편들이 훨씬 많은 편인데, 이것들을 소재별로 나누어 살펴보기로 한다.

① **태양의 영낭令娘과 봄의 혼**: 『자연송』의 시편들 가운데서 계절적으로 '봄'을 주제로 한 작품들이 훨씬 많다고 함은 바로 앞에서 말했다. 그 중에서도 〈봄〉·〈봄 별음別吟〉·〈봄 시 단장詩斷章〉·〈왜 그러십니까〉·〈싹〉·〈나와 안아 맞으십시오.〉 등 일련의 작품에서는 봄이 와서 새싹이 돋아나는 순서를 따라 배열하고, 봄을 맞는 시적 화자의 감각과 정감을 기조로 하고 있다.

봄의 치마는 동풍, 그 빛은 초록!
봄의 얼굴은 둥글고 눈같이 희다!
봄의 눈은 분홍빛의 비둘기 눈!
봄의 마음은 꿀맛의 사랑의 샘!

봄의 직업은 꽃 제조, 빛 제조, 노래 제조!
봄은 곧 아리따운 생명을 만드는 여류기사女流技士!
봄은 태양의 젊은 영부인!

–〈봄〉의 전문

이 시에서 '봄'을 의인화하고 조형화造型化하는 회화적 기법이 크게 돋보인다. 불가시적 대상을 가시적으로 형상화하고 있는 것이다. 봄의 치마와 얼굴과 손과 마음까지 색채화 또는 조형화하고 있는가 하면, 꽃과 빛의 노래를 만들고 생명을 만드는 '여류기사'가 되기도 한다. 한마디로 봄을 태양의 영부인으로 보고 그들과의 관계에서 만유萬有의 생성과정을 주제화하기도 한다.

봄은 태양의 '영낭令娘'이고, 모든 생물의 어머니고, 연인에다 비유한 〈봄 별음別吟〉은 봄의 살과 웃음과 마음까지를 접촉할 수 있다고 한다. 이런 봄의 감촉은 '보드라운 미풍'에 의하여 이루어진다. 한편 〈왜 그러십니까〉에서는 봄이 오자 나뭇가지와 흙 속에서 돋아나는 새싹들을 의인화하여 "아니에요, 아마 애기가 나오려나보아요, 싹이, 봄의 혼"이라 하고 있다. 이 '봄의 혼'인 새싹이 나오는 모습을,

봄은 옵니다.
봄은 모든 마른 나무와
어-ㄴ 따위에
입 맞추며 옵니다.

그 입술 한번 스치는 곳에는
나뭇가지 사이와
흙속에서 파란
어린 싹들이 입술을 쪽쪽 빨며
봄의 단 키-스를 더 맛보려고 보채는 듯이
머리 불근불근 치켜들고 나옵니다.

-〈싹〉의 전문

와도 같이 형상화하고 있다. 비록 동시童詩적이지만, 그 착상의 기발한 면이 없는 것도 아니다. 봄이 되어 새싹이 돋아나는 모습을 생동감 넘치게 묘사하고 있는 것이다. 오히려 이러한 관능적이기도 한 봄의 표정에서 우리는 색다른 봄을 느끼게도 된다.

나와 안아 맞으십시오. 봄을 어린 풀싹들을
봄은 대지의 꽃으로
생글생글 웃으며 걸어옵니다.
… 〈중략〉 …
숨소리도 내지 못하는 태속의 어린 애기 같은
조그만 풀싹들의 귀여운 손목을 잡아 끌어냅니다.
나와 안아 맞으십시오, 봄을 어린 풀싹들을

-〈나와 안아 맞으십시오.〉에서

파란 새싹이 돋아나는 밖으로 나와 봄을 맞자는 것이다. 봄 마음이나 웃음 방울이 땅 속으로 스며들어 풀싹들이 볼기를 밀어 올린다느니, 또는 겨울 찬바람이 땅속에 숨어 웅크리고 눈만 말똥말똥하다는…… 등과 같은 생동감 있는 감각 미는 황석우가 그 초기로부터 시도한 표현법이기도 하다. 황석우의 이러한 표현법을 통해서 우리는 정지용이나 김기림의 회화적 기법과의 연관관계를 짚어볼 수도 있을 것이다.

② **'나비'의 시편들과 '남성'의 심상**: '나비'의 시편들로는 〈나비의 시〉·〈나비 사랑하는 어느 꽃〉·〈이른 아침의 나비의 수풀 방문〉·〈나비와 벌들의 하는 일〉·〈나비가 날아 뛰어 들어갔소.〉 등이 있다. 여기서 '나비'는 '꽃'과 연계되어 남성의 심상으로 형상화하고 있는 것이다. 먼저 〈나비의 시〉에서 화자는 봄이 되자 선봉장으로 앞서 오는 노란 나비의 모습을 '기사技士'로 보고, 갓 피어난 꽃들을 남편을 기다리는 여인으로 비유하기도 한다.

그 모습을 보는 이곳저곳의 꽃들은
마치 마을 둔덕 위에 나타난
머-ㄴ 전장으로부터 돌아오는
내 남편 모습을 발견한 젊은 아내들과 같이
풀 사이로 발 돋음질하여
목 길게 내밀고
옷깃 고치며
가슴 두근거려 가며
몸 꼬아 흔들며 바라보고 있다.

-〈니비의 시〉에서

황석우는 여기서 먼 곳에서 오는 남편을 기다리듯이, 꽃들로 하여금 몸을 꼬아 흔들면서 나비를 기다리게 하고 있다. 이러한 의인화법은 오늘날의 고도한 비유적 표현과 비교해도 조금도 못하지 않는 것 같다고 할 수 있다. '나비'와 '꽃'과의 관계는 또 다른 시편들에서도 마찬가지다.

> 나비의 비행가님! 하얀 프로펠러, 노란 프로펠러 곱게 오므리고 공중으로부터 내려 오십시요.
> 나비님! 나는 당신을 사랑하는 가련한 여자.
> 당신과 나는 상냥한 동풍의 소개로서
> 잎 뒤에 고개 숨겨 부끄러운 빨간 눈으로
> 몰래 당신의 얼굴을 잠깐 쳐다보고는
> 첫사랑이 싹 돋치어 수풀 가운데서 여러 번의 즐거운 밀회密會를 거듭하고
> 지금에는 자나 깨나 당신 생각뿐 아침으로부터 저녁까지
> 연지 찍고 분발라 당신 때문에 고운 화장하느라고 몸을 졸아 말립니다.
>
> -〈나비 사랑하는 어느 꽃〉에서

로 시작되는 이 시는 그 제목과도 같이, '나비'와 '꽃'과의 관계, 곧 나비는 비행가이고 꽃은 그 나비를 사랑하는 가련한 여자에다 비유하고 있다. 나비를 맞이하기 위해 꽃은 곱게 화장을 하고 기다리다 나비와 만나 깊은 숲속에서 즐거운 밀회를 하다가 결국 서로 사랑하게 되었다는 전설과도 같은 내용을 담고 있다.

그리고 이른 아침 꽃을 찾아 나는 나비의 모습을 그린 〈이른 아침의 나비의 슬픈 방문〉이나, 아름다운 꽃 속에 고인 꿀을 따기 위해 날아다니

는 〈나비와 벌들의 하는 일〉, 몰래 반쯤 열린 칸나 꽃 속으로 뛰어 들어간 나비의 모습을 그린 〈나비가 날아 뛰어 들어 갔소〉에서도 마찬가지로 같은 표현법을 쓰고 있다. 황석우의 시에서는 이런 상징적 기법의 사용이 오히려 약점이 되고 있는데, 비유의 대상이 너무나 일상적 차원에 머물러 있기 때문에, 이것이 독자에게 긴장감이나 새로운 충격으로 다가가지 못하는 요인으로 작용하기도 한다.

③ **봄과 미풍의 부드러운 손길**: 미풍을 소재로 한 작품으로는 〈봄날의 미풍〉·〈미풍〉·〈두 미풍〉·〈미풍과 아침 호수〉·〈강물 위의 미풍〉 등이 있다. 이것들은 대체로 따뜻한 봄날 불어오는 바람으로 새로 돋아나는 풀싹과 같은 생명체를 어루만지는 부드러운 손길로 형상화하고 있다.

> 봄날에 산으로 향하여 들로 향하여 혹은 사람의 집 뜰 위와 동산 속으로 향하여 어린 풀싹과 나뭇잎과 꽃들에게 젖을 주는 듯, 또는 그 이마를 만져보며, 그 가는 맥박을 짚 어보는 조그만 어머니와 같이, 의사와 같이 돌아다니는 미풍을 누가 귀엽게 안 보랴.

를 서두로 하고 있는 〈봄날의 미풍〉에서 황석우는 '미풍'을 의인화하여 귀엽게 형상화하고 있다. 그리고 산과 들, 그 어디나 할 것 없이 돌아다니면서 풀과 나무와 꽃을 어루만지고 있다는 것이다. 미풍에 대한 이런 발상법은 또 다른 작품들에서도 마찬가지다. 나무와 풀이 미풍을 받쳐 들고 부라질하고 손 씨름한다는 〈미풍〉이나 밤과 낮의 미풍을 안고 구른다는 〈두 미풍〉과 〈미풍과 아침 호수〉도 매우 흥미로운 착상이다.

강물 위에
제비와 같이
깃 스치며
날아 돌아다니는 밤의 미풍은
자는 물결의 입술에
입 맞추는 것 같고
또는 자는 고기의
이불속 작란을 엿보는 것 같고
또 달 있을 때엔
그물 속에 잠긴
달그림자덩이를 훔켜내려 함 같이 보인다.

-〈강물 위의 미풍〉의 전문

강물을 스쳐가는 미풍은 물결의 입술에 입 맞추는 것 같고, 잠자는 고기를 엿보는 것 같으며, 물속에 잠긴 달을 훔쳐내려고 한 것과도 같다는 표현법은 크게 돋보인다. 황석우에 있어서 이러한 시적 기교는 높이 평가되기도 하지만, 거기에 담겨진 내용의 빈곤이 지적되기도 한다. 봄바람인 미풍을 의인화하여 사물과의 관계를 사실적이고 생동감 있게 표현하고 있는 점은 그의 장점이면서도 또 다른 반대의 편을 생각하지 않을 수 없다. 지나치게 표현법에만 집중한 나머지 내용의 비약뿐만 아니라, 그 허점들이 때로는 독자로 하여금 거부감을 느끼게 하기도 한다.

④ 꽃 **곁의 합주악과 여성의 상징**: '봄'의 시편들에서 특히 '꽃'을 주제로 한 작품들이 많다. 하기야 '봄' 하면 먼저 꽃을 떠올리지 않을 수가 없

는 것이다. 꽃들이 피어 만발하니까 봄이라 할 수도 있다. 이것은 꽃이 없는 봄은 상상할 수도 없다는 것을 의미하기도 한다.

아무튼 앞에서 이미 논의된 바와도 같이, '나비'와 '꽃'과의 관계는 물론, 이외에도 〈꽃향기〉·〈꽃들의 치마〉·〈나팔꽃〉·〈금잔화〉·〈적은 꽃들의 아침 인사〉·〈저문 산길의 꽃〉·〈사랑의 성모〉·〈아침 이슬에 젖은 꽃들〉 등이 있다.

> 꽃은 그 마음을 태워서 향기를 풍긴답니다.
> 꽃은 꽃나비들을 사모하는
> 빨간 사랑의 불꽃 위에 그 마음을 태워 향기를 풍긴답니다.
>
> -〈꽃향기〉의 전문

> 태양의 마음은
> 남藍·청靑·녹綠·황黃·등橙·적赤의 일곱 가지 빛으로 짜여 있다.
> 따 위의 꽃들은 이 빛에다
> 그 치마를 곱게 물들여 입는답니다.
>
> -〈꽃들의 치마〉의 전문

꽃이 나비를 사모하여 그 마음을 태워 향기를 풍긴다는 것이 〈꽃향기〉의 간추린 내용이고, 태양의 마음을 일곱 가지 빛으로 짜서 꽃들은 치마를 곱게 물들여 입는다는 것이 〈꽃들의 치마〉의 내용이라 할 수 있다. 이와 같이 꽃의 시편들에서 '꽃'은 모두 여성으로 상징되고 태양과 나비와 미풍…… 등과 연관시키고 있는 것이다.

바위 그늘 밑에서
아리따운 꽃들이 나를 부른다.
그 눈초리와
입가에 오채五彩의 아지랑이를 이루는
웃음을 불(膨)리고
그 이마 위로 뺨 뒤로
고사리 같은 작은
'형기馨氣의 손바닥' 살살이 내저으면서
상냥하게 상냥하게 나를 부른다.

를 서두로 하고 있는 〈꽃 곁의 합주악合奏樂〉은 '꽃' 시편들의 종합을 이루고 있다. '꽃'과 '나비', '제비', '꾀꼬리', '탁목조'…… 등과 어울려 펼치는 합주악이 바로 그것이다.

지구 위의
나르는 자 달리는 자, 기는 자
풀도 나무도 한 테 어울려 전자연全自然 합주악으로서
풀의 사랑 - 그 마음 그 혼을 찬미하자
꽃은 거룩하다. 꽃은 미미한 식물의 가지 위에서 피우나
그는 일체를 사랑하고 또는 일체에게 사랑함을 받는다.
꽃은 사랑의 은인, 그는 대자연의 애인이다.
오오! 나비, 제비, 꾀꼬리, 잔나비, 탁목조啄木鳥, 푸른 벌, 빨간 벌, 산 참새, 들 참새, 수꿩, 암꿩, 논계, 산계, 기러기, 학두루미들아
태양의 광명이 흩어져 꺼지기 전에
바위 밑의 꽃 곁에 모여

동당 동당, 삐삐, 삐삐 관현악 잡혀

노래하며 춤추고

사랑의 은인 대자연의 애인愛人 꽃의 위대한 사랑을 얼싸 좋다 찬미하자.

–〈꽃 곁의 합주악〉에서

와도 같이 봄이 되어 꽃 곁에서 펼쳐지는 대자연의 합주악合奏樂을 이렇게 노래한 것이다. 지상에 나는 자, 달리는 자, 기는 자, 풀도 나무도 한데 어울려 펼치는 대자연의 합주악이라 하고 있다. 결국 꽃은 사람의 은인이고 대자연의 애인으로 꽃의 위대한 사랑을 찬미하자는 것이다.

이외에도 '봄'과 관련된 제비·이슬·아지랑이·비 등을 주제로 한 시편들이 있는데, 이들을 유형별로 보면 다음과 같다.

제비: 〈우리들의 신혼자新婚者〉·〈제비여〉·〈오오, 제비들이여 오너라〉

이슬: 〈이슬〉·〈물의 처녀處女〉

아지랑이: 〈아지랑이〉·〈아지랑이의 양산洋傘 밑〉

비: 〈하늘의 식상食傷〉·〈빗방울〉·〈봄비〉·〈비〉·〈비오는 하늘〉

'제비'를 공중으로부터 온 피난민이나 이주민으로 보기도 하고, '이슬'을 별들의 가슴에서 짜낸 젖이나 '물의 처녀'로 보기도 한다. 그리고 '아지랑이'는 태양을 보고 부끄러워하는 '봄의 뺨 빛', 또는 '추파秋波 빛'이라 하고, '비'는 하늘이 식상食傷하여 내뱉는 것으로 보기도 한다. 특히 '봄비'를 흰 '비단실' 또는 '실타래로 시각화'한 것은 황석우의 의도적인 독특한 표현기법이라 할 수도 있다.

> 첫봄의
> 하늘로부터 살살이나 빗겨 내리는
> 종아리 가는
> 봄비는 공종의 누에가 뱉아 내리는
> 흰 비단 실올과도 같다.
> 이 봄비의 실타래를
> 어깨에 걸고 발과 손목에 감아
> 풀잎 위와 나뭇가지 사이를
> 날아 넘고 기어 다니는
> 성깔 고운 미풍은
> 조그만 직녀織女와도 같고 염색사染色師와도 같다.
>
> -〈봄비〉에서

봄바람에 휘날리는 '봄비'를 '흰 비단실올'이나 '실타래' 또는 생명의 아리따운 옷감을 만들어내는 '염색사染色師'에다 비유하고 있다. 이러한 비유적 표현법은 그의 시집『자연송自然頌』의 시편들에 일관하는 특색이기도 하다.

'봄'을 주제로 한 시편들은 이외에도 훨씬 더 많다. 그러나 이것들은 대체적으로 그 주제의 형상화 기법이 일률적이다. 이러한 점이 황석우의 시가 지니는 특징이면서 약점이 되기도 한다. 이런 비유적 표현법에서 우리가 느끼게 되는 것은 황당한 거부반응을 느끼게도 된다. 시상의 흐름은 물 흐르듯 자연스러운 조화 속에서 형성되는 정감적 세계로 빨려들게 해야만 한다. 지나치게 작위적인 표현기교에 얽매이다 보면, 별 내용도 없는 단순한 언어유희言語遊戲에 휘말리게 되는 위엄성이 있기 때문이다.

3) '가을'과 대자연의 무도회

황석우의 '가을'의 시편들은 '봄'의 시편들에 비해서 양적으로 훨씬 못 미친다. '코스모스'·'바람'·'낙엽'·'귀뚜라미' 등을 주제로 한 작품들이 있을 뿐인데, 그것도 한두 편으로 국한된다. 그 총괄적인 차원에서 쓴 작품으로 〈가을 자연의 무도舞蹈〉가 있다.

> 가을날에는 대자연의 무도회舞蹈會가 열린다.
> 시내와 강과 바다에는 물이 춤추고
> 산에서는 나무가 춤추고
> 들에서는 풀들이 춤춥니다.
> 그러나 그들은 가을바람과 맡겨 안는 쌍무雙舞로 춥니다.
> 가을바람은 곧 자연계의 아리따운 노동자 - 물과 풀과 나무들과 시냇가의 무대, 강 위의 무대,
> 들과 산 숲 속의 무대에서
> 그들의 봄, 여름동안의 노동의 승리를 축하하는 춤추러 온 젊은 동정남童貞男이랍니다.그 몸에는 청단풍靑丹楓의 무의舞衣를 입었답니다.
>
> -〈가을 자연의 무도舞蹈〉의 전문

이 시는 우수憂愁나 애상哀傷과 같은 그런 정감적 속성과는 달리, 밝고 낙관적이다. 이것은 시적 화자의 '가을'을 보는 태도로 자연, 곧 눈앞에 펼쳐지는 산과 들의 나무와 풀, 강물의 흐름 등 일체 사물의 움직임을 '무도회'로 표상하고 있는 것이다. 가을이 되면, 이미 마련된 자연의 무대에서 바람과 맑게 흐르는 강물, 색색으로 물 들은 단풍과 꽃, 그리고 풀들의 흔들리는 모습을 통해서 자연 사물들이 함께 어울려 춤을 추는 무도회와도 같다고 한다. 말하자면, 이것은 수확의 계절을 맞아 풍요로움 속에서 누리는 넉넉한 마음으로 자연 사물을 바라보기 때문이라 할 수 있다.

① **코스모스와 혁명가의 심상**: 코스모스를 주제로 한 작품으로는 〈가을날의 코스모스〉와 〈학교 가고 오는 길〉 등 두 편이 있다. 이 두 편만으로 주제에 따른 유형화가 가능하다고 보지는 않는다.

가을날의
뜰 가운데의
뭇 꽃나무 사이에
강한 자세로 허리 길게 빼어
늠늠凜凜히 엄숙히 서있는
코스모스는
푸른 머리 흩으러 느리고 우뚝이 서 있는
묵념에 잠긴 감격 높은 철인哲人과도 혁명가와도 같다.

―〈가을날의 코스모스〉의 전문

황석우는 여기서 꽃나무 중에서도 가장 키가 큰 코스모스가 우뚝 서 있는 모습을 묵념 속에 잠긴 철학자와 혁명가로 보고, 인간의 희비애환의 정감에 호소하기보다는 사물을 지적으로 접근하고 있는 것이다. 비유나 상징의 기법에서 상투적 한계를 벗어나지 못하고 있으나, 바로 이것이 황석우의 시적 표현의 특색이 되고 있다. 그리고 〈학교 가고 오는 길〉은 4·4조 5행 연의 동시로, 어린 학생들이 내왕하는 학교로 향하는 길섶에 피어 있는 코스모스를 두고 쓴 작품이다.

또 나는 학교를 파해
집에 돌아올 때에도
그곳 들려 모자 벗고
인사 하오 굳 바이
코스모스 아이 러브 유

―〈학교 가고 오는 길〉에서

이 시는 동심적인 세계로의 회귀를 노래한 것으로, 그 정조情調조차도 맑고 투명할 뿐만 아니라, 시적 화자로 하여금 유년시절의 꿈속에 머물러 있게 하고 있다.

② **'바람'의 심상과 장난꾼의 의미**: 가을바람을 주제로 하고 있는 작품들로는 〈가을바람과 나뭇가지들〉·〈가을바람과 풀과 나무〉·〈가을바람과의 이야기〉·〈바람과 작란〉 등 네 편이 있다. 가을바람에 흔들리는 나뭇잎들을 합장박수合掌拍手하는 것 같다고 노래한 것이 〈가을바람과 나뭇가지들〉이라면, 〈가을바람과 풀과 나무〉에서는,

가을바람이 하늘에서
휘파람 불고 땅 위에 내려오면
풀과 나무들은 깊은 밤중이라도
잠깨어 소리치고
그에게 응석부리고 달려들어
그의 키스를 받으며 그의 포옹을 받고
그에게 마음 다한 모든 열정을 바칩니다.

라고 노래하고 있다. 가을바람이 불어오면 한밤중이라도 풀이나 나무들이 즐겁게 맞이한다고 한다. 풀이나 나무들의 바람과의 대립보다는 화해和解의 관계로 이루어져 있다. 차고 쌀쌀한 가을바람 속에 움츠려드는 풀과 나무들이 아니고, 자연사물과의 조화현상을 노래하고 있다. 이것은 자연사물에 대한 일상적 관념에서 벗어나 새로움의 시각에서 보고자 하는 황석우의 의도적인 것이라 할 수 있다. 그러나 이러한 작자의 의도가 독자들에게 얼마 만큼의 설득력을 갖게 되는가 하는 점에서는 문제가 있다고 본다.

가을바람과 풀과 나무들의 이러한 비유적 표현과 모티프는 황석우의 '바람'의 시편들의 공통적인 특색으로 '바람은 우주의 재주 있는 작란군作亂軍'이라고 한 〈바람과 작란作亂〉은 구름을 만드는 것도, 구름으로 수채화를 그리는 것도, 눈과 진눈깨비를 만드는 것도, 물의 실타래를 만드는 것도, 물 수정水晶을 만드는 것도, 구렁이 떼 같은 불길을 만드는 것도 모두가 바람의 작란이라 하고 있다. 바람과 구름의 조화에서 형성되는 인위人爲를 초월한 무한대의 힘과 자연적 조화 현상을 이렇게 노래한 것이다.

이외에도 '가을' 시편들로 낙엽을 풀과 나무들이 산후에 몸 씻어내는 것으로 본 〈낙엽〉과 귀뚜라미 우는 소리를 옷 다듬는 소리로 본 〈귀뚜라미 우는 소리〉 등이 있다. 그러나 이것들은 그 소재나 주제에 따른 유형화를 위해서는 시편들의 수에서 극히 한정되고 있다. 이들 자연시편들에서 계절적인 것들로는 '봄'에 집중되어 있음을 알게 된다.

자연시편들의 말미에 이들 사계의 포괄적인 시편인 〈사계四季의 바람〉에서 황석우는 봄바람을 '나비'로, 여름바람을 '곰'으로, 가을바람을 '송아지'로, 겨울바람을 '성낸 말'로 보고 있는가 하면, 〈사계탄금四季彈琴〉에서는,

> 봄바람의 탄금은 꽃의 아리따운 마음을 노래하고
> 여름바람의 탄금은 열매의 혼의 충실함을 노래하고
> 가을바람의 탄금은 자연의 비장한 희생의 애愛를 노래하고
> 겨울바람의 탄금은 그 희생의 사랑에 쓰러진 피 위에 피는 눈의 꽃의 결백함을 노래합니다.

와 같이 '봄'·'여름'·'가을'·'겨울' 등 사계의 순환을 따라 생성 소멸되는 만상의 변화를 형상화하고 있다. 말하자면, '봄바람-꽃의 마음'·'여름바람-열매의 혼'·'가을바람-희생의 혼'·'겨울바람-눈꽃의 결백' 등으로 연관시키고 있는 것이다. 이러한 비유적 표현기법과 그 상징성의 문제는 그 나름으로 고심한 흔적이 역력하다. 그러나 그것들이 표상하는 상징적

의미가 독자들에게 자연스럽게 다가서게 될 것인가 하는 점에서는 회의적이라 하지 않을 수가 없다. 그것들이 기발한 것 같기도 하지만, 작자의 의도적인 표현법으로 때로는 언어유희로 그치게 되는 경우가 없지 않기 때문이다.

황석우는 이들 자연시편들에서 정서적 환기보다는 지적으로 관념화하고 그 나름대로의 철학과 과학적 지식을 바탕으로 시를 쓰고 있다. 사물이나 관념을 기지機智로 포착해서 그것을 시적으로 형상화하고 있다. 그럼에도 그는 자신이 쌓은 과학적 지식을 토대로 어느 한순간에 떠오른 상념을 생경하게 쓴 인상이 짙다. 대부분이 일상적 삶 속에서 보편화된 비유나 상징을 통해서 그것을 중심으로 시상을 거칠고 생경하게 표현했기 때문에 독자에게 새로움을 환기시키지 못하는 결함이 없지 않다. 좀 더 자연스런 시상의 흐름과 표현을 가다듬어 형상화했어야만 하지 않았을까 한다.

5 정감적 속성과 경향적 사상시의 시도

황석우는 시집 『자연송』의 서문에서 말하기를, "인생에 대한 시편들은 또 한 편을 달리하여 세상에 내놓으려 한다. …… 근작은 대부분이 어느 경향색채를 가진 사상시들이다."[33]라 하고 있다. 그러나 여기서 '인생에 대한 시'가 무엇인지 정확히 알 수는 없지만, 그의 인생시집이나 사상시집은 끝내 내지 못하고 유보한 채로 떠나고 말았다. 다만 그 때에 발표된 그런 류의 작품들 몇 편만이 각 지상에 발표되고 있을 뿐이다.

시집 『자연송』이 출간된 이후, 황석우는 다양한 시적 변화를 시도한다. 그러나 그것은 모두 시도에 그치고 말았다. 그 초기의 시작과 시론으로만 국한되었던 활동이 인간의 일상적인 삶에 대한 관심이라 할 수 있는 시론時論으로 확대해간 것을 보면, 한편 그의 시정詩情의 쇠퇴현상이 아닐까도 싶다. 그러나 또 다른 한편으로는 이런 것들을 통해서 그의 시적 변모과정을 엿볼 수도 있다.

이 시기에 나온 시편들은 대개 정감적 속성으로 단형短形의 시편들이 그 주류를 형성하고 있다. 그리고 그 표현이 보다 과열하고 경향적 색채를 띤, 그가 말하는 사상시가 몇 편 있을 뿐이다. 말하자면, '반송伴頌'의 시편들과 이외의 '소녀'와 '꽃'과 '사랑'을 주제로 한 시편들이 정감적 속성의 시편들이라면, 〈이단자異端者의 시〉나 〈북풍래北風來!〉 등과 같은 시편들이 경향적 색채의 사상시 범주에 든다고 할 수가 있다. 바로 이런 유형의 시편들이 그가 말하는 '인생시'나 '사상시'를 표방하고 쓴 것들이라 하겠으나, 양적으로 극히 한정되고 있다. 이것은 그가 의도한 대로 인생과 사상을 주제로 한 시작의 한계를 느꼈기 때문에 중단한 것인지도 모른다. 아무튼 그는 이런 유형의 시편들을 더 이상 제작하지 않았던 것은 사실이다.

33 〈自文〉(『자연송』의 서문)에서 인용했음.

1) '반송伴頌'의 시편들과 서정성의 문제

'반송伴頌'은 《조선일보》에 연재된 연작시다. 여기에 실린 시편들은 대부분 '소녀'·'사랑'·'혼魂'·'꽃'·'달'·'태양'…… 등과 같이 주제별로 구분되어져 있다. 그런데 이들의 일부는 자연시편들과 겹쳐지기도 한다. 이것들은 일상적 생활에서 떠오른 시상을 단편적으로 적어놓은 것 같기도 하다. '반송'의 시편들과, 또 개별적으로 발표된 것들과도 같은 유형의 작품들을 주제별로 살펴보면 다음과 같다.

① **'소녀혼少女魂'과 낭만적 정조**: '반송(1)'에 편성된 시편들로는 〈소녀의 마음〉·〈소녀의 마음과 정열〉·〈소녀의 가슴속〉·〈저 처녀의 가슴속〉·〈눈물의 시내〉 등과 이외의 〈소녀의 혼〉·〈여자〉·〈여자의 눈동자〉 등이 있는데, 이들은 모두 '소녀'를 주제로 하고 있다. 『자연송』의 시편들과 다른 점은 정감이나 감상성을 바탕으로 한 낭만적 정조와 단형短形의 특색을 보이고 있다.

소녀의 마음은 봄 잔디 풀!
그는 밟으면 웅크러지고
그는 불대면 타진다.

소녀의 마음은 유리琉璃 풍경
그는 바람 부닥치면 울리고
그는 내던지면 깨진다.

-〈소녀의 마음〉의 전문

소녀의 가슴속에는
눈물 졸졸 흐르는
조그만 시내가 있습니다.
그 눈물은 왼 몸의 구곡간장九曲肝腸의
가늘고 큰 모든 수많은 골자기를 휘돌아
그 눈꺼풀 도독한 둔덕(堰)을 쏟아져 내립니다.

-〈눈물의 시내〉의 전문

이 두 시는 모두 동시의 속성을 띄고 있다. 먼저 〈소녀의 마음〉은 용아龍兒 박용철이 펴낸 《문예월간》에 발표된 작품으로, '소녀의 마음'을 '잔디 풀'과 '자연풍경'에다 비유하고 있다. 소녀의 심약성과 맑고 청순한 마음을 밟으면 웅크리고, 불대면 타고, 부딪치면 울리고, 던지면 깨진다고 한다. 그리고 〈눈물의 시내〉는 소녀의 가슴속에 흐르는 눈물은 온몸을 휘돌아 눈을 통해서 흐르는 시냇물과 같아서 서글픔을 자아낸다는 것이다. 한편 소녀의 마음과 사랑의 정열을 초록빛이나 앵두 빛으로 색채화하고 있는가 하면,[34] 소녀의 가슴속을 조그마한 연못으로 비유하기도 한다.[35] 그리고 또한 짓밟힌 처녀의 가슴을 비탄하기도 하고,[36] '사랑의 산도야지'를 가슴속에 끌어넣어 짓밟았다고 하기도 한다.

소녀의 혼은 어느 곳에 들어 있습니까?

---

34 〈소녀의 마음과 정열〉을 참조.

35 〈소녀의 가슴속〉을 참조.

36 〈저 처녀의 가슴속!〉을 참조.

소녀의 혼은 그 고운 유방 가운데 들어 있습니다.
소녀의 혼은 그 유방 속에 꽃과 같이 되어 있습니다.
그 꽃은 들 가운데 적막하게 핀 영란鈴蘭과 같습니다.
사랑은 그 꽃에서 열리는 다못 한 개 뿐의 과실!

-〈소녀의 혼〉의 전문

이 시는 《문예월간》 3호에 〈소녀의 마음〉과 함께 발표된 작품으로, '여자의 혼'은 유방 속에 핀 꽃과 같다고 한다. 그런데 그 꽃은 적막하게 핀 '영란 꽃'과 같고, 사랑은 그 꽃에서 열리는 유일한 '과실'이라고 하기도 한다. 어느 면 관능적인 면도 없지 않으나, 핵심은 그 유방의 상징성에 있다 하겠다.

이외에도 '여자'를 사랑의 뽕잎을 먹는 누에나비에다 비유하여 '생명의 실'을 짜낸다고 한 〈여자〉와, 눈에도 보이지 않는 낚싯줄로 남성들의 눈을 흐린다고 한 〈여자의 눈동자〉가 있다. 이들 '소녀'의 시편들은 정감적 속성으로 감상과 낭만을 기조로 하고 있다. 그 초기의 장미촌동인 시절의 시편들과 연관된다 하겠으나, 형식적으로는 단형의 특색이 그 차이점이라 할 수 있다.

② **사랑과 정열의 꽃**: '반송(2·12)의 시편들로는 〈사랑을 주시려거든〉·〈사랑〉·〈사랑의 꽃과 이름〉·〈마음의 악역惡役〉·〈감신병感神病의 하나〉·〈사랑은 욕심쟁이〉 등이 있다. 사랑을 주시려거든 '고통의 가시'를 빼고 달라고 한 〈사랑을 주시려거든〉이나 사랑을 '제비의 혼'에다 비유하기도 한다.

사랑은 꽃 이름
사랑은 사랑의 정열 위에 피는 꽃
그는 눈물의 이슬을 받아먹고
자라나는 꽃!

–〈사랑〉의 전문

사랑은 정열의 꽃으로 눈물의 이슬을 받아먹고 자라는 꽃으로 보기도 하고, 사랑을 '마음의 악역惡役'이나 '감신병感神病'과 '욕심쟁이'로 보기도 한다.

사랑은 마음의 악역惡役
그 병균은 사람의 눈 속으로부터 뛰어든다.
그 병의 주되는 증상은 '번민煩悶'

–〈마음의 악역〉의 전문

사람은
사랑의 열병을 앓을 때
신神이란 헛것을 보고 중얼댄다.
사랑은 뭇 사람의
감신병感神病의 하나
또 그 애인 동지는 헛것을 씨인 무당!

–〈감신병의 하나〉의 전문

사랑은
사람의 마음의 꽃을 따먹는 새!
사랑은 정열의 불꽃(焰)을 주어먹는 새!

그러나 사랑은 욕심쟁이
사랑은 한 말의 차조밥도 저 혼자만 먹겠답니다.

-〈사랑은 욕심쟁이〉의 전문

먼저 '사랑의 마음'을 악역에다 비유한 〈마음의 악역〉에서 그 병균은 눈 속으로부터 비롯되는데, 그 증상은 바로 '사랑의 번민'으로 형상화하고 있는가 하면, 〈감신병의 하나〉에서는 사랑을 정신 나간 사람처럼 헛소리 하는 '열병'이라 하기도 한다. 그리고 사랑은 마음의 꽃을 따먹는 '새'에다 비유한 〈사랑은 욕심쟁이〉에서 사랑을 정열의 불꽃을 먹는 '욕심쟁이 새'로 형상화하기도 한다.

한마디로 이들 모두가 『자연송』의 시편들에 나타난 관념어나 한자투어로 된 것과는 달리, 사랑과 낭만의 정감을 기조로 한 단형의 서정시로 시어 선택에서도 진화한 것이라 할 수도 있다. 이들은 또한 순간적인 영감으로 포착된 시상을 짧게 형상화한 것들로 부분적으로는 재치와 기지機智가 번득이기도 한다.

③ **'꽃'의 심상과 우주의 혼魂**: '반송(4)'의 〈바닷가의 해당화〉·〈꽃의 마음을 볼 수 없도다〉·〈꽃의 마음의 모든 것〉·〈꽃만은 타지 말아라〉 등과 《신생》지에 발표된 〈꽃들의 눈물〉·〈꽃 위에 앉는 나비〉·〈나비들의 노킹〉 등은 모두 '꽃'을 주제로 한 시편들이다. 바닷가에다 누가 갖다놓은지도 모르는 '해당화'[37]나 꽃의 고운 마음을 보지 못하는 안타까움을

37 〈바닷가의 해당화〉를 참조.

한탄하고 있다.[38]

꽃의 그 고운 마음의 갈피 속을 누가 헤쳐 보았으랴.
꽃의 그 고운 마음의 흘러가는 곳을 누가 알랴.
아아 꽃의 그 가슴 가운데 매친
빨간 사랑의 응어리를 누가 들여다보았으랴.
아아 누가 그것을 만져 보았으랴.
나비밖엔 나비밖엔.

–〈꽃의 마음의 모든 것〉의 전문

하늘 타고
산도타고
사람도 타 없어진다. 하더라도
따위에 꽃만은 타지 마라라.
꽃은 '우주宇宙의 혼'이 따위에서 피어 보이는 것이란다.

–〈꽃만은 타지 마라라〉의 전문

이들 가운데서 '꽃의 마음'을 들여다볼 수 있는 것은 나비밖에 없다고 한 것이라든지 (〈꽃의 마음의 모든 것〉), 또는 '꽃'을 '우주宇宙의 혼'으로 보고 있는 시적 화자의 마음보다 깊은 곳에 있다고도 한다. '꽃'을 통해서 '사랑의 응어리'를 보게 되는 것도 '나비'로 환치된 시인의 마음이기도 하고, '꽃'에다 '혼魂'을 불어넣게 된 것도 그것과 교감할 수 있는 시인만이 가능

38 〈꽃의 마음을 볼 수 없는 나〉를 참조.

한 것이다. 그리고 '나비'들이 '꽃'들의 가슴에 안겨 젖꼭지를 물고 있는 〈꽃 위에 앉는 나비〉나 꽃들의 모습을 벙긋거린다고 한 〈갓 난 꽃들〉과 같은 작품도 마찬가지로 동시적 발상과 감각적인 표현법을 특색으로 하고 있다.

이외에도 '봄바람'을 태양 나라의 '미소년美少年'으로 비유하기도 하고, '꽃'을 떠나서는 하루도 못사는 새를 노래했는가 하면, '인생'을 떠도는 '부평초浮萍草'로 형상화하기도 한다. 그리고 '해'와 '달'과 '별' 등 천체의 운행을 주제로 한 '반송伴頌'의 시편들도 있으나, 이것들은 시집『자연송』의 시편들의 속성과 유사하다. 한마디로 황석우가 의도한 인생시편들이란 '사랑'을 주제로 한 인간의 일상적 삶을 노래한 시편들을 두고 한 말인지도 모른다.

2) '빈곤貧困'의 심상과 경향시의 시도

황석우가 '이단자異端者'의 시로 제시한 〈그대들 혁명가!〉와 〈신과 부처님!〉은 그가 시적 변모를 시도한 작품들이라 할 수 있다. '신'이나 '부처'를 무식한 사람들의 몽롱한 환상 속에서 몇 번이고 일어서는 '오뚝이'에다 비유한 역설적 표현과 '혁명가'와 '무산자', 그리고 '북풍' 등과도 같은 강성의 심상과 원색적이고 과격한 표현법에서 그의 경향적 색채를 엿볼 수가 있다. 그리고 같은 '겨울'을 소재로 하고 있으면서도 '눈(雪)'과 연관 지어서 부드러운 감촉과 정감적 서정의 세계를 형성하기도 한다.

① **무산자와 혁명가의 의지**: 〈그대들 혁명가!〉·〈오전회비〉·〈당신은 무산자〉 등과 같은 일련의 작품들은 황석우의 시에서 특이할 뿐만 아니

라, 양적으로도 극히 한정된다. 이것들은 그가 말하는 경향적 사상시를 의도하고 쓴 것들로 보인다. 그러나 그 양적인 한계로 보아 황석우에게는 이런 경향의 시작들이 성격적으로 전혀 맞지 않았던 것으로 생각되기도 한다.

그대들 혁명가의 의지는 창천蒼天과 같고
그대들 혁명가의 혼은 그 존귀함이 사막에 피는 사보텐의 꽃과 같고
그대들 혁명가의 정열은 태양 위에 프로미넌스와 같고
그대들 혁명가의 피는 지심地心을 뛰어 휘도는 용암액熔岩液 같고
그대들 혁명가의 주먹은 저 타오르는 태양덩이와 같고
또 그대들 혁명가의 분로하는 감정은 벽력霹靂과 같고 원자탄의 폭발과 같고
그대들 혁명가의 기상은 높은 산봉우리 위에 주저앉은 맹호와 같고 사자와 같다.

–〈그대들 혁명가!〉의 전문

황석우가 여기서 표방하고 있는 '혁명가'는 그 성격이 과격하고도 열정적이고 저돌적이라 할 수 있다. 혁명가의 의지는 높고 푸른 하늘(蒼天)과 같고, 혁명가의 혼은 열대의 메마른 사막에서 피어나는 선인장의 꽃과도 같다는 것이다. 그리고 혁명가의 정열은 분출하는 용암과도 같이 고열한 불꽃과 같기도 하고, 혁명가의 감정은 천둥과 번개 치는 뇌성벽력雷聲霹靂과도 같고, 원자탄이 폭발하는 것과도 같으며, 혁명가의 기상은 산중의 왕인 맹호와 사자와도 같다는 것이다. 한마디로 황석우는 여기서 혁명가를 기존의 질서를 무너뜨리고 개혁하고자 하는 의지력의 소

유자로 그려내고 있다. 과격하고도 원색적인 표현으로 강성의 심상으로 형상화하고 있는 것이다. 여기서 특히 '원자탄의 폭발'과도 같은 용어는 그 시대로 보아 매우 이색적이고 신선한 시어 선택이 아닐 수 없다.

그리고 또한 무산노동자들의 이상적 집회소로서 '무시루 떡집'을 제시하여 희화한 〈오전회비〉에서 황석우는 이렇게 노래하고 있다.

> 여보게 동무 오늘은 어디서 모일까?
> 오늘은 출출한 저녁 으스름에 십전씩만 가지고
> 액구갈보네 모줏집에서 모여 보지 않으려나?
> 모줏집은 우리들의 한잔 위안의 가장 즐거운 홀이 아니요, 바니까
> ……
> 그곳은 우리들의 술잔 아래의 은근한 공동입담소共同立談所이니까.

와도 같이 무산자와 궁핍한 삶을 주제로 하고 있다. 십전회비도 벽차 오전만 갖고 무시루 떡집으로 모이자는 것이다. 일상적 사회의 관심사를 다룬 생활시라 할 수 있다. 그러나 '짠지'·'냉 스프'·'백수차白水茶'·'백비탕 커피'·'백미'·'차구락부茶俱樂部(차클럽)' 등과 같은 용어들을 통하여 사회를 냉소적으로 풍자하고 있다. 우리는 당시 사회를 희화한 풍자성을 통하여 황석우의 경향파적 시적 경향을 엿볼 수가 있다. 우리는 여기서 무산자들의 가난하고 궁핍화 현상을 희화戱化한 역설을 통하여 유산계층에 대한 강한 반발과 저항정신을 찾아볼 수가 있다.

> 당신은 무산자/ 당신은 투사!

당신은 사랑의/ 정의를 압니다.

나는 당신을/ 좋아합니다.
돈과 지위는/ 지나간 조건

나는 당신을/ 사랑합니다.
당신은 정의의/ 투사입니다.

돈과 지위는/ 나는 싫어요
그것은 벌써/ 지나간 조건.

–〈당신은 무산자〉의 전문

여기서 황석우가 말하는 경향적 사상시를 시도한 것은 사실이나, 그것을 표방한 시편들은 양적으로 극히 제한되고 있다. 따라서 그의 경향시가 사상적으로 어느 만큼의 깊이로 형성된 것인지는 알 수가 없다. 이 외에 일상적 삶과 경향적 사상을 의도하고 쓴 작품으로는 첨단의 시대를 춤추면서 살아간다고 노래한 〈카페에 댄스곡〉이나 겉으로 치장만 하고 다니는 양복쟁이 신사와 신여성들의 텅 빈 호주머니에서 '전당표'가 나온다고 한 〈서울 장안 말 못할 곳〉 등은 모두가 인생시와 사상시를 표방하고 쓴 것들이라 할 수 있다.

② '눈송이'의 심상과 소복素服한 소녀: 그 춥고 쌀쌀하고 딱딱한 겨울의 강성 심상이 '눈'과 연계되면서 따스하고 부드러운 감촉으로 바뀌게 된다. 이것은 황석우의 시편들에서만 그런 것이 아니라, 대부분의 다른

시인들의 작품들에서도 마찬가지다. 그리고 우리들의 일상적 삶 속에서도 겨울은 춥고 땅이 얼어붙고 딱딱하지만, 하얗게 내리는 눈 속에서 느끼는 감촉은 따스하고 보드랍다.

황석우의 경우, '눈'의 시편들로는 〈첫 겨울의 눈〉·〈곱게 내리는 눈들〉·〈나무 가지 위의 눈송이〉 등이 있는데, 이것들은 마치 고월(古月 李章熙)의 시편들과도 유사하다. '한겨울'의 춥고 딱딱한 강성의 심상과 원색적 표현에 의해 어둡고 우울한 정조를 이루고 있는 데 반하여, '눈'의 시편들에서는 전혀 다르게 따스한 정감으로 형상화되어 있다.

하늘에서 하늘하늘 내리는 '하얀 눈송이'를 '천녀天女'와 '소복한 소녀'로 비유하기도 한 〈첫 겨울의 눈〉과 〈곱게 내리는 눈〉에서 황석우는 이렇게 노래하고 있다.

> 첫 겨울의 하늘에서 고요히 내리는 하얀 눈송이!
> 첫 겨울의 하늘에서 고요히 내리는 조그만 천녀天女들과 같은 하얀 눈송이!
> 오- 그에게 초록치마를 입혔으면 그 얼굴, 그 맵시 얼마나 더 고우랴!
>
> -〈첫 겨울의 눈〉의 전문

> 눈은 내려옵니다.
> 눈은 소복한 소녀들과 같이 치마 가뜬히 여미고 두 발길 곱게 모아 내려옵니다.
> 눈은 날개 돋친 듯이 곱게 사르르 내려옵니다.
> 눈은 뒤에 뒤를 이어 내리고 내려옵니다.
> 눈은 머-ㄴ 하늘에서 땅위의 낙원을 그리워 내리는 소녀대少女隊와

같이 내리고 내려옵니다.

-〈곱게 내리는 눈들〉에서

이 두 편의 시에서 황석우는 하늘에서 내리는 '눈송이'를 '조그만 천녀天女'와 '소복한 소녀'로 비유하여 하얀 치마를 여미고 곱게 내려온다고 한다. 하늘에서 지상의 낙원이 그리워 내리는 '소녀의 무리(少女隊)'로 하여금 지상의 건장한 장부의 사랑을 받으려는 것과도 같이 내려오고 있다는 것이다. 눈은 모양도 곱고 성깔도 고와 조그만 개미 하나라도 다치지 않게 곱고 부드러운 발길로 내려온다고 한다. 한자투어의 생경한 관념어로 이루어진 초기 시편들과는 사뭇 다른 표현이라 할 수 있다.

나뭇가지 위에 덮인 눈송이
그는 눈찌와 시선이 고운 꽃들이다.
하얀 눈동자의 -
… 〈중략〉 …
나뭇가지 위의 눈송이
그들은 찬바람 가운데 피는 들의 성스런 꽃
그들은 빨간 햇빛을 먹고 목숨 고웁게 사라지는 꽃

-〈나무가지 위의 눈송이〉에서

황석우는 이 시에서 반복적 효음效音을 의도적으로 구사하고 있다. 그리고 '하얀 눈송이'를 '꽃'에다 비유하여 그 심장도 골수도 혼魂도 모두 희다고 하기도 하고, 빨간 태양의 빛을 머금고 곱게 사라지는 '꽃'이라 하기도 한다. 한마디로 '눈'이 '눈송이'와 '꽃'으로 이행되면서 한겨울의 춥고 딱딱한 심상을 곱고 부드러운 감촉과 정감으로 바꾸고 있는 것이다.

③ **'겨울'과 북풍北風의 심상**: 〈십이월가十二月歌〉와 〈북풍래北風來!〉가 이에 속하는데, 이것은 모두 겨울 중에도 한겨울인 섣달의 꽁꽁 얼어붙은 차고도 딱딱한 심상으로 형상화하고 있다.

십이월은 장남아壯男兒!
십이월은 북극의 장남아!
십이월은 북극의 피를, 혼魂을 가진 대기의 장남아!
십이월은 북극의 대기 가운데 사는 단 하나의 강력의 영웅아英雄兒!
그는 강철원골鋼鐵圓骨의 소유자!
그 근육은 철추鐵鎚도 포환砲丸도 받지 않는 두터운 두의兜衣 같이 굳고
그 주먹은 일타一打에 하늘도 쪼개 부술 듯하다.
맹풍猛風! 거풍巨風!은 그 세찬 호흡!

–〈십이월가〉의 전문

이 시에서 황석우는 춥고 쌀쌀한 '십이월'을 '장남아壯男兒'와 '영웅아英雄兒'에다 비유하여 북극의 피와 혼을 가진 사람으로 의인화하고 있다. 얼음과 같이 차고 딱딱한 심상을 바꾸어 힘이 세고 강한 불굴의 '장남아'와 '영웅아'로 의인화하여 한 번에 하늘을 쪼개고 부숴버릴 것 같은 세차게 휘몰아치는 '맹풍猛風'과 '거풍巨風'으로 형상화하고 있는 것이다.

이렇게 강하고 세찬 '십이월'의 차고 거센 '바람'의 심상은 〈북풍래!〉

에 이르러 더욱 강한 심상으로 형상화되기도 한다.

> 북풍의 난무! 북풍의 고함高喊! 북풍의 돌함突喊!
> 북풍은 진군한다. 북풍은 요양嘹喨한 나팔을 불며 진군한다.
> 오-북풍래! 오-북풍래! 오-북풍의 총습래總襲來! 오-북풍은 동원하였다.
> 북풍의 대열 북풍의 진열은 만리에 연하였다.
> 북풍은 바다를 휘마는 홍도洪濤 같이 쏟아 몰려온다.
>
> -〈북풍래!〉에서

한겨울에 세차게 불어오는 '북풍'을 '난무亂舞'와 '고함高喊'과 '돌함突喊'으로 비유하여 진군나팔을 불며 '맹호대'와 '돌격대'로 노기충천하여 달려오는 모습으로 형상화하고 있다. 일제 강점기, 곧 식민시대를 살아가는 우리들의 삶과 그 위에 물밀듯 들어오는 서구 문물과의 갈등적 상황의식을 이렇게 표현한 것이다. 세차게 밀고 들어와 난무하는 외세에 대한 거부반응이기도 하다. 황석우는 이 시기에 이르러 인간의 일상적 삶과 체험을 소재로 빈곤과 사회악을 고발하기 위해서 생활시나 사상시를 표방하여 그 변화를 시도하기도 한다. 그러나 그것들은 몇 작품에 불과하고 결국 그는 또다시 긴 침묵으로 들어가고 만다.

"남아가 시정을 가져도 시인이 됨을 경원하라. 시인이란 불행한 걸인에 지나지 않는다."라고 한 황석우 자신의 말과도 같이 그는 또다시 시단을 떠나고 만다. 그것도 몇 차례씩이나 반복되는데, 그것은 그의 불안정한 삶과 연관되는 것이 아닐까 한다. 아무튼 황석우는 일생을 통해서 빈곤은 그의 대명사이기도 했다. 그럼에도 그가 빈곤을 주제로 한 작품을 거의 쓰지 않고 있음은 스스로 그것을 드러내 보이고 싶지 않았는지도 모른다.

6 자연과의 일체화와 죽음의 문제

황석우는 말년에 이르러 또다시 그가 떠났던 시단으로 돌아와 몇 편의 시작을 발표한다. 그러나 그 작품들의 수가 극히 제한되기 때문에 그 내용이나 주제별로 유형화할 수도 없다. 그가 시단을 떠났다가 돌아오기를 몇 번이나 거듭한 것으로 보아, 그의 생애도 그리 순탄치 못했던 것으로 보인다. 그러나 그가 떠났던 시단에 죽기 직전에 다시 돌아온 것을 보면, 그는 시를 끝내 버리지 못했던 것 같기도 하다. 그는 버리고 싶었던 시를 끝내 버리지 못했던 것으로 보아 천성의 시인임에 틀림없다.

1) 조국 해방의 기쁨과 자유의 종소리

8·15 해방이 되자 황석우는 되찾은 나라에 대한 환희의 감격을 이기지 못하여 다시 붓을 들게 된다. 〈봄바람〉·〈봄의 동무〉·〈삼월 일일〉·〈옛 종소리〉·〈나의 정열〉·〈자유〉 등이 이 시기에 발표된 작품들이다. 차디찬 얼음 속에서 호르르 날아왔다는 〈봄바람〉이나 "따위로/ 고운 머리 내미는/

풀싹들!/ 애기다/ 귀여운 애기들이다/ 성아聖兒들이다"라고 노래한 〈봄의 동무〉에서 '봄'의 상징적 의미는 생명의 강인성에 있다. 외세에 짓눌렸던 땅에서 봄이 되어 새싹이 돋아나는 정경을 이렇게 노래한 것이다.

> 3월 1일 조선 사람의 나라를 잃은 설움이 머리끝까지 치밀어 오르던 날이다.
>
> 3월 1일 조선 사람의 자유에의 동경이 불같이 폭발하는 날이다.
>
> 3월 1일 조선 사람의 목을 훔켜 죄이던 악마의 손가락을 풀어 제치이고 숨을 돌리려던 날이다.
>
> 3월 1일 조선 사람의 주먹으로 지옥문을 두드려 깨뜨리고 뛰어 나오려던 날이다.
>
> … 〈중략〉 …
>
> 3월 1일 그날의 조선 사람의 뼈저리던 울음소리는 뭇 소조小鳥의 노래 되어 지금 조선의 강산에 아리따운 음악을 아뢰고 있다.
>
> -〈3월 1일〉에서

그동안 참고 참았던 울분과 감격을 한꺼번에 토로하고 있는 것 같다. 나라를 빼앗긴 설움과 울분이 머리끝까지 치밀어 오르고, 악마의 손가락을 풀어 제치고 숨을 돌리려던 것이 지난 과거의 3·1운동이었다면, 해방된 오늘의 울음소리는 '뭇 소조小鳥의 노래'로 아름다운 음악으로 들린다는 것이다. 그리고 황석우의 이런 가슴 벅찬 감격과 환희가 〈옛 종소리〉에 이르면,

> 동방신국東方神國 조선의 도읍

이름 좇아 한양성 장안
하나님은 그 도읍 지켜
하루 세 번 자유종 쳤네.
… 〈중략〉 …
반가웁다 눈물이 난다
데엥데엥 그 옛 종소리
우리나라 목숨 피어나
억천만년 길이 살리라.

와도 같이 노래하고 있다. 망국의 설움과 아픔을 떨쳐버린 기쁨과 감격을 커다란 목소리로 외쳐대고 있다. 나의 정열은 푸른 호수와 바다의 푸른 물속에 뛰어들어 샛별 같은 구슬을 줍겠다는 〈나의 정열〉이나 또는 되찾은 나라와 무엇보다도 우리 마음대로 살아갈 수 있는 자유가 그립다고 하기도 한다.

나는 더러우나마 산고産苦에 애쓴 피묻은 달걀 같은 자유가 그립다.

나는 작으나마 바위틈을 비집고 나오는 단풍과 소나무와 같은 자유가 그립다.

나의 그리워하는 자유에는 꽃이 없어도 좋다. 옥분玉盆 가운데의 화초 꽃은 자유의 꽃이 아니다.

–〈자유〉에서

이 시에서 황석우는 산고産苦를 치르거나 바위틈을 힘겹게 비집고 나오는 단풍나무나 소나무의 자유가 그립다고 한다. 온갖 고난을 딛고 쟁취한 자유만이 값지다는 것이다. 이 시기에 발표된 황석우의 작품들을 시적 형상화의 차원에서 운위한다는 것은 무의미하다. 그의 시들이 모두 직설적인 토로의 한계를 벗어나지 못하고 있는데, 이것은 황석우에게만 국한된 현상이 아니다. 당시의 많은 시인들이 격한 감정을 가다듬지 않고 흥분된 마음을 직설적으로 토로하고 있었기 때문이라고 할 수 있다. 이것은 영랑이나 기림뿐만 아니라, 8·15 해방을 맞는 시인들은 모두가 벅찬 감격의 눈물과 흥분, 그리고 우리들이 합심하여 세울 새 나라에 대한 공동체의식밖에 없었다.

2) '우주宇宙', 곧 자연과의 일체화와 죽음의 징후

황석우는 죽음을 얼마 앞두고 시를 다시 쓰기 시작한다. 해방 직후, 그는 8·15 해방의 감격과 환희를 노래한 몇 편의 시를 발표하다가 다시 잠적하고 만다. 그러다가 죽음을 얼마 앞두고 우주, 곧 자연과의 일체화를 시도한 몇 편의 시를 발표하기도 한다. 이들 가운데서 그의 죽음을 암시하는 징후적인 작품들도 있다. 시집 『자연송』의 시편들에서는 우주, 곧 천체를 주제로 하고 있으면서도, 우주와 시적 화자와의 관계가 서로 분리되어 개체화하고 있는 데 반하여, 이 시기의 작품들은 우주와 자아가 하나로 융화되어 보다 철학적인 깊이를 보이고 있기도 하다. 그리고 '꽃'과 같은 자연사물도 관념화되었다기보다는 시적 정감을 기조로 그 깊이로 관조적인 태도를 보이고 있는 것이다. 죽음의 관념조차도 순리順理로 받아들이고자 하는 인생태도를 보이기도 한다.

① **우주와의 일체화와 그 깊이**: 우주와 자아가 하나로 융합된 경지를 보인 작품들로는 〈나의 호흡과 말!〉·〈웃음에 잠긴 우주〉·〈우주의 혈맥〉·〈우주의 기승奇勝〉 등이 있다. 이렇게 말년에 이르러 자아와 우주와의 일체화를 이룩하게 된 것은 그의 삶에 대한 철학적 사고의 깊이와 관련되기도 한다. 인간을 우주의 하나로 본 자연회귀사상은 동양의 우주관, 다시 말해서 노장老莊의 자연관과도 연관된 것으로 생각된다.

> 나는 산, 들, 바다와 함께 대지와 함께 호흡한다.
> 나는 별의 무리, 해와 달과 함께, 창공과 함께 호흡한다.
> 나는 우주와 함께 호흡한다.
> 나는 우주의 대기 속에서 조그만 개미들과 풀싹들과도 함께 호흡한다.
> 나는 사나운 사자, 호랑이들과 함께 코를 마주대고 호흡한다.
> 나는 그들과 우주의 달콤한 대기를 씹어 나눈다.
> 나는 그들과 함께, 우주의 허파의 신축伸縮과 함께 호흡한다.
> 나는 생명의 피, 나의 마음, 나의 지혜, 나의 혼은 우주의 모체母體에서 받은 것이다.
> 나는 우주의 마음과 함께 웃으며 운다.
> 우주는 나의 삶의 신경이 통하는 전신상全身像이다.
> 나는 또한 우주와 함께 말한다.
> 나의 말 나의 노래는 우주의 몸속에서 나오는 소리의 멜로디이다.
> 그러나 나의 말은 우주의 소리를 전하는 가장 오음誤音 많은 졸변拙辯이다.

– 〈나의 호흡과 말!〉의 전문

나는 산과 들, 바다, 대지, 별, 해, 달, 창공, 그리고 지상에 사는 개미, 풀싹, 사자, 호랑이 등 모든 사물들과 함께 호흡한다고 함은 바로 우주와 자아와의 일체화를 의미한다. 따라서 나의 생명의 피도, 마음도, 지혜도, 혼魂도 '우주의 모체'에서 받은 것이며, 우주의 마음과 함께 울고 웃으며, 또 내가 하는 말과 노래조차도 우주의 몸속에서 나오는 멜로디라고 한다. 말하자면, 인간은 천체, 곧 자연의 하나로 우주의 운행질서를 따라 결국은 그 본체인 자연으로 회귀할 수밖에 없다는 노장사상이나 불교사상과도 같은 동양적 인간관을 이렇게 표현한 것이라 할 수 있다.

우주를 사물화 또는 객체화한 초기의 시편들과는 달리, 우주와 자아의 일체화를 시도함으로써 그의 사고의 깊이가 훨씬 더 심층화하고 있다. 자아와 우주와의 일체화, 이것은 곧 스스로 그렇게 되는 동양적 자연관으로 관조적인 태도가 아닐 수 없다. 자아와 자연과의 일체화, 이것은 인간의 생사관을 초월할 수 있을 뿐만 아니라, 순명順命의 자연법칙에 순응하여 살고자 하는 인생 태도가 되기도 한다.

황석우의 이런 시적 태도는 "왼 세계가 눈떠서 웃은 순간이다/ 웃음에 잠긴 우주다"라고 노래한 〈웃음에 잠긴 우주〉에서도 마찬가지다. 이런 경지에 이르면 인간의 고통과 아픔은 물론, 희비애환의 감정이나 영욕의 굴레에서 벗어날 수 있게 된다. 그저 웃으며 살다가 자연으로 돌아가면 되는 것이다.

> 숨을 쉬면
> 하늘이 벌떡거린다.
> 내 흉곽胸廓과 같이

내 가슴의 고깃덩이와 같이-
내 생명의 피의 한 방울은
하늘의 창안蒼顔도 붉힐 수 있다.
내 손목 위에서 우주의 혈맥은 뛰논다.
우주의 희로애락은
내 심장 내 핏방울의
지호指呼를 받는다.

-〈우주의 혈맥〉의 전문

인간의 숨결을 통해서 하늘이 벌떡거린다는 것이나, 내 손목에서 혈맥이 뛰논다고 함은 시적 직관이다. 시인이 아니고는 보고 느낄 수 없는 직관적 경지로 우주가 내 심장이나 내 핏방울이 가리키고 호흡(指呼)하는 것도 우주와 시적 자아가 일체화되어 하나가 될 때만이 가능한 것이다. 별 위에 사람이 살고, 소가 밭을 갈고, 꽃봉오리가 숨을 쉬는 것조차도 '우주의 기승奇勝'이라 하는 것도 모두가 같은 맥락에서 해석할 수 있을 것으로 생각된다.[39]

② **'잠'의 심상과 죽음의 징후:** 일부는 유고로도 발표되었지만, 〈숨길 구멍〉·〈초대장〉·〈잠!〉 등에서 우리는 시적 화자인 시인이 무엇엔가 쫓기는 듯한 강박관념을 엿볼 수가 있다. 자연에의 귀의, 곧 모체母體로의 회귀성과도 같은 맥락에서 보인 죽음의 징후성이 바로 그것이다.

39 〈우주宇宙의 기승奇勝〉을 참조.

하늘은 알다. 숨이 막힌다.
하늘은 모둘 뜀에 머리가 치받칠 듯하다.
하늘은 지지개에 주먹이 뀌져 나갈 듯하다.
하늘은 파라솔을 펴놓은 듯이 땅을 푹 덮어버렸다.
하늘은 땅과 입술을 마주 대일 사이이다.

를 서두로 하고 있는 〈숨길 구멍〉은 무한대의 우주적 관념과도 상반된다. 시적 화자는 무엇엔가 억눌리는 듯한 강박관념에 사로잡혀 있다. 머리가 치받칠 것 같은 하늘이 밀폐된 방속과도 같고, 대지는 조그만 토막土幕과도 같다고 한다. 시적 화자가 공중의 푸른 대기를 호흡하기 위해서는 하늘을 터트려 '숨길 구멍'을 터놓아야겠다는 것이다. 하늘과 대지의 입술을 맞댈 만큼 압박감을 느끼고 있는 것이다.

시적 화자에게 중압감으로 다가서는 현실 인식은 죽음의 징후성과 무관하지 않다. 더구나 어려서 돌아가신 어머니의 '표훈식表勳式'에 와 달라는 〈초대장〉에서도 마찬가지다. 그의 눈에 '죽음의 그림자'가 어른거리는 것 같은 심정에서 마지막으로 불러본 어머니라 할 수 있다.

꽃동산에 산호탁珊瑚卓을 놓고
어머님께 상장을 드리렵니다.
어머님께 훈장을 드리렵니다.
두 고리 붙은 금가락지를 드리렵니다.
한 고리는 아버지 받들고
한 고리는 아들 딸, 사랑의 고리
어머님이 우리를 낳은 공로훈장을 드리렵니다.

나라의 다음가는 가정상, 가정훈장을 드리렵니다.

-〈초대장〉에서

이 시는 황석우의 사후 유고로 발표된 작품 중의 하나로 그가 최후로 불러본 어머니께 바치고 있다. 가정을 잘 이끌어 주신 어머님께 드리는 상장과 공로훈장의 표훈식에 세상의 아버지들과 어린이들에게 꼭 참석해달라는 초대장이다. 육신적으로나 정신적으로 한껏 쇠진해진 상태에서 불러본 어머니, 그것도 그가 죽기 직전에 불러본 어머니라 할 수 있다.

이러한 어머니에 대한 그의 회상은 〈잠!〉으로 이어진다. 여기서 '잠'은 영원한 '잠'으로 '죽음'을 상징하기도 한다. 온종일 고단한 일에 시달린 몸을 어루만져 주는 '잠'에 이끌려서,

나는 그이의 달콤한 속삭임에 맥 놓고 취해버린다.
그는 밤마다 나를 찾아오는 즐거운 벗 '잠'이다.
그는 나의 혼魂을 꽃밭 속으로 끌고 간다.
나의 혼魂은 꽃밭 속에서 밤새도록 꿈과 술래잡기를 한다.

-〈잠·1〉에서

와도 같이 깊은 잠 속으로 빠져들어 가서 지난 어린 시절로 회귀하여 시적 화자가 그토록 못 잊어 하던 어머니를 꽃밭에서 만나고 있다. 그가 말년에 이르러 시작 활동을 다시 시작한 것도 공교롭지만, 일상적 삶을 떠나서 나와 우주와의 일체화, 인간의 근원적 '모체母體'로 회귀해 가고자 하는 시도에서 그의 죽음에 대한 징후성徵候性을 읽을 수 있다. 황석우는

자신이 그렇게 시인이기를 거부했으면서도 결국 그 스스로 시인으로서의 존재를 마지막으로 확인하고 이 세상을 떠나고 만 것이다.

이외에도 이 시기에 발표된 작품으로 '꽃'을 주제로 한 몇 편과 〈새벽〉·〈봄날의 새벽풍경〉 등이 있다. '꽃'은 『자연송』의 시편들부터 계속 이어지는 시적 소재가 되어 있다. '평화의 꽃'으로 상징된 '개나리꽃'이나, "눈웃음 짓는/ 깨끗한 고운 모습"으로 형상화한 '들국화'와 "동방소녀의 사랑/ 정열의 꽃"으로 본 '봉선화' 등은 모두가 정감적 속성의 서정시라 할 수 있다.

'꽃'이란 사물을 합리적이고 과학적 사고에 접근시켜 보려한 것이 『자연송』의 시편들에 나타난 특색이라면, 여기서는 꽃을 우주, 곧 자연 사물의 하나로 관조하고 정감적으로 접근하고 있다. 그리고 아침 해가 눈 위에 붉은 발자취와 붉은 키스 자취를 남기고 걸어간다는 〈소시곡小詩曲〉도 그의 말기작으로 지연사물에 대한 관조적 태도를 엿볼 수가 있다. 그 초기의 자연관과는 전혀 다른 관조적 태도로 일체의 갈등적 차원에서 일탈하여 자연과의 조화와 화해의 시작 세계를 구축하고 있는 것이다.

위에서 황석우의 시작 세계를 여섯 단계로 구분하여 살펴보았다. 근대의 초창기 시단에 등장하여 자유시 운동의 선구적 역할을 했던 황석우에 대하여 우리는 너무나 소홀했던 것 같다. 이제까지 그에 대한 논의가 있었다손 치더라도 그의 초기 시에 대한 단편적인 논의가 주류를 형성되고 있다가 세기가 새로 바뀌면서 황석우에 대하여 본격적으로 논의되기 시작했다. 아무튼 여기서는 그의 전 시작을 대상으로 전기적 차원에서 고찰한 것이다.

첫째는 황석우의 습작기 활동을 첫 단계로 설정하여 살펴보았다. '신아新我', 곧 '참나'의 자각과 함께 「시화詩話」와 「조선시단의 발족점과 자유시」라는 평문을 통하여 근대시, 곧 자유시의 형식으로 내재율, 곧 개적 심률을 주장한 '영어靈語'와 '영율靈律'의 형성과정을 살펴보았다.

둘째는 황석우의 시작 활동이 본격화되는 폐허동인으로 참여하여 활동한 기간을 하나의 단위로 하여 살폈다. 이 시기에 황석우는 그 습작기로부터 받아들인 상징주의의 퇴폐적 경향의 시와 시론의 영향을 바탕으로 시의 제작과 함께 시론을 펼치고 있다. 그런데 황석우는 같은 동인들과는 달리, 회화성의 감각적 기법을 도입한 시인이기도 하다. 이러한 표현기법은 황석우가 그 초기로부터 펼쳐온 시론에서 주장한 것과도 일치하고 있다.

셋째는 황석우가 폐허동인에서 탈퇴하여 시지 《장미촌》을 간행한 시기로부터 만주로 떠나기 전까지 발표된 작품들을 중심으로 살폈다. 이 시기에 이르러 황석우의 시는 정조가 맑고 투명해지면서 감상과 낭만적 경향으로 기울게 된다. 그러나 이런 유형의 작품들을 몇 편 쓰다가 곧바로 유랑의 길을 떠나게 되는데, 그는 이때에 우리나라 최초의 시전문지 《장미촌》을 발간했고, 자유시 운동의 선구적 역할을 한 공적은 매우 크다고 본다.

넷째는 황석우가 유랑의 세월로부터 회귀하여 조선시단사를 설립, 재출발을 다지고, 시집 『자연송』을 펴낸 시기로, 여기에 실린 시편들을 대상으로 살폈다. 천체, 곧 태양, 지구, 달, 별 등과 같은 총괄적 의미로서의 우주와 계절의 순환을 따라 변화하는 비, 눈, 구름, 꽃, 초목 등을 소재로 한 시편들을 유형별로 분석했다. 황석우는 천체의 운행질서와 순환원리를 형상화하고 있는데, 그의 소박한 과학적 지식을 바탕으로 우화寓話와 동시童詩의 수법을 구사하고 있는가 하면, 천체 및 우주와 지상에 서식하는 만유현상이 결국 무화된다는 허무사상을 나타내 보이기도 한다.

다섯째는 시집 『자연송』 이후, 황석우가 인생시와 사상시를 표방했던 시기의 시편들을 대상으로 살폈다. 이 시기의 작품들로는 연작시로 '반송伴頌'의 시편들과 이외의 몇몇 작품들이 있을 뿐이다. 『자연송』의 '꽃' 시편들에 이어지는 정감의 속성과 '빈곤'을 주제로 한 경향시의 색채를 특징으로 하고 있다. 그러나 그의 경향시의 색채조차도 이념적인 것을 본격적으로 표방한 것이 아니라, 일상적 삶의 궁핍화현상을 주제로 한 것에 지나지 않는다.

여섯째는 황석우의 말년에 발표된 작품들, 곧 8·15 해방 당시의 나라를 되찾은 감격과 환희를 노래한 시편들과 또 그가 죽기 직전에 제작된 작품들이 이 시기에 해당되는데, 그 가운데서도 자아와 우주와의 일체화를 시도한 몇 편의 작품들이 그의 후기시를 대표하고 있다. 자연에로의 귀의, 모체회귀사상을 바탕으로 사물에 대한 관조적 태도를 보이고 있다. 황석우의 시는 말년에 이르러 보다 깊이 심화된 경지를 보이고 있는데, 이런 유형의 작품들이 양적으로 적은 데 대한 아쉬움도 없지 않다.

황석우는 시단을 떠났다가 돌아오기를 몇 번이나 거듭했다. 그러나 그 까닭은 아무도 모른다. 오직 그 자신만이 알고 있을 뿐이다. 아무튼 그는 스스로 시인이기를 거부했으면서도 평생 동안 시를 버리지 못했던 것 같다. 그가 죽음에 임박해서 마지막으로 또다시 시단으로 회귀한 것을 보면, 그 자신 천성의 시인임을 최후로 확인하고 간 셈이 된다.

제3부

황석우 시의 주요 심상과 모티프

'태양'의 심상과 모티프

'달'의 심상과 모티프

'별'의 심상과 모티프

'꽃'의 심상과 모티프

'태양'의 심상과 모티프

황석우의 경우, '해', 곧 '태양'의 심상은 그 초기의 시편들로부터 등장하기 시작한다. 황석우가 『자연송』의 시편들을 제작하기 이전, 그러니까 그가 프랑스 상징의주의 시의 영향을 받아 세기말의 육체적 관능과 퇴폐적 경향을 보였던 그때부터 '태양'의 심상은 등장한다. 그것이 다시 『자연송』의 시편들에 이르러 우주의 태양계에 대한 소박한 과학적 지식을 바탕으로 태양계의 신비성과 그 운행질서를 시적으로 다양하게 추구하고 있다. 그리고 1930년대로 접어들면서 '반송伴頌'의 시편들이나, 그 이후의 시편들에서 황석우는 또 다른 시적 전환을 시도하게 된다. 이러한 시적 변화를 단계화하여 '태양'의 심상과 모티프의 상징성을 살펴보기로 한다.

1 ‘태양의 침몰’과 ‘저녁’의 상징성 – 세기말과 퇴폐적 경향

『태양의 침몰』에서 ‘침몰沈沒’의 상징성은 ‘저녁’으로 표상된다. 이것은 『자연송』의 시편들에 나타난 우주, 곧 태양계의 신비적 심상과는 아주 다르게 ‘침몰沈沒’의 관념인 ‘저녁’과 연관되어 있다. 인간의 존재론을 바탕으로 한 실존적 부조리나 허망감, 말하자면 광명光明을 상실한 암흑한 세기말의 퇴폐성과 허무사상을 형상화하고 있는 것이다.

> 태양은 잠기다. 저녁구름(夕雲)의 전광자癲狂者의 개 거품 같이, 얼음비(氷雨) 같이 여울(渦)지고 보랏빛으로 여울지는 끝없는 암국에 태양은 삼켜 떨어지다.
>
> 태양은 잠기다. 넓은 들에 길 잃은
> 소녀의 애탄哀歎스러운 가슴 안 같은
> 황혼의 안을 스며(潛) 태양은 잠기다.
> 태양은 잠기다. 아아 죽는 자의 움푹한 눈 같이
> 이국異國의 제단의 앞에, 태양은 휘돌아 잠(翔沈)기다.
>
> –〈태양의 침몰〉의 전문

이 시가 처음으로 발표될 때, 그 말미에서 황석우는 “저녁이란 말을 세기말의 기분에 붙잡힌 그의 사상적 경향”이라 하고 있다. ‘태양의 침몰'과 함께 다가오는 '저녁'의 캄캄한 어두움은 인간의 암담한 현실적 삶을 상징한 것이라 할 수 있다. 인간이 그렇게 오랫동안 추구하였던 '신神'의 존재마저 부정하고 새로운 지표를 설정하지 못하고 방황하고 있었던 세기말의 사상을 바탕으로 형성된 프랑스 상징주의의 시적 영향을 받아 제작된 것으로 보이기도 한다.

'태양의 침몰'조차도 전광자癲狂者의 개 거품 같은 '저녁 구름(夕雲)'과 얼음비(氷雨)와도 같이 보랏빛으로 차디차게 여울지는 끝없는 암굴暗窟로 떨어지게 하고 있다. 새 아침이 오면 다시 돌아오는 태양이 아니라, 끝없는 암굴 속으로 빠져들게 하고 있다. 다시는 밝은 세상을 바라볼 수조차 없는 소외된 인간의 허무함, 말하자면, 구원의 손길조차 상실하고 소외된 인간의 부조리한 실존의식을 바탕으로 하고 있는 것이다. 그래서 태양이 지는 것이 아니라, 다시는 돋아나지 못하는 침몰이라고 한 것이다.

'태양의 잠김', 곧 침몰은 길을 잃고 넓은 벌판을 헤매는 심정과도 같고, 사랑을 잃고 비탄하는 소녀의 가슴과도 같다. 뿐만 아니라, 죽은 자의 움푹한 눈과도 같이 태양은 침몰하고 만다는 것이다. 여기서 문제되는 것은 무엇보다도 새 아침에 다시 돋아나야 할 '태양'을 그 깊이도 모르는 캄캄한 암굴 속으로 영원히 빠져들게 한 것이다. 내일이 없는 암담하고 절망적인 인간의 상황의식과 허무사상을 이렇게 표현한 것이라 할 수 있다.

2 ‘해’, 곧 ‘태양’의 의인화 과정과 그 상징성

『자연송』에서 ‘태양’을 주제로 한 시편들의 대부분은 ‘너’와, 또 다른 사람의 대칭으로 의인화되어 있다. 그리고 그것은 또한 ‘별’이나 달은 물론, 지구 등과도 같은 태양계와 연계되어 있는가 하면, 그 가운데서 절대적 강자로 군림하여 그것들을 지배하는 위상으로 형상화되기도 한다. 따라서 여기서 의도하고 있는 ‘별’이나 ‘달’의 심상과 그 상징성의 문제도 이와 같은 맥락에서 고찰되어야 할 것으로 생각한다.

1) 만유萬有의 아버지로서의 ‘태양’

‘태양’을 ‘만유萬有의 아버지’, 아니 태양계의 절대자로 군림케 한 작품으로는 〈태양의 괴로운 싸움〉과 〈태양계의 고향〉이 있다. 이 두 작품에서는 ‘달’이나 ‘별’과도 같은 태양계, 그리고 지구 위에 자생하는 모든 생명체를 관장하는 ‘태양’의 절대적 위상과 불타는 역동성으로 표상되어 있다.

태양은
여덟 혹성의 아들과
열일곱 위성의 손자와

그 모든 소위성의
증손 고손들의
일가를 데리고
저 머-ㄹ리로
저 머-ㄹ리로
오만 분 이상의
형님과 동생이 계신 그리운 고향
헤라쿨레스 성운으로 향해 가신답니다.
지구 위의 생물들은 태양이 내 고향 데리고 가는
그 자랑거리의 식구들이랍니다.

-〈태양의 고향〉의 전문

황석우는 여기서 '태양'은 태양계의 혹성惑星과 위성衛星은 물론, 소위성小衛星의 증손曾孫과 고손高孫, 그리고 모든 행성行星들이 그리워하는 고향인 헤라쿨레스Heracules 성운으로 향해 갈 뿐만 아니라, 지구의 모든 생명체를 거닐고 있다고 한다. 태양은 태양계 일체를 가장 강력한 지배력으로 관장하고, 또 그 위용偉容도 대단하다는 것이다. 하기야 태양이 없이는 천체, 곧 태양계가 암흑한 세계로 빠져들게 할 뿐만 아니라, 지상의 모든 생명체의 존재조차도 무화될 수밖에 없다. 그만큼 '태양'은 태양계에서 없어서는 안 될 것으로, 일체의 모든 존재의 의미가 되기도 한다. 이것은 과학적인 사고라 하기보다는 오히려 사변적이고 철학적인 사고라고 하지 않을 수가 없다.

태양은 그 고열한 열도만으로 태양계 일체, 곧 만유의 명암과 그 교차는 물론, 위성이나 혹성에 존재하는 모든 생명체와도 직결되고 있다. 그

냉도冷度를 헤아리기조차 불가한 한랭寒冷과 맞서 싸우면서 위성衛星, 아니 지상의 모든 생명체를 지켜주고 있는 것이 바로 '태양'이라는 것이다.

만상의 아버지 태양은
한때도 편안히 눈 부쳐 보지 못하고
공중에서 어느 무서운 적과
괴로이 괴로이 싸우신답니다.

공중에는 섭씨영하 270여도의
우주宇宙 영零의 절대 한랭寒冷이
태양의 생명인 광열을 빼앗으려고
사나운 소리개(猛鷲)와 같이 태양에게 달려듭니다.

태양은 이 무서운 적과 싸우시기에 그 몸이 날로 여위어 그 이마 위에 검은 주름살(黑點)이 잡히어 가십니다.

저 오십만 마일(50萬哩) 이상을 몽몽濛濛히 뻗쳐 올라가는 푸로미넌스(紅焰)는 태양의그 애태우는 괴로운 숨결이시랍니다.

-〈태양의 괴로운 싸움〉의 전문

'태양'은 일체 만물, 아니 만유萬有의 아버지가 되어 태초 이래로 잠시도 눈을 붙여보지도 못하고 허공중에 떠돌고 있는 무서운 적敵과 싸우고 있다고 한다. 말하자면, 섭씨로 영하 270도나 되는 차디찬 냉기로 태양의 광열을 빼앗고자 사납게 달려드는 한랭寒冷과 맞서 싸우고 싸우다가 지쳐서 이제는 그 주름살로 태양에는 많은 흑점黑點들이 생겨나게 되었고, 그 냉기를 물리치고자 태양은 자신의 몸을 불살라 타오르는 프로미넌스(紅焰)는 태양이 애타하는 괴로운 숨결이 되고 있다는 것이다.

2) 태양의 죽음과 환생 – 황금불과 보석불

태양이 날로 여위어간다고 함은 태양의 수명을 예고한 것이라 할 수 있다. 이것은 어쩌면 과학적 근거를 두고 한 말이기도 하다. 태양의 수명이 다하면 태양계, 아니 지구 위에 자생하고 있는 일체의 생명체는 소멸되고 암흑한 채로 죽음의 땅으로 화하게 될 것이라고 말하기도 한다. 인간, 아니 일체의 생명체들이 서식하고 있는 지구보다 130만 배의 거대한 몸집을 가진 태양은 그 막강한 위력에도 불구하고 돌아가실 날이 멀지 않았다고 하는 절망적인 상황의식과 허무적 사상을 이렇게 표현하고 있다.

그 몸의 피(血)는
40가지에 가까운 색채 찬란한
금속원소가 섞여서 되고
그 힘은 그 살의 인력만으로도
달과 지구를 번개 같이 잡아 휘두르는
공중의 거인이시오나
그도 쉽게 돌아가(逝)실 날이 머-ㄹ지 않았답니다.
달덩이는 이미 소태양小太陽이 돌아간 그 목내이木乃伊!
그는 곧 거인 태양이 돌아가신 뒤에
그 무덤 앞에 깎아 세울 비석으로서 준비된 자랍니다.

–〈태양의 수명〉에서

이제까지 달과 지구를 번개와도 같이 막강한 위력으로 휘둘러온 거대한 태양조차도 그 수명이 다할 날이 멀지 않다는 것을 예고하고 있다. '달덩이'는 소태양이 죽어서 된 '목내이木乃伊', 곧 미라로 죽은 태양의 무덤 앞에 세워질 비석과도 같다고 한다. 이것은 이미 과학자, 곧 천문학자들이 예고한 과학적 이론을 근거로 시화한 것이라 할 수 있다. 태양을 의인화하여 그 막강한 위력으로 천체를 온통 지배하는 '거인巨人'으로 형상화하고 있다. 이에 대하여 '태양의 죽음'을 주제로 한 〈태양이 돌아가시옵거든〉에서 황석우는 태양의 죽음에 대하여,

> 태양이 돌아가시옵거든
> 그 몸을 곱게 조각하여
> 황금불 보석불 만들어
> 하늘 위에 영원히 영원히 모셔둡시다!
>
> -〈태양이 돌아가시옵거든〉의 전문

라고 하고 있다. 태양이 수명을 다한다고 함은, 결국 지구, 아니 태양계 전체가 암흑한 세계로 빠져들어 무화되고 만다는 것이다. 그렇게 되면, 지상의 모든 생명체들과도 함께 인간도 소멸될 수밖에 없다. 그래서 황석우는 여기서 태양이 죽으면, 그것을 황금불黃金佛이나 보석불寶石佛로 만들어 하늘 위에다 영원히 모시고자 한 것이다. 사람은 누구나 막다른 죽음에 이르러 덧없는 삶에 대한 부조리와 실존적 극한상황에서 그대로 무화되어 소멸되는 허무사상에 빠져들기를 거부한다. 그것이 부질없는 짓임을 잘 알면서도 몸부림을 치고 있는지도 모른다. 그래서 우리 인

간에게 종교가 생겨나고 내세관을 확립하여 영원인永遠人의 '하늘', 아니 니르바나(涅槃)의 세계에 이르고자 하여 '태양'으로 하여금 황금불이나 보석불로 환생시켜 영원하고자 한 것으로 생각되기도 한다.

인간의 절망적인 극한상황과 부조리한 실존의식을 극복하기 위해서 우리는 종교적 구원이 아니고서는 도저히 극복할 수가 없다. 인간은 사후세계를 무화시켜 절망적 허무의 늪으로 빠져들 수만은 없다. 그래서 황석우는 '태양'을 '황금불'과 '보석불'로 조소彫塑하여 높고 푸른 하늘 위에다 세우고 영원생명을 환기하고자 한 것이라 할 수 있다.

3) 혼령魂靈의 덩어리와 두 남매의 아버지

바로 앞에서도 논의된 바, '아침노을'을 '지구의 혼'을 대표하는 사절로 보았듯이, 〈태양〉이나 〈아침 맞음〉에서도 '태양'을 의인화하여 '노동자의 혼'과 '아침의 혼'으로 형상화하고 있다.

태양은
혼의 덩어리다
생물의 혼의 덩어리다
아니 시뻘겋게 타는 노동자의 혼의 덩어리다.

–〈태양〉의 전문

황석우는 여기서 '태양'을 '인간혼의 덩어리에다 비유하고 있을 뿐만 아니라, 지상의 모든 생명체의 혼이라 하기도 하고, 그 속에서 시뻘겋게 타오르는 '노동자의 혼'의 덩어리에다 비유하기도 한다. 이것은 '태양'을 신격화하는 종교적 관념과는 다르게, 태양을 인간화한 혼령魂靈, 또는 자연 사물의 혼령과 연관시킨 것이라 할 수 있다.

도회와 농촌의 고요한 여명黎明 가운데서
산들은 깊은 묵념으로서
닭(鷄)들은 힘찬 노래로서
나뭇가지와 풀 가지들은
푸른 잎의 핸커치프를 흔들어
밝아오는 아침의 혼을 맞이합니다.

-〈아침 맞음〉의 전문

이 시에서 황석우는 어둠을 헤치고 돋아오는 태양을 밝아오는 새 아침의 혼으로 맞이하고 있다. 인간을 비롯한 만유, 곧 산과 나무는 물론, 새벽을 알리는 닭에 이르기까지 아침 해를 신성시하여 맞이하기도 하고, '해', 곧 '태양'을 사물로서 맞이하는 것이 아니라, 의인화 또는 신격화하여 맞이하고 있는 것이다.

그리고 또 한편 '태양'을 두 남매를 거느린 홀아비 노인으로 형상화하여

태양은
달의 따님과
지구의 영식令息의 두 남매를 데리고

하늘 위에서 사는 홀아비 노인이시랍니다.

그런데 태양은 장차 어느 곳으로 무엇을 하러 가시려는지.

그 두 남매를 공중에 내놓아 낮이나 밤이나 달음질 공부만 시키신답니다.

-〈달과의 숨바꼭질〉의 전문

라고 하기도 한다. 말하자면, '달'을 딸로, 지구를 아들로 하여 밤이나 낮이나 공중에서 달음질치게 하고 있다는 것이다. 이것은 태양을 중심으로 자전하는 달과 지구를 이렇게 표현한 것이라 할 수 있다. 그런데 여기서 태양을 두 남매를 거느린 홀아비 노인이라 하고 있다. 이것은 바로 앞에서 논의한 태양의 수명이 다해 가고 있다는 〈태양의 수명〉이나 〈태양이 돌아가시옵거든〉과도 유사한 내용이기도 하다. 태양이 수명을 다하고 가는 곳은 아무도 모른다는 것이다.

4) '내 동무'로서의 의인화 과정과 환호의 대상

〈내 동무 태양아〉와 〈태양이 떠오르면〉에서 황석우는 어둠을 가르고 떠오르는 태양을 향해서 '내 동무'로 의인화 하여 부르고 있는가 하면, 아침에 떠오르는 해맑은 태양을 향하여 두 팔을 한껏 벌리고 환호하기도 한다.

언제든지 새벽 문을 박차 열고 무엇을 쫓는 듯이 번개 같이 내닫는 기운찬 태양아

아아 암흑을 일거에 쳐부수려는 거탄巨彈 같이 닫는 태양아

네 손 내밀어라 뛰어올라 악수하고

우주가 흔들려 쪼개지도록 태양 만세

인간 만세, 태양 인간 만만세 높이 높이 부르자 그리하여 내 생명이 너와 같이 빛날 수 있다면

나는 너의 시뻘겋게 타는 역선풍逆旋風의 불 가운데라도 벌거벗고 들어가 타서라도 버리겠다.

오오 내 동무 태양아.

-〈내 동무 태양아〉의 저문

새벽의 어두움을 가르고 떠오르는 태양, 곧 아침 해는 기운차고 강력한 위력으로 표상하고 있는가 하면, 새벽에 문을 박차고 맞이하게 되는 태양은 번개 같이 날쌔고 일거에 암흑을 쳐부수는 거탄巨彈과도 같이 위력적이라고 하기도 한다. 문밖으로 뛰쳐나온 시적 화자는 '태양, 인간 만만세'를 높이 부르자고 하기도 한다. 그래서 시적 화자인 '나의 생명'이 태양과도 같이 빛날 수만 있다면 '나'는 '너', 곧 태양의 불타오르는 뜨거운 불길 속에 뛰어들고 싶다고까지 한다.

태양을 '너'와 동무로 의인화하여 시적 화자와의 거리를 훨씬 좁혀 다가서고 있는 것이다. 다시 말해서 황석우에게 아침 해는 힘차고 캄캄한 암흑을 쳐부수는 막강한 역동성으로 표상된다. 저녁에 지는 해가 캄캄한 암흑 속으로 빠져들게 한다면, 아침 해는 그 어둠을 헤치고 지상의 모든 생명체를 일깨워 넘치는 생동감과 함께 우리들로 하여금 기쁨으로 환호케 하기도 한다.

태양이 떠오르면
생물들은 그 눈꺼풀을
안개에 싸인 농촌의 싸릿문 지게 같이 고요히 열어젖히며
눈동자는 그 속으로부터 둥근 달같이 나타내나와
두 팔 치켜 벌리고 환호하며 태양을 반긴다.

–〈태양이 떠오르면〉의 전문

아침 해, 곧 동녘에서 떠오르는 태양은 새 아침을 연다. 새 아침이 밝으면 농민들은 싸릿문을 열고 나와 두 팔을 높이 치켜들고 환호하면서 아침의 태양을 맞이하고, 그 날의 일과를 시작하게 마련이다. 바로 이것이 우리 인간이 이 세상을 살아가는 일상적 삶의 모습이라 할 수 있다.

황석우의 경우, 아침에 떠오르는 태양을 주제로 한 시편들로는, 파란 하늘에 붉게 물들인 '노을'로 하여금 아침 태양을 맞이하는 지구의 혼魂을 대표하는 사절使節에다 비유한 〈아침노을〉과 풀과 나무 잎에 맺혀서 빤짝이는 이슬로 하여금 아침에 떠오르는 해를 맞이하게 하고 있는 〈잎(葉) 위의 아침이슬〉과 같은 작품이 있는가 하면, 또 다른 〈새벽〉과 같은 시에서는 이렇게 노래하고 있다.

새벽은
동녘 하늘의 물가(濱)에서
구름의 그물로
붉은 기-ㄴ 수염鬚髥 뻗친
금괴金塊와 같은 태양의 잉어(鯉魚)를 낚아 올린답니다.
그 밑으로 까막까치들은

고기 사러가는 촌아해村兒孩 떼와 같이
공중에 분주히 솟았다 내렸다 하며
달과
조그만 별들은 내 몸도 잡힐까 겁나서
발발 떨며 손바닥으로 얼굴 가리우고 돌아앉아 숨습니다.

이 시에서 황석우는 '새벽'을 주체로 하여 구름의 그물로 '태양'을 잉어처럼 건져 올린다고 하고 있다. 그리하여 마치 고기잡이 어장漁場의 풍경과도 같이 까막까치들을 날게 하기도 하고, 고기 사러 가는 어해兒孩들까지 동원하기도 한다. 그리고 어두움과 함께 사라지는 '달'과 '별'들을 겁에 질려 벌벌 떠는 모습으로 숨어들게 하고 있다. 우리들이 일상으로 보고 듣고 하는 과학적 대상을 시화하기 위해서 비유법을 다양하게 구사하고 있는 것이 이 시의 특색이라 할 수 있다. 그러나 여기서 황석우는 이러한 비유적 표현기법의 성과를 운위한다는 것은 무의미하다고 본다.

5) '달'과 '별'과 '지구'와의 차별화와 그 상징성

'태양' 그 자체의 기능만으로 태양의 심상을 형상화한 것과는 다르게 또 다른 태양계의 '달'이나 '별', 그리고 '지구' 등과의 상관성 위에서 그 심상의 차별화를 시도한 것을 볼 수가 있다. 먼저 〈두 배달부〉에서 '달'의 심상과 차별화하여 태양이 '남편'이라면, 달은 '아내'라고 하기도 한다.

태양은 남편, 달은 아내
둘은 생이별의 부부
그 둘의 생업은 배달부
태양은 '용맹스러운 정력'을 배달하고
달은 '평화로운 잠'을 배달한다.

-〈두 배달부〉의 전문

아침에 뜨는 해와 지는 달, 역으로 저녁에 뜨는 달과 지는 해를 생이별한 부부 배달부에다 비유하여 '태양'이 '용맹스러운 정력'을 배달한다면, '달'은 '평화로운 잠'을 배달한다고 하고 있다. 이것은 '태양'과 '달'과의 관계이지만, 지구에 서식하고 있는 모든 생명체를 전제한 것이기도 하다. 태양과 달은 영원히 만날 수 없는 부부 사이지만, 지구의 모든 생명체들에게 활력과 휴식을 주는 천체의 운행질서를 이렇게 표현한 것이라 할 수 있다. 그래서 태양을 달과 차별화하여 '태양'이 육지로 '환희'를 싣고 온다면, 달은 수국水國으로 '설움'을 싣고 간다고 한 것이다.

동쪽 하늘의 끝 정거장에서
달과 태양은 교차합니다.
달은 수국水國으로 설움을 싣고가고
태양은 육지로 환희를 싣고 옵니다.

-〈달과 태양의 교차〉의 전문

황석우는 여기서 '달'과 '태양'이 교차하는 곳을 '동쪽의 하늘 끝 정거장'이라 하고 있다. 그렇다면, 그것들이 지는 반대되는 서쪽의 하늘 끝은 무엇일까? 아마도 시적 화자는 서쪽을 죽음의 땅으로 본 것인지도 모른다. 태양이나 달이 동녘에서 솟아나서 서쪽의 수국, 아니 깊은 바다로 빠져드는 과정을 인간의 삶의 궤적, 아니 생멸의 과정으로 보았는지도 모른다. 아무튼 태양은 육지로 환희를 실어 오고, 달은 수국으로 설움을 싣고 가는 슬픈 모습으로 형상화하고 있다.

한편 '태양'을 '지구'와 차별화하여 '태양계'를 '별들의 금강산'이라면, 지구는 꽃들이 만발한 '소낙원小樂園' 또는 '이상향理想鄕'으로 본 〈태양계·지구〉가 있는가 하면, 지구를 태양에서 조그맣게 분가해 나온 것으로 보기도 한다.

지구는
태양이
생물들에게 세간 내준
조그만 분가

그럼으로 태양은
하루도 궐闕치 않고 아침마다 땀 흘리며 허위허위 와서
생물이 가져야 살 열과 광명과
맑은 공기 등의 양식을 구미구미 디밀어줍니다.

–〈태양의 분가〉의 전문

태양계에서 분가한 지구 위에 서식하는 모든 생명체에게 세간을 내주고, 그것들을 돌보기 위하여 태양은 아침마다 떠올라 와서 그 생명체들에게 뜨거운 열과 빛과 맑은 공기를 공급해 준다는 것이다. 이들 생명체들과 함께 인간이 살아갈 수 있는 것도 바로 태양이 주는 열과 빛과 맑은 공기가 아닐 수 없다. 하기야 태양이 없는 지구의 존재는 상상조차 할 수 없는 것이다. 그래서 '지구'를 '태양의 공장'으로 본 것이기는 하지만, 이러한 비유화가 아주 기발하고 탁절한 시의 표현기법이라고는 할 수만은 없을 것 같기도 하다.

지구는 생물 뿐을 사용하는 한 공장!
그 일체의 작업의 지휘자는 태양!
지구는 곧 태양이 세운 그 최대의 기업장企業場!
그 제품은 '행복'!
태양이 말하기를 '고통'은 태양의 의사에 반叛하는
인간의 나쁜 '오제품誤製品'이라고.

-〈태양이 가지고 있는 공장〉의 전문

황석우는 여기서 지구를 온갖 생명체를 만들어내는 공장으로 보고 있다. 그리고 그 공장을 총 지휘하고 있는 태양은 최대의 '행복'의 제품만 만들어내고 싶어 한다. 그런데 그 지구 위에 살고 있는 모든 생명체들에게 '고통'을 안겨주는 것은 인간이 만들어낸 '나쁜 오제품'이라 하고 있다. 이 지상에는 인간 이외에도 수많은 생명체들이 살고 있다. 이것들이 고통을 받게 되는 것도 인간이 저지른 범죄적인 행위로, 인간 이외의 다른 생명체들과는 아무런 관계도 없다. 인간의 부질없는 욕망에 의해서 자연은 무참하게 파괴되고 훼손되어 지상에 서식하는 모든 생명체들이 고통을 받게 된다는 것이다.

끝으로 '별'과 '달'과 '태양'과 '지구'의 관계를 함께 본 작품으로는 〈별·달·태양〉과 〈태양의 수명〉이 있다.

> 우주는 끝없는 암흑이온데
> 별과
> 달과
> 태양은
> 그 곳곳의 동리 목에 비치는 가등街燈!
> 그 발전소는 조화옹造化翁의 심장 속!
> 그리고 달과 태양은 지구의 동서에 갈린 주야등이랍니다.
>
> –〈별·달·태양〉의 전문

황석우는 여기서 시의 제목과도 같이 '태양'을 또 다른 천체인 '별'과 '달'과 함께 마을의 길목을 밝혀주는 '가등街燈', 또는 '달'과 함께 밤낮으로 교대하여 밝혀주는 '주야등晝夜燈'으로 보기도 한다. 별과 달이 밤에는 태양을 대신하여 '가등街燈'이 되기도 한다. 특히 태양과 달은 지구의 동서로 갈리면서 밤낮을 교대하여 '주야등晝夜燈'의 역할을 하게 된다는 것이다. 결국 지구를 중심으로 달과 태양과 별들의 차별화와 그들 서로의 관계를 형상화하고 있다. 그리고 앞에서도 논의된 바, 〈태양의 수명〉에서는 '태양'을 '거인'으로 표상하여 그 막강한 지배력으로 '달'과 '지구'를 마구 휘두르고 있으나, 그 수명이 다해가고 있음을 한탄하기도 한다. 태양이 수명을 다하는 날에는 천체, 곧 태양계의 '달'이나 '별'들의 세계는 물론, 지상에 자생하고 있는 모든 생명체들은 소멸되고, 암흑한 세계로 무화되는 허무사상을 시화하고 있는 것이다.

이외에도 태양이 지구에서 물을 자아(鈞)올려 면화棉花송이 같은 구름을 만들어 '눈송이'로 만들어 뿌린다는 〈물 자아 올라가는 태양〉이 있는가 하면, 아침에 떠오르는 태양을 한껏 겁에 질린 모습으로 창문을 통해서 도망해 가기도 하고, 저녁에 지는 태양을 목숨을 걸고 덤벼드는 음분淫奔한 여자의 모습으로 목덜미를 깍지 끼어 캄캄한 지하실의 침대로 끌려들어가는 〈뜨는 해와 지는 해〉가 있다. 그리고 흐린 날의 낮에 구름 속으로 들어가는 달을 두 주먹 불끈 쥐고 용감하게 쳐들어가는 단기單騎 병사로 표상하고 있는 〈흐린 날의 구름 속에 드는 태양〉이 있다.

3 '시뻘건 염통(心臟)'과 '생명의 빛'

『자연송』 이후, '태양'을 주제로 한 시편들은 양적으로 극히 한정된다. 1931년 12월 《조선일보》에 발표된 '반송伴頌'의 시편들 중에 2편이 있고, 황석우가 사망하기 직전에 《신태양》과 《동아일보》에 발표된 2편의 작품이 있을 뿐이다. 이것들을 『자연송』에 수록된 시편들과도 같이 한 주제를 가지고 의도적으로 제작된 것들이 아니고, 누구에게나 일어나는 일상적 시흥詩興에 따른 '태양'의 시편들이라 할 수 있다.

1) 태양의 의붓딸과 '시뻘건 염통덩이'

먼저 '전등'을 '태양의 의붓딸'에다 비유한 〈태양의 의義딸〉있다. 이것은 1931년 12월 2일자 조선일보에 발표된 단 두 줄로 된 단형의 작품이다.

> 전등은 땅위서 태양의 밤 사무를 대리해 보는
> 태양의 조그만 의義딸이랍니다.
>
> -〈태양의 의義딸〉의 전문

황석우는 이 시에서 '전등'을 '태양의 의義딸'로 삼고 있다. 이것은 밤이면 태양을 대신하여 온 세상을 비추는 기능의 유사성에서 본 전등과 태양과의 관계를 설정한 것이라 할 수 있다. 여기서 '의義딸'은 자신이 낳은 실지의 딸이 아닌 어디서 데리고 온 의붓딸을 이름이다. '태양'과 '전등'과의 상관관계를 설정하여 비유의 대상으로 삼은 것은 오직 그것이 비추는 조도照度의 유사성에 의한 것일 뿐이다.

그리고 '태양'을 '달'과 비교하여 '시뻘건 염통(심장)'과 '병든 허파'로 차별화한 〈태양과 달〉이 있다.

> 태양은 하늘의 시뻘건 연통(心臟)덩이
> 달은 어느 조그만 천체의 병든 허파덩이
>
> -〈태양과 달〉의 전문

이것도 아주 단형의 시로 2행밖에 되지 않는다. '태양'을 '달'과 비교하여 태양이 하늘의 '시뻘건 염통', 곧 심장이라면, '달'은 조그만 천체의 '허파덩이(肺)'로 차별화하고 있다. 그러나 이 둘은 지상의 모든 생명체, 인간에게는 불가분리의 관계라 할 수 있다. 황석우가 이렇게 천체를 의인화하여 생명체로 형상화한 것은 천체를 유기적인 생명체로 보고자 한 의도에서 기인된 것이라 할 수 있다.

그렇다면 '염통'과 '허파', 그것도 '덩이'와도 같이 원색적인 용어를 선택했을까? 무엇 때문에 태양은 '시뻘건 염통덩이'고, 달은 '병든 허파덩이'에다 비유하여 차별화하고 있을까? 그것은 천체, 곧 태양계 자체의 원초적 모습으로 향하는 의도적 지향이 아닐까 한다. 그리고 염통과 허파, 아니 심장과 폐라 함은 천체에서 그만큼 핵심적 기능을 하고 있다는 것이기도 하다. 하기야 지상의 모든 생명체, 아니 인간의 생명작용에서 심장과 폐의 기능은 무엇보다도 중요하다. 심장이 작동을 멈추거나, 폐의 호흡, 곧 숨이 끊겼다 함은 바로 죽음을 의미하기 때문이다.

여기서 '태양'과 '달'을 '연통'과 '허파'에다 비유한 것은 천체의 운행에서 '태양'과 '달'의 기능이 그만큼 주요하다는 것이 된다. 태양과 달의 운행이 멈춰지면 우주, 곧 천지의 모든 생명체들은 모두 죽어서 소멸되고 무화될 수밖에 없다. 그래서 황석우는 '태양'과 '달'을 생명체의 '염통'과 '허파'에다 비유하여 차별화한 것이 아닐까 한다.

2) 눈 위를 걷는 발자취와 생명의 빛

황석우가 사망하기 직전인 1958년 3월호 《신태양》에 발표된 〈소시곡

小詩曲〉이 있는데,이 시에서는 아침 해를 추운 겨울철에 내리는 '눈'에다 연관시키고 있다.

> 아침 해는 나는 듯이 눈 위를 걸어간다.
> 아침 해는 눈 위에 붉은 발자욱을 남기고 간다.
> 아침 해는 눈 위에 붉은 키-스 자욱을 남기고 간다.
> 아침 해의 고운 키-스에 눈송이들의 뺨마다 밝아졌다.
> 아침 해는 젊은 어머니와 같이 눈송이들의 이마 위를 쓰다듬어 만지고 간다.
>
> –〈소시곡小詩曲〉의 전문

황석우는 여기서 '태양'이 아니라, '해', 곧 '아침 해'라고 하고 있다. 아침 해가 하얀 눈길을 밟고 걸어가고 있다고 한다. 말하자면, 동녘에서 솟아난 해맑은 아침 해가 차디찬 하얀 눈길 위에다 붉은 발자취와 붉은 키스 자취를 남기면서 걸어가고 있다는 것이다.

아무튼 이 시의 핵심은 결미의 행 절, 곧 '아침 해'를 '젊은 어머니'에다 비유하여 '눈송이'들을 쓰다듬고 만진다는 데 있다. 그리하여 시적 화자는 뺨마다 밝아진 눈송이들의 모습을 떠올리게 된다. '아침 해'나 '눈송이'와도 같은 사물을 의인화하여 시적으로 형상화할 수 있는 것은 시인만이 할 수 있는 역할이기도 하다. 그래서 우리들은 시인이 새로 만들어낸 '아침 해'나 '눈송이'의 마음속으로 깊이 빠져들고 희열감을 느끼게도 되는 것이다.

새벽 속에서 해가 떠오르는 것이 아니다.
햇빛이 나팔꽃과 같이 피어 벌려지는 때가 새벽이다
새벽은 햇빛이 만화 병풍이 펼쳐지는 것이다.
새벽은 해의 오렌지 향기와 같은 입김이 퍼져지는 때다.
새벽은 머-ㄴ 햇발에 비치는 모든 생명의 빛이다
새벽은 햇빛의 첫 향기에 취해가는 우주의 두 뺨 빛이다.

-〈새벽〉의 전문

이 시는 황석우가 사거하기 바로 전해인 1958년 11월 10일자《동아일보》에 발표한 것이다. 해가 새벽 동녘에서 떠오르는 것이 아니라, 해가 나팔꽃과 함께 벌어지는 때가 '새벽'이라 하고 있다. 그렇다. 새벽에 해가 동녘에서 떠오른다는 것은 누구나 그렇게 볼 수 있는 사실이고 범상적인 관념이다. 해가 나팔꽃을 따라서 피어나게 하는 것, 바로 그것이 새벽이란 역설은 시인만이 할 수 있는 표현법이기도 하다.

그래서 햇빛이 만화 병풍 같이 펼쳐지기도 하고 오렌지 향기를 뿜어낼 수도 있게 하여 그 햇발에 비치는 모든 사물들에 생명을 불어넣어 역동적이게 할 수도 있는 것이다. 결국 '새벽'은 햇빛의 향기에 취해가는 우주에 생명을 불어넣는 생동의 빛이 될 수밖에 없고, 새벽 햇빛의 향기에 취해가는 '우주의 빛'이 되기도 한다.

이제까지 '태양'의 비유를 통한 심상의 상징성에 대하여 세 단계로 구분하여 살펴보았다.『자연송』을 중심으로 그 이전과 이후로 구분하여 본 것이다. 그 첫 번째 단계로서 황석우의 시력으로 보아 초기에 속하는 〈태양의 침몰〉을 대상으로 '침몰'과 '저녁'의 연계된 관념의 상징적 의미로서 세기말의 퇴폐성과 인간의 부조리한 실존의식과 허무사상을 고찰하였고, 두 번째 단계는 『자연송』에 실린 태양의 시편들을 대상으로 태양의 비유적 상징성을 다양한 관점으로 접근해 보았다. 마지막 세 번째 단계에서는 『자연송』 이후에 발표된 태양의 시편들을 중심으로, 그 상징성의 변화과정을 짚어 보았다.

그런데 『자연송』에 수록된 '태양'의 시편들을 제외하고는 그 전·후기를 통하여 '태양'을 주제로 한 시편들의 수가 한정되어 그 상징성을 다양하게 살필 수는 없었다. 심지어 그 초기에는 '태양'을 주제로 한 작품이 〈태양의 침몰〉 한 편밖에 없을 뿐만 아니라, 그 후기에 도 4편에 불과하기 때문에 그 다양성을 고찰할 수가 없었음을 밝혀둔다. 이러한 고찰을 다양하게 하기 위해서 『자연송』의 시편들과도 같이 하나의 주제로 다양하고도 집중적으로 다룬 시편들이 더 많이 이루어져야만 하기 때문이다.

'달'의 심상과 모티프

고래로 얼마나 많은 시인과 묵객들이 '달'을 두고 시로 쓰고, 노래로 부르고, 그림으로 그려왔던가? 그때마다 '달'은 그리움의 대상으로 우리들로 하여금 기쁨보다는 슬픔과 애상적인 정감으로 마음을 흥건히 적셔주기도 하였다. 사랑하는 사람과 이별한 사람이나, 떠나온 고향을 그리워하면서도 돌아가지 못해 애달파하고 눈물짓는 많은 사람들의 심금을 울려주기도 한 것이다. '달'은 그만큼 우리 인간이 다가갈 수 없는 거리에 존재하면서도 언제나 우리들의 삶과 밀착되어 수많은 전설과 설화로 만들어져 전승되었다.

황석우의 경우, '달'의 시편들은 시집 『자연송』에 집중되어 있다. 그 이후에는 1931년 12월 《조선일보》에 연재된 '반송伴頌'의 시편들 속에 몇 편과, 이와 거의 같은 시기에 《동방평론》에 발표된 〈월출月出〉이란 시가 한 편 있을 뿐이다. 그리고 그가 시단을 떠났다가 다시 돌아온 8·15 해방 이후에는 '달'을 주제로 한 시는 단 한 편도 없다.

황석우의 시편들에서 '달'은 무엇으로 어떻게 상징되어 있을까? 한마디로 '달'을 의인화하여 '아내'나 '딸'에다 비유했거나, 아니면 '해'나 '별'과의 연관되면서 동시나 동화적 수법으로 신비화하고 있다. 이것은『자연송』의 시편들이나 반송의 시편들에서 차별화되지 않고 있다. 차이점이 있다면 천체의 우주과학에 대한 소박한 지식을 그 바탕에 깔고 있는 점이 다를 뿐이다. 이들 '달'의 시편들을 두 단계로 구분하여 그 심상의 의인화 과정과 상징성에 대하여 논의하기로 한다.

1 '달'의 의인화 과정과 그 상징성

시집『자연송』에 수록된 '달'의 시편들에서 '달'의 심상은 '태양의 아내'나 '딸', 또는 '소박맞은 아내'로 표상되기도 하고, 또는 '평화로운 잠'과 '설움'을 싣고 가는 슬픈 관념으로 상징되기도 한다. 바로 앞의 '태양의 심상'을 논의하는 과정에서 이미 말하였듯이, '달'의 시편들은 대부분 또 다른 '태양'과 '별', 아니면 '지구'와의 관계를 형성하여 지상에 흐르는 맑은 물이나 공중을 떠돌고 있는 구름과 연관되면서 여러 가지 모습으로 나타난다.

1) '태양'과 '별'과 '지구'와의 차별화와 그 상징성

먼저 '태양'과의 차별화로 표상된 '달'의 심상은 '아내'와 '딸', 그리고 '설움'의 관념으로 형상화되고 있다. "태양은 남편 달은 아내"에서 이 두 사람은 생이별한 부부관계를 이루고 있다. 그래서 '태양'이 '용맹스러운 정력'을 배달하고 있다면, 달은 '평화로운 잠'을 배달하고 있다. 여기서 남편과 아내는 영원히 만날 수 없는 이별한 부부의 관계로 이루어져 있다. 그래서 그런지는 몰라도, 〈새벽해 만나는 달〉에서는,

> 새벽의 해 만나는 달은
> 소박맞아 외로이 사는 아내가
> 아침 사진仕進가는 남편 내다보고
> 눈 흘겨 문 닫고 들어가는 것 같다.

라고 노래한다. 남편에게 소박을 맞고 외롭게 살고 있는 아내가 아침에 출근하는 남편을 눈 흘겨보면서 문을 닫고 들어가는 것과도 같이 하얀 조각달이 서쪽 산으로 지는 모습을 그리고 있다. 말하자면, 아침에 동쪽에서 떠오르는 해를 출근하는 남편으로 의인화하고, 서쪽으로 넘어가는 달을 소박맞은 아내로 의인화하고 있는 것이다. 이 두 부부가 영원히 서로 만날 수 없는 슬픈 운명을 두고서 '소박맞은 슬픈 아내'로 형상화하고 있다.

그리고 〈달과 태양의 숨바꼭질〉에서는 달과 지구를 태양의 딸과 아들

로 의인화하고 있다. 여기서 시적 화자는 태양을 '홀아비 노인'에다 비유하여 달과 지구, 곧 두 남매를 밤낮으로 달음질 공부만 시킨다고 하고 있는가 하면, 〈달과 태양의 교차〉에서는 '달'은 수국水國으로 '설움'을 싣고 가고 있다고 한다. 말하자면, '달'은 '태양'과 '별' 또는 '지구'와는 다르게 슬픈 관념으로 형상화하고 있다. 끝으로 〈지구의 닻〉에서는 '달'과 '지구'와의 관계를 주제로 한 것으로,

> 지구는 배(舟)인가
> 달은
> 지구가
> 하늘 가운데 던져놓은 닻(錨)덩이랍니다.
>
> -〈지구의 닻〉의 전문

라고 한다. '지구'가 배(舟)라면, 달은 지구가 하늘 가운데 던져 놓은 '닻(錨)'이라는 것으로 '닻의 덩어리'와도 같이 원색적으로 표현을 하고 있다. 끝으로 〈별·달·태양〉에서는 이들 별과 달과 태양을 함께 '가등街燈'으로 표상하고, 그 발전소의 기능을 '조화옹造化翁의 심장'에다 비유한 독특한 발상법이 아닐 수 없다. 그래서 태양과 달이 번갈아가면서 '주야등晝夜燈'의 기능을 하여 세상을 환하게 밝힐 수 있다고 한다.

2) '물'속의 '달'과 '물 위의 달빛'

'달'과 '물'과의 관계에서 황석우는 '물속의 달'과 '물위의 달빛'으로

구분하고 있다. 달은 물을 만나 물의 속과 밖으로 잠기기도 하고 비치기도 한다. 때로는 흐르기도 하고 멈춰서기도 한다. 달은 깊은 산곡山谷을 따라 맑게 흐르는 물속에 깊이 잠겨 있기도 하지만, 맑고 푸른 우물 속 깊이에 해사한 얼굴로 조신하게 잠겨 있기도 하다. 그리고 물위를 비치는 달이 흐르는 물을 따라 깊고 가파른 산곡에서 빠져나와 오곡백과가 무르익는 광활한 벌판을 유유히 지나쳐서 무한대한 바다로 흘러들어 비치는 영롱한 달빛도 있다. 이렇게 흐르는 물을 따라 달은 그 다양한 얼굴을 하고 표정을 여러 가지로 바꾸기도 한다.

황석우의 경우, '달'의 시편들에서 물속 깊이 잠긴 달을 주제로 한 작품으로는 〈물속에 잠긴 달〉이 있다. 황석우는 여기서 맑고 푸른 물속 깊이 잠긴 달을 두고서 그 속에 살고 있는 어족들의 넋을 싣고 은하로 가거나, '천상의 별'로부터 오색 감로주甘露酒를 싣고 오는 배와도 같다고 하기도 한다.

물속에 잠긴 달은
고기의 넋을 실고
은하로 떠(出帆)나가려는 배가
포구에 다 있는 것 같다!
아니 물속에 잠긴 달은
천상의 별로부터
고기의 넋들에게 보내는
미감美感의 오색 감로주甘露酒를 실고 온 배다.

-〈물속에 잠긴 달〉의 전문

황석우는 여기서 물속 깊이 잠긴 달을 물고기의 넋을 싣고 은하로 가는 배에다 비유하고 있다. 출범出帆을 바로 앞에 두고 포구에 잠시 멈춰서 있는 배와 같다고 하고 있는가 하면, 천상의 별로부터 물고기의 넋들에게 보내는 달고 맛좋은 미감美感의 감로주를 싣고 오는 배에다 비유하기도 한다. 여기서 무엇보다도 중요한 것은 물속 깊이 살고 있는 어족들에게 '넋', 곧 영혼을 깃들게 하여 달과의 교감交感을 하게 한 것이다. 말하자면, '달'이나 어족들에게 영혼을 강조하여 인간화 또는 신격화하고 있는 것이 특이하다.

그리고 '강'과 '바다', 곧 '물' 위를 비추는 '달빛'을 주제로 한 작품으로 〈강과 바다 위의 달〉과 〈시냇물 위의 달〉과 〈귀여운 달빛〉이 있다. 먼저 〈강과 바다 위의 달〉에서 황석우는 강이나 바다 위에 비친 달은 물속에서 노닐고 있는 볼기가 흐무러지게 발육된 벌거벗은 여체女體로 관능화 하고 있는가 하면, 〈시냇물 위의 달〉에서는 땅속에 발목 잡혀 걷지 못하는 풀과 나무들의 슬픈 하소연을 싣고 가는 시냇물과도 같이 '달'은 인간의 끝없는 설움을 싣고 간다고 하고 있다. 그리고 스산한 늦가을 깊은 밤 옷소매를 붙들고 수수밭이나 산, 그것 저것 다 싫으면 배를 타고 지구를 떠나 은하수로 가라고 노래한 〈귀여운 달빛〉에서 황석우는 이렇게 노래하고 있다.

> 늦은 가을의
> 깊은 밤의
> 냇가에서
> 내 소매를 붙들고

「수수밭으로 가시라우.
산으로 가시라우
그것 저것 다 싫으면
배를 타고
한없이 끝없이
지구의 물을 돌고 돌아
은하의 강위로 가시라우」하고
떼쳐도
아무리 떼쳐도
굳이굳이 붙잡고
내 소매를 놓지 않는 자는 이 밤의
내 사랑 귀여운 달빛이로구나.

-〈귀여운 달빛〉의 전문

이 시에서 시적 화자인 황석우는 늦가을 밤, 교교히 비치는 달빛을 떨쳐버릴 수가 없는 외롭고 쓸쓸한 심정을 토로吐露하고 있다. 시적 화자를 끈질기게 붙잡고 놓지 않는 것은 늦가을 밤을 교교히 비추는 달빛이다. 달빛이 교교히 비추는 달밤, 귀뚜라미들이 목청껏 부르는 소리 속에 우수수 무너지는 낙엽, 이따금 스쳐가는 스산한 바람소리 속에 가을밤은 깊어가게 마련이다. 이런 밤에는 사람들은 기쁨과 환희보다는 지나온 많은 세월에 대한 아쉬움과 뉘우침, 그리고 무엇인가 많은 것을 잃어버린 것과도 같은 서글픈 마음이 들지 않을 수가 없다.

여기서 내 소매를 붙잡고 늘어서고 있는 '달빛', 아니 아무리 떨쳐버리려 해도 떨쳐버릴 수가 없는 귀여운 달빛, 그것은 무엇일까? 그것은 떨쳐버릴 수 없는 집착과 미련이라 할 수밖에 없다. 우리들은 일상 무엇인가에 집착되고 그 미련을 떨쳐버리고 나면 마음이 편안해질 것을 알면서도 그 미련을 버리지 못하고 고뇌하기도 한다. 지금보다 좀 더 좋아질 것이란 미련을 끝내 버리지 못한 채로 아쉬워하고 번뇌하다가 죽어가는 것이 우리 인간의 삶인 것이다. 그 귀여운 달빛에 대한 미련을 떨쳐버릴 수 없어 밤 새도록 잠 못 이루고 고뇌하는 것이 바로 인간이라 할 수 있을 것 같다.

3) 구름 속에 들고 나는 '달'의 상징성

달과 구름과의 관계로 구름 속으로 들어가는 달과 구름 속에서 나오는 달로 표현되고 있다. 먼저 달이 지나가는 길목에 듬성듬성 벌려선 구름을 시집가는 색시를 보려고 나온 마을 사람들에다 비유한 〈달밤의 구름떼〉가 있다.

달 지내는
하늘 길가에
듬성듬성 벌려 선
구름들은
머-ㄴ 나라 시집가는 색시 구경 하려고
마을 축동築垌 밖에 나서는 시골 부인들과도 같고
또 동리 동리마다 천상의 여류명사를 전송餞送하는
촌유지村有志 마누라 떼와도 같고
혹은 달을 사모하여 병들어 누운 자의
애끊는 말과 편지 등을 전하려 나온 사람들과 같기도 하다.

-〈달밤의 구름떼〉의 전문

여기서 '달'은 먼 나라로 시집가는 색시로 의인화하여 그 '달'이 스쳐 지나가는 길목마다 듬성듬성 지켜선 구름떼들이 그를 전송하고자 늘어선 '시골 부인네들'과 '마을 유지들의 마누라'에다 비유하고 있는가 하면, 그것들을 '달', 곧 떠나가는 색시를 사모하다 병들어 누운 자의 애끓는 사연을 전하고 싶어서 나온 사람들로 보기도 한다. 그리고 〈맑은 밤의 구름 속으로 들어가는 달〉에서는 맑은 밤의 구름 속으로 들어가는 '달'을 숭배하는 소녀와 친한 벗들에게 이마를 씻기며, 아름다운 꽃다발을 받는 모습으로 묘사하고 있다.

이에 대하여 구름 속에서 나오는 달을 주제로 한 시로는 〈구름 속에서 나오는 달〉이 있는데, 황석우는 여기서 '달'을 '비밀한 일'로 입맞춤 또는 포옹 등과 같은 관능적 표현으로 열 적어 하는 얼굴을 한 여인에다 비유하기도 한다.

구름 속에서
얼굴 쪽 빠져 해쓱해서 나오는 달은
하늘의 길가에 기둘러 거닐고 있는 뉘에게 만나
구름 조각을 병풍으로 하여
비밀한 일 - 접문接吻, 포옹 등을 허락하고
열적은 얼굴로 사방을 힐긋거리고 허리 괴ㅅ침 매만지며 허둥지둥 빽소니 해
나오는 것 같다.

-〈구름 속에서 나오는 달〉의 전문

구름 속에서 막 빠져나온 달을 해쓱해진 얼굴을 한 가녀린 여인의 모습으로 표상하고 있다. '해쓱해진 달', 아니 그리움으로 애타하는 가녀린 한 여인이 애인을 만나 구름을 병풍으로 삼고 비밀한 일을 행하고 부끄러워 수줍어하면서 누가 볼까하여 허둥지둥 달아나는 모습과도 같다고 한다. 황석우는 여기서 구름 속에서 빠져나온 해쓱한 얼굴을 한 달을 그리움으로 가득한 여인으로 의인화하여 외롭고 쓸쓸한 정조로 더욱 애상적인 감정을 고조시키고 있는 것이다.

4) 많은 사람들을 울린 '달'의 아픔

〈달의 탄식〉에서 황석우는 '달'로 하여금 자신의 정체성을 독백형식으로 고백하게 하고 있다. 고래로 '달', 곧 '나' 자신을 천상의 미인이라 하여 많은 시인들과 묵객들이 시로 써서 노래하고 그림으로 그려서 많은 사람들을 감동케 하여 울고 웃기게 하였지만, 실상은 석회 빛의 '얼금뱅이 곰보'라는 것이다.

'달'은 원래 '태양'과는 달리 다양한 얼굴을 한다. 실같이 가는 얼굴에서 완벽한 둥근 얼굴에 이르기까지 단 하루도 같은 얼굴을 하지 않는다. 날마다 다른 얼굴을 하고 우리들에게 다가서고 있는 것이다. 그래서 많은 시인들과 묵객들이 시로 쓰고 그림으로 그린 것인지도 모른다. 어떤 사람은 달을 보고 환한 얼굴로 웃는가 하면, 어떤 사람은 슬픈 표정으로 눈물을 짓기도 한다. 그러나 달을 두고 환히 웃기보다는 슬픈 마음으로 눈물짓는 사람들이 훨씬 더 많다. 이것은 달이 환희와 희열의 대상이라기보다는 지나온 세월에 대한 추억과 회오의 대상으로 애상적인 얼굴로 우리들에게 다가서기 때문일 것이다.

〈달의 탄식〉에서 황석우는 달을 곱고 아름다운 여인의 모습이 아닌, '달' 그 자체의 본 모습인 괴물로서 그려내고 있다. 이것은 달이 기쁨이나 환희의 대상이 아니라, 슬픔과 눈물의 대상으로 애상적인 것임을 반증한 것이기도 하다.

「세상 사람들이 나를 천상의 절세미인이라 하여
시인, 철학자, 음악가들 가운데는
내 얼굴빛에 홀리고 홀려 정신이상이 되어
폭포나 강물이나 바다 가운데 몸 던져 자살해 바리는 사람이 한 둘이 아닙니다.
그러나 나는 이런 일을 당할 때 마다 등에서 땀이 나도록
미안하고 미안해서 못 견디겠습니다.
실상實狀을 고백하오면 하늘 위에
나같이 놀랠 흉참兇慘한 박색은 없습니다.
내 얼굴은 석회 빛의 얽박 곰보
얼굴 가운데는 심지어 무슨 산이니 분화구니
시내 골짝이니 라고 이름을 붙이는
큰 혹(贅)과 구멍 투성이오.
게다가 코도 뭉켜지고
눈도 없는 자기가 보기에도 찬 소름이 끼쳐지는 괴물
나는 곧 하늘에 시체를 벌거벗겨 내 너(曝)른
별 죽은 해골 덩이입니다.
내 얼굴에 빛나는 아리따운 광채는
마치 여우가 호랑이 가죽을 쓴 것과 같이

태양의 광선 자락을 얼굴 가리우는 장옷으로 쓴 것입니다.
아아 이런 나를 보고 미인이라고 속는 세상 사람들이
얼마나 가여운지 모르겠습니다.」라고
달은 공중에서 혼자말로 탄식하고 있습니다.

-〈달의 탄식〉의 전문

아무래도 '달'의 시편들에서 황석우가 가장 애써 제작했고 역점을 두었던 것이 바로 이 작품이 아닐까 한다. 시의 분량에서도 그렇지만, 내용에서도 '달'에 대한 많은 생각과 감정을 집약시키고 있는 것이다.

앞에서도 말한 바, 이 시는 전체가 '달'이 주체, 곧 시적 화자가 되어 독백하는 형식으로 이루어지고 있다. '달', 그 자신을 '천상의 절세미인'으로 보고 많은 시인들이나 묵객들은 물론, 많은 사람들이 그 자신에게 홀려 정신이상을 일으켜 자살하기도 하였지만, 그때마다 미안하고 마음이 무척 아팠다고 한다. 나 자신의 실체는 얼금뱅이 곰보로서 눈도 코도 뭉그러져 소름끼치는 괴물처럼 생겼는데도 사람들은 속고 있다는 것이다. 내 얼굴에 빛나는 광채조차도 여우가 호랑이 가죽을 쓴 것과도 같이 태양의 광선 자락으로 가린 장옷을 썼기 때문이라 하고 있다.

우리 인간들은 이 세상의 모든 것, 사물의 실체나 본 모습을 올바로 파악하고 있다고는 할 수가 없다. 사람마다 때에 따라 맞춰 보고 듣고 하는 것이지, 사물에 대한 선악善惡이나 미추美醜의 본질을 제대로 파악했다고 할 수도 없는 것이다. 그것은 인간을 비롯한 모든 생명체에는 생멸生滅도 있고, 미추美醜도 있는데, 그런 관념들은 본래가 하나로 이어진 무상無常, 곧 변화의 과정이기 때문이다. 이 시에서 황석우가 보인 '달'의 실체, 곧

'소름끼치는 괴물'은 그 보는 관점에 따라 달리 보인다고 할 수가 있다. '달'을 멀리서 보거나, 가까이서 보는 생멸이나 미추의 관념이지, 그 본질은 이런 차별화를 초월한 변화의 관점에서 보면, 일체가 무화되고 공화空化될 수밖에 없는 것이다.

2 '달'의 의인화와 '병든 허파'

'달'을 주제로 한 시편들로 1931년 12월 《조선일보》에 연재된 '반송'의 시편들 가운데 몇 편을 들 수가 있다. 이것들은 시집 『자연송』 이후의 시편들로 황석우의 생애로 보면, 중·후반기에 해당된다. 이 시기에 제작된 '달'의 시편들도 대부분 '여인'으로 상징되었거나, 아니면 '별'이나 '태양' 또는 지구와의 관련 속에서 그 차별화를 시도하고 있는 것이다.

1) '태양'과 '별'과의 차별화와 그 상징성

앞서 '태양'의 심상에 대한 논의에서 이미 인용된 바, 태양이 '하늘의 시뻘건 염통이라면, 달은 어느 조그만 천체의 '병든 허파덩이'[40]라고 한

40 〈태양과 달〉(『자연송』의 시편) 참조.

다. 그리고 또 다른 천체인 '별'과의 관계에서는 음탐한 여자의 길게 빼 물은 혓바닥과도 같이 원색적으로 표현하기도 한다.

> 별들은
> 셈 빠른 여자의
> 날카로운 눈동자 빛 같고
> 달은
> 음탐淫貪한 여자의
> 길게 빼 물은 혀 바닥 같습니다.
>
> -〈별과 달〉의 전문

'별'이 셈이 빠른 여자의 눈동자 빛과 같다고 하면, '달'은 음탐淫貪한 여자의 길게 빼물고 있는 혀 바닥과도 같다고 관능화하여 원색적으로 표현하고 있다. 이것은 『자연송』에 수록되어 있는 '달'의 시편들과 유사한 시적 발상법이라 할 수 있다. 그래서 〈사람에게도 달이 있다〉와도 같은 작품에서는 사람의 눈동자를 '달'에다 비유하기도 한다.

> 사람의 몸에도
> 태양의 반사를 받아서 비추는
> 달이 하나 달려 있다.
> 그것은 곧 사람의 눈동자
>
> -〈사람에게도 달이 있다〉의 전문

천체의 태양이나 달과 별 모두를 우리 인간의 육체와 일치시키고 있는 것이다. 사람의 눈동자가 달과 태양으로 이어지게 한 것이 바로 그것이다. 이것은 무생물인 태양과 달과 별들이 우리 인간과도 같은 생명체로 이어지는 상징적인 기법이라 할 수도 있다. 또 그래야만 우리 인간이 천체의 깊이에 존재하는 심령적인 것을 마음으로 다가갈 수가 있기 때문인지도 모른다.

2) 달아나고 싶고 붉게 물들이고 싶은 마음

어딘가로 빨리 달아나고 싶어 하는 달과 병들어 창백해진 색시의 얼굴과도 같은 달을 붉게 물들이고자 하는 '달'의 시편으로 〈달은 왜 저리 달아나우〉와 〈저 달을 물들여 놓고 싶다〉가 있다.

달은 왜 저리 달아나우
달은 무슨 일로 저렇게 빨리 달아나우
달은 태양이 자고 나오는
그 새벽 성문을 열어주는 열쇠를
가지고 가는 게 아닐까요?

-〈달은 왜 저리 달아나우〉의 전문

하늘 위의
병든 색시의 창백한 얼굴빛 같은
저 달을 물들여놓고 싶다.
빨강게나
아주 까맣게나.

-〈저 달을 물들여놓고 싶다〉의 전문

앞의 〈달은 왜 저리 달아나우〉에서는 태양이 동녘에서 떠오르기도 전에 어두운 새벽길을 쫓기듯이 달아나는 달을 몹시 안타까워하고 있다. 태양이 성문을 열고 들어서기 전에 열쇠를 가지고 달아나면 어찌 되겠는가? 그리고 〈저 달을 물들여놓고 싶다〉에서는 병든 색시와도 같이 창백해진 얼굴을 한 달로 하여금 빨갛게 물들여 놓고 싶다고 한다. 새빨갛게 달아오른 태양의 힘찬 모습에 비하면, 달은 병들어 해쓱한 얼굴의 모습은 애상적이고 가냘프게 보이게 마련이다. 이글이글 타오르는 힘찬 태양에 견주어보면, 하얀 달빛은 애달픈 여인의 얼굴을 하고 있기 때문에 많은 시인과 묵객墨客들의 슬픔과 눈물을 자아내게 한 것인지도 모른다.

3) 스포츠 걸과 포환처럼 떠오르는 달

위에서 살펴본 달과는 아주 다르게도 '포환砲丸'처럼 힘차게 떠오르는 달이 있다. 〈월출月出〉이란 작품이 바로 그것인데, 시의 제목과도 같이 달의 떠오르는 모습을 활기차고 역동적인 모습으로 표상하고 있다.

> 달은
> 녹색 수건으로
> 머리동인
> 여인의 스포츠 걸과 같이
> 하늘 위로 떠 달려 오릅니다.
>
> 달은 불붙은
> 백금덩이의

포환砲丸처럼
나는 듯이
힘차게 하늘로
하늘로 떠 달려 오릅니다.

–〈월출月出〉에서

'월출月出', 곧 달이 산위로 솟아오르는 모습을 청띠를 두르고 날래게 하늘 높이 뛰어오르는 힘찬 모습으로 그려내고 있는가 하면, 또 다른 한편으로는 공중 높이로 나는 듯이 힘차게 던져진 포환처럼 그려내기도 한다. '스포츠 걸', 곧 여자 운동선수가 던지는 포환으로 보아도 좋다는 것이다. 이 두 가지 심상, 아니 '여자 운동선수'와 '포환'은 분리된 것이 아니라, 하나로 이어지는 연계성 위에 놓여 있다. 그래서 마지막 연에서 달을 둘러싼 많은 별들에게 손마다 응원기를 들고 선 모습으로 형상화한 것이라 할 수 있다.

위에서 '달'의 심상과 모티프에 대해서 두 단계로 구분하여 살펴보았다. 말하자면, 시집『자연송』에 수록된 '달'의 시편들과《조선일보》에 연재된 '반송'의 시편들에서 '달'을 주제로 한 작품들로 한정하여 살핀 것이다. 물론 '반송'의 시편들에서 '달'을 주제로 한 작품들은 그 수가 극히 제한적인 것은 '태양'이나 '별', 또는 '지구'를 주제로 한 시편들의 경우와도 같다. 그래서『자연송』이후 발표된 '달'의 시편들에서 '달'의 심상이나 모티프가 다양하게 펼쳐지는 것은 아니다. 더구나 '반송'의 시편들 이후에는 '달'을 주제로 한 작품들은 거의 나타나지 않고 있다. 여기서 이와 같이 두 단계로 구분하여 살핀 것도 바로 이 때문이다.

앞에서 거듭 말했듯이, 황석우의 '달'의 시편들에서 다른 게 있다면, '해'와 '달'과 '별', 그리고 '지구'로 표상되는 '천체', 곧 우주과학에 대한 소박한 지식을 바탕으로 그 운행질서를 시화한 것이라 할 수 있다. 그렇다고 그것들이 오랜 세월을 두고 이어온 전설이나 설화를 배제한 것은 아니다. 오히려 그것들의 의인화를 통해서 전설이나 설화의 내용들을 심화시키고 있을 뿐만 아니라, 그 표현기교에서 회화적 기법을 다양하게 실험하여 1930년대 시문학동인들이나 김기림과 김광균 등에 의해 본격화된 모더니즘 시운동에 전초적인 역할을 한 것으로 생각된다.

'별'의 심상과 모티프

황석우의 시에서, '별'의 시편들은 두 단계로 나누어 볼 수가 있다. 『자연송』에 수록된 시편들과 '반송'의 시편들에서 '별'을 주제로 한 작품들을 이름인데, 이것은 '달'의 경우와도 유사하다. 그리고 '반송'의 시편들에서 '별'을 주제로 한 시편의 수가 극히 제한되는 것도 '태양'이나 '달'의 경우와도 거의 같다고 할 수 있다. 뿐만 아니라, 그 내용이나 형식에서도 크게 변하지 않고 있다는 것이다. 이들 '별'의 시편들을 대상으로 '별'의 의인화 과정과 그 비유의 상징성을 다음의 두 단계로 나누어 논의하기로 한다.

1 아기별의 의인화 과정과 그 상징성

『자연송』의 수록시편들에서 '별'을 주제로 한 시편들에 일관하는 특색은 무엇일까? 그것은 한마디로 '별'의 의인화를 통한 '아기'와 '영혼'의 상징으로 '천진함'과 '신비성'에 있다. 이들 '별'의 시편 대부분이 아주 짧은 단형의 소품들이라서 그런지는 몰라도 거기에 담겨진 내용조차도 단순하고 소박하다. 따라서 우리는 이것들에서 어떤 깊이의 내용이나 사상을 찾아볼 수 있는 것도 아니다.

1) 아기별의 천진성과 신비성

먼저 밤이 되면, '태양'이 아기별들을 그 소매 속에 넣었다가 내놓아 준다고 한 〈밤이 되면 내놓아준다〉는 동요적인 수법으로 이루어지고 있다. 마치 옛날의 전설이나 설화를 듣는 것과도 같은 느낌이 들기도 한다.

태양은
하늘 위의 물새 떼 같은
별들의 어린애기를
소매 속에 잡아넣었다가
밤이 되면 호르를 내놓아 준답니다.

―〈밤이 되면 내놓아준다〉의 전문

이것은 천체의 태양계에서 태양과 달, 지구에 비해서도 가장 작게 보이는 별의 모습 그대로 보고 있는 것이다. 그것의 실체와는 전혀 무관하게, 그대로 우리들의 눈에 보이는 아기별의 귀엽고 앙증맞은 모습에서 느끼는 천진함과 신비성이라 할 수도 있다.

여기서 황석우는 어린 아기별들을 무수히 하늘을 날고 있는 물새 떼에다 비유하고 있다. 밤하늘을 가득 메우고 반짝이는 아기별들이 파란 하늘을 날고 있는 물새 떼와도 같다는 것이다. 그리고 그 아기별들은 태양의 호주머니에서 풀어 나온 것이라고 하기도 한다. 이때의 태양은 어린 아기별들의 아버지가 되고 달은 어머니가 될 수밖에 없다. 그래서 황석우의 시에서도 일관되게 해와 달이 남성과 여성으로 상징되고 있는 것인지도 모른다.

'별'을 주제로 한 〈새벽〉도 마찬가지로 동화적인 수법으로 이루어졌다. 동녘 하늘이 붉게 물들면서 밝아오는 새벽이 잉어를 낚아 올리듯이 태양이 솟아오르면, 그것을 조마조마하게 지켜보던 수많은 아기별들은 잡힐까 겁먹고 달과 함께 손바닥으로 얼굴을 가리고 숨어버린다고 하고 있다.[41] 이외에도 '별'을 어린 아기로 의인화하여 동요적인 수법으로 이루어진 작품으로는 〈별들〉이 있다.

> 별들은
> 하늘의
> 몇 억만년 동안

41 〈새벽〉(『자연송』의 시편) 참조.

수없이 낳고 또 낳아
귀히귀히 기르는 자손!
그 별들은
밤이 되어야 잠깨서
그 어머니의
푸른 가슴속으로
머리 내밀고
눈 깜박 깜박
넓은 세상구경 해가며 이야기 하고
밤새도록 곤지곤지 쥐암 쥐암의 가진 아양 부린답니다.

-〈별들〉의 전문

황석우는 여기서 밤하늘 가득히 총총한 아기별들을 몇 억만 년에 걸쳐서 낳고 또 낳아서 기른 귀한 자손으로 보고 있다. 그런데 아기별들은 밤이 되어서야 잠을 깨서 어머니의 푸른 가슴속에서 머리를 내밀고 반짝이면서 세상 구경을 한다고 한다. 여기서 어머니는 역시 '달'을 두고 한 말인데, 아기별들은 그 어머니에게 안겨 여러 가지 재롱을 부리기도 한다.

달과 별과의 관계를 연관시킨 작품으로 〈달 곁에 앉은 별들〉이 있다. 달 곁에 앉은 별들은 새벽녘에 오는 애인인 '태양'을 만나고자 달의 경대 앞에 앉아 앞뒤의 옷맵시를 다듬고 있다고 하기도 한다. 여기서는 태양이 별의 아버지가 아닌 애인으로 의인화되어 있는 것이 다르다고 할 수 있다. 그러나 달은 여전히 별의 어머니로 표상되어 있는 것이다.

2) 별의 정령화精靈化와 신비성

황석우는 〈잠〉이란 시에서 '잠'을 '별들의 넋'이라 하고 있다. 그런데 그 넋이 술과 같이 파란 액체가 되어 사람들의 눈 속에 넘치도록 부어넣어 잠이 된다고 한다.

잠은 별들의 넋이랍니다.
그 넋은 술과 같은 파란 액체랍니다.
별들은 눈에 보이지 않는 대(管) 긴 깔때기로
사람의 눈 속에 그 잠을 넘치도록 꼴깍 부어넣어 준답니다.
태양은 아침에 와서 잠의 맛있는 진액津液을
혀(舌) 차가며 핥아 먹는답니다.

–〈잠〉의 저문

여기서는 '잠'을 별들의 넋이라 하고 있다. 그 넋을 술과 같은 액체로 만들어 사람들의 눈 속에 넘치도록 부어넣어서 잠들게 하고, 태양으로 하여금 아침에 와서 그 술과도 같은 액체인 별들의 넋을 빨아먹도록 하고 있다. 마치 동화나 전설과도 같은 이야기라 하지 않을 수 없다. 그리고 〈별들의 위〉에서는 별들을 정령화 하여 우주 만물, 곧 '만뢰萬籟의 혼'을 그물질 하고 있다고 하기도 한다.

밤하늘 가운데
낚시 배 등불 같이 반짝이는
별들의 위에는

밤의 정령精靈이 고요히 앉아
지상의 만뢰萬籟의 혼을 그물질하고 한답니다.

-〈별들의 위〉의 전문

별들의 위에 고요히 앉아 있는 밤의 정령精靈이 우주만물에서 발하는 혼의 소리를 그물질하다고 함은 바로 별들, 그 자체의 정령화精靈化를 상징하기도 한다. 황석우는 여기서 별의 속삭임은 물론, 공막空漠함 속에서 들리는 '만뢰萬籟의 혼', 곧 우주만물의 혼의 소리로 듣고 있다. 별들의 인간화, 곧 그 넋이나 혼의 신격화 또는 정령화는 견우와 직녀의 슬픈 해후邂逅의 전설을 주제로 한 〈그네들의 비밀은 누가 압니까〉에서도 마찬가지다.

칠월칠일 칠석七夕날에
견우성과 직녀성이
높은 하늘 위에서
밤 이슥토록 단둘이 만나는 그 비밀을 누가 압니까.
아아 그 비밀을 누가 압니까 정든 남녀와 같이
또는 어느 나라의 밀사와 같이 사람 피해
머-ㄹ고 높은 하늘 위에서 한해에 꼭 꼭 한 번식 만나는
그네들의 비밀을 누가 압니까.

-〈그네들의 비밀을 누가 압니까?〉의 전문

이들 견우성과 직녀성이 밤이 깊도록 만나서 나눈 비밀은 아무도 모른다. 그 비밀은 천년이 지나고 만년이 지나도, 아니 영원히 알 수 없는

비밀이 되어야 하고, 또 그렇게 되고 있다는 것이다. 언젠가 그들이 나눈 비밀이 밝혀지는 날에는 그 신비성은 물론, 견우성과 직녀성의 이름조차 사라지고 말 것이다. 이들이 서로 만나 사랑을 나누고 이별을 아파하고 슬퍼하는 마음이 우리들을 감동케 하고 눈물짓게 하여 마음을 한껏 정화할 수 있기 때문에 오래오래 전설로 남아있게 되는 것이다.

그런데 지상의 모든 사람들은 견우와 직녀가 나눈 비밀의 사랑 이이기를 다 알고 있다고 생각한다. 그들은 제 각기 알고 있는 사랑 이야기가 견우와 직녀가 나눈 비밀의 사랑 이야기와는 아주 다르다는 것을 모르고 있다. 사람들은 스스로가 잘못 알고 있는 그들의 사랑 이야기를 사실처럼 알고 가슴속 깊이 애환哀歡의 감정을 갖고 살아가고 있는 것이다.

3) 쪽배에 실려 오는 '달'과 가을밤의 서정

황석우는 '별'의 시편들에서 별과 해, 그리고 별과 달과의 관계를 때로는 아버지와 어머니의 사이로 설정하기도 한다. 〈별들아 일어나거라〉에서도 마찬가지로 어린 아기별들은 무섭고 엄격한 아버지를 서쪽 하늘의 도선장渡船場에 내려놓고 자애롭고 다정한 어머니와 함께 겨울밤의 재미있고 긴 이야기를 듣고 있는 것이다.

가을 석모夕暮는
남풍의 물결 위에 쪽배를 띄워
젓고 저어 와서
넓은 하늘 위에

흰 구름 조각의 포대기 걸치고
키 자랄 험상궂은 꿈을 꾸고 자는
어린 별들의 겨드랑이를 간지리면서
일어들 나거라. 오오 올빼미 같이 낮에 자는 어린 귀여운 별들아 밤은 왔다.
내 배(舟) 위에 밤을 실고 왔다.
서쪽 하늘의 나루(渡船場)에서 해를 내려놓고 밤을 실고 왔다.
너희들의 그리우는 아리따운 달도 함께 불러왔다.
일어들 나거라 어린 별들아
달을 하늘 복판에 앉히고
너희들은 일어나 그 달의 앞뒤를 빵 둘러 앉아
달의 속삭이는 그 재미있는 기-ㄴ 가을밤 이야기를 들어라.

－〈별들아 일어나거라〉의 전문

어두워지는 저녁이 배를 젓고 와서 구름을 이불삼아 덮고 곤히 잠자고 있는 아기별들을 깨우고 있다. 아기별들이 두려워하는 아버지인 해를 서쪽 하늘 도선장渡船場에 내려놓고 너희들이 다정하고 자애로운 어머니 달과 함께 왔으니 어서 일어나 달이 속삭이는 재미있는 이야기를 들으라고 한다. 달 밝은 가을의 밤하늘 가득히 반짝이는 아기별들과 대화의 소리가 들리는 것과도 같이 서정적이고 낭만적인 밤이 아닐 수 없다.

여기서 배가 싣고 온 것은 달과 밤이다. 그렇다면, '배'는 무엇일까? 무엇 때문에 배가 도선장에다 태양을 내려놓고 달과 밤을 싣고 온 것일까? 그것은 '석모夕暮', 곧 어둠으로 '시간'을 상징하고 있기 때문이다. 눈으로는 볼 수도 없고 보이지도 않는 시간을 '배(舟)'에다 비유하고 있는 것이다. 결국 태양을 도선장에다 내려놓고 어두운 밤과 달을 싣고 온 것은 바로 '시간'이라는 것이다.

4) 이단자로서의 '혜성'과 허무의 방랑자

한편 '혜성彗星'에 이르러서는 이들 아기별들과는 시적 발상법에서 전혀 다르다. '혜성', 아니 '살별'로 불리기도 하는 이 별은 불길의 징조로 보기도 한다. 아무튼 여기서도 지구를 부수는 내란 혐의의 요시찰인으로 보고 있는 것이다.

> 혜성은
> 우주주의宇宙主義의 허무적 방랑자
>
> 혜성의 그 기-ㄴ 꽁지는
> 우주 유랑의 외로움을 노래하는 젓(笛)대랍니다.
>
> 혜성은「화火」가 나면 그 기-ㄴ 젓(笛)대로
> 지구덩이를 때려 부수겠답니다.
>
> 태양계에서는 혜성을 보기만 하면 그를 붙잡(捕拿)으려 한답니다.
> 혜성은 곳 태양계의 내란혐의의 그 가장 큰 요시찰인이랍니다.
>
> -〈혜성〉의 전문

허무의 방랑자인 '혜성彗星'의 긴 꼬리는 외로움을 달래는 젓(笛)대가 된다는 것이 그 앞의 1~2연의 내용이라면, 그것이 화가 나면 그 긴 젓대(笛)로 지구덩이를 부수고자 하는 것이 3연의 내용이다. 그래서 태양계에서는 혜성이 나타나기만 하면 붙잡고자 하는데, 이것은 혜성이 태양계의 내란혐의자로서 그 요시찰의 대상이 되기 때문이란 것이 종연의 내용이라 할 수 있다. 천체의 하나인 '별'을 귀엽고 앙증스럽게 생긴 어린 아기별로 본 것과는 달리, 여기서는 혜성을 천체 태양계의 이단자로 태양계의 질서를 파괴하는 공포의 대상으로 보고 있다.

2 세민향細民鄕과 신비의 빛나는 서문

'별'의 심상과 주제로 한 작품은 『자연송』 이후에는 거의 나타나지 않고 있다, 이것은 '지구'의 시편들의 경우와도 같은 현상이라 할 수 있다. 다만 '반송'의 시편으로 〈별의 세계의 세민향細民鄕〉과 〈별과 달〉, 그리고 황석우가 사망하기 직전에 제작하여 《자유문학》지에 유고로 발표된 '우주宇宙'의 신비성을 주제로 한 〈우주〉란 시에서 '별'을 '해'와 '달'과 차별화하여 저 무한대한 '우주'의 신비성과 천지개벽天地開闢의 새 역사를 여는 '서문의 빛나는 글자'로 본 작품이 있을 뿐이다.

1) 별들의 세민향世民鄕과 셈이 빠른 여자의 눈동자

바로 앞에서도 논의되었듯이, 〈별의 세계의 시민향細民鄕〉과 〈별과 달〉은 1931년 12월 《조선일보》에 연재된 '반송'의 시편들이다. 이것들은 시집 『자연송』이 출간된 지 2년 뒤에 발표된 작품들인 셈이다.

은하는
별들의 세민細民이 들어 사는 곳
그는 곳 별들의 세계의 세민향細民鄕

―〈별의 세계의 시민향細民鄕〉의 전문

이 시는 마치 중도에서 쓰다 만 것과도 같은 소품이라 할 수 있다. 다만 은하계의 촘촘한 별들을 힘없고 가난한 백성들로 보고 있다. 태양계의 거대한 해와 달, 그리고 지구와 또렷이 보이는 큰 별들과는 달리 잘 보이지도 않게 숨어서 반짝이는 별들을 힘없고 가난한 백성으로 비유하고 있는 것이다.

별들은
샘 빠른 여자의
날카로운 눈동자 빛 같고
달은
음탐淫貪한 여자의
길게 빼 물은 혀 바닥 같습니다.

―〈별과 달〉의 전문

여기서는 달이 음탐한 여자라면, 별은 셈이 빠른 여자의 날카로운 눈동자와 같다는 것이다. 음탐한 여자의 빼 물은 혓바닥과도 같은 달의 관능성에 대비하여 셈이 빠른 여자의 날카로운 눈빛에다 비유하여 별의 반짝이는 모습을 형상화한 것이라 할 수 있다. 아무튼 황석우의 시에서 '해'는 아버지 또는 강한 남성으로 상징되고 있다면, 달은 별의 어머니, 또는 음탐한 여자의 혓바닥이 되고도 있다. 이에 대하여 아기별은 셈이 빠른 여자의 날카로운 '눈빛'으로 상징되고 있는 것이다.

2) '우주', 곧 신비의 서고書庫와 그 서문의 글자

유고로 발표된 〈우주〉에서 황석우는 '별'의 심상을 우주를 가득 메우고 있는 '별'을 신비의 서고書庫에 담긴 천지개벽을 상징하는 것으로, 역사의 첫 페이지를 장식하는 '서문의 빛나는 글자'라 하고 있다.

> 우주는 커다란 신비의 서고書庫다.
> 푸른 하늘은 그 역사의 첫 페이지를 연다.
> 별들은 그 서문의 빛나는 글자다.
>
> 구름과 노을들은 그 표지 그림이다.
> 해와 달은 그 원 부분의 제명 제호다.
> 그 문적文籍은 무량질이다.
>
> -〈우주宇宙〉에서

황석우는 저 무한대의 넓고 넓은 우주공간을 신비의 서고書庫로 보고 있다. 비록 우주공간은 비어 있는 것 같지만, 우리들이 눈과 귀로 볼 수도 없고 들을 수도 없는 무엇인가로 가득 메워지고 있다고 한다. 무한대한 공간 속에서 무수한 천체들이 운행하고 헤아릴 수도 없는 많은 생명체들이 살아가고 있는 것이라고 하면, 우주공간은 우리 인간이 가늠할 수도 없는 커다란 '신비의 서고書庫'라 하지 않을 수 없다는 것이다. 우리는 이 신비의 서고를 가득 메운 책장을 넘기면서 우주의 신비성 속에서 살아간다고 할 수가 있다.

황석우에게 천체의 운행과 우주공간은 평생의 관심사가 되고 있다. 그가 죽음을 몇 달 앞두고 《현대문학》에 발표한 또 하나의 '우주'의 시편인 〈우주의 혈맥〉에서 이렇게 노래하고 있다.

> 숨을 쉬면
> 하늘이 헐떡거린다.
> 내 흉곽胸廓과 같이
> 내 가슴의 고기 덩이와 같이-
> 내 생명의 피의 한 방울은
> 하늘의 창안蒼顔도 붉힐 수 있다.
> 내 손목위에서 우주의 혈맥은 뛰논다.
> 우주의 희로애락은
> 내 심장 내 핏방울의
> 지호指呼를 받는다.
>
> -〈우주의 혈맥〉의 전문

황석우는 그 자신, 아니 인간의 개체를 하나의 우주로 보고 있다. 내 생명, 아니 피의 한 방울이 푸른 하늘을 온통 붉힐 수 있다고 하는 것이 바로 그것이다. 결국 내 손목 위에서 뛰놀고 있는 맥을 우주의 혈맥과 일치시키고 있다. 따라서 우주의 희로애락은 내 심장, 곧 고동치는 핏방울의 지호指呼를 받지 않을 수가 없다. 말하자면, 인간의 개체 그 하나하나가 모두 우주라는 것이다. 하기야 인간의 보고 듣고 느끼고 하는 감각과 상상력을 초월해서는 우주 그 자체도 무화될 수밖에 없다. 인간이 보고 듣고 느끼는 가운데 이 우주공간을 가득 메운 사물의 본질과 현상을 명명될 수 있기 때문이다. 인간의 감관과 인식작용이 없이는 이 우주에는 아무것도 존재할 수 없기 때문에 황석우는 인간의 개체 하나하나를 우주로 보고 있는 것이 아닐까 한다.

위에서 '별'의 의인화와 그 상징성을 두 단계로 나누어 살폈으나 그 시기에 따른 변화는 거의 없다. 우리 인간의 육안을 통해서 볼 수 있는 '별'의 작은 실체, 그대로 보고 아기별로 형상화하고 있다. 태양계의 또 다른 '태양'이나 '달'보다는 아주 작기 때문에 아기별로 의인화한 것으로 본다. 결국 태양과 달은 별의 아버지와 어머니가 되어 그 역할을 할 수밖에 없었고 동시나 동화의 한계를 벗어나지 못하는 것도 바로 이 때문이라 할 수 있다.

'꽃'의 심상과 모티프

'꽃'을 주제로 한 시는 헤아릴 수 없이 많다. 그러나 그 대부분이 피는 꽃의 아름다움을 주제로 한 것이지, 지는 꽃의 추레함을 주제로 한 것은 그리 많지가 않다. 이것은 사람의 경우도 마찬가지다. 늙어 병들어 추레한 삶보다는 혈기가 왕성한 젊음의 삶을 주제로 하여 시로 쓴 것들이 훨씬 더 많다.

그래서 그런지는 몰라도 '꽃' 하면 거의가 봄을 떠올리게 마련이다. 그렇다고 꽃이 봄에만 피는 것도 아니다. 각 계절에 따라 색색의 꽃들이 피게 마련이다. 매서운 한파가 몰아치는 한겨울에도 피는 꽃이 있는가 하면, 그것조차 없으면 눈꽃이라도 피게 하는 것이 우주공간의 운행질서라 할 수가 있다.

황석우의 경우, '꽃'의 심상을 주제로 한 시편들은 두 단계로 구분해 볼 수가 있다. 먼저 1929년에 출간된 시집 『자연송』에 수록된 꽃의 시편들이 그 첫 번째 단계라면, 1931~32년에 걸쳐서 《조선일보》와 《문예월간》과 《신생》지에 발표된 '꽃'의 시편들과 황석우의 말년에 해당되는 1958~59년에 걸쳐서 《현대문학》과 《자유문학》과 《신태양》지에 발표된 유고들을 포함한 말기의 시편들을 합쳐서 두 번째 단계로 나누어 살펴보기로 한다. 유고를 포함한 말기에 발표된 '꽃'의 시편들은 극히 한정되어 몇 편에 불과하다. 그래서 말기시를 중간기와 합쳐서 두 단계로 구분하여 살피게 된 것임을 밝혀둔다.

1 '꽃'의 범칭성과 개별성 – 그 상징성

시집 『자연송』에 수록된 시편들에서 '꽃'을 주제로 한 시편들로는 〈꽃 향기〉·〈꽃들의 치마〉·〈나비 사랑하는 어느 꽃〉·〈작은 꽃들의 아침 인사〉·〈아침이슬에 젖은 꽃들〉·〈꽃 곁의 합주악合奏樂〉·〈나팔꽃〉·〈금잔화〉·〈저문 산길의 꽃〉·〈달리아와 해바라기〉·〈가을날의 코스모스〉·〈작은 꽃들의 아침인사〉·〈사랑의 성모〉·〈아침이슬에 젖은 꽃들〉 등과 같이 '봄'이나 '나비'와 관련된 시편들이 많다. 이것들을 주제별로 유형화하여 살펴보면 다음과 같다.

1) 사랑의 불꽃과 마음의 향기

꽃들의 개체화가 아니고 일상적 범칭의 칭명稱名을 주제로 한 작품들로는 〈꽃향기〉·〈나비 사랑하는 어느 꽃〉·〈꽃들의 치마〉를 비롯하여 여러 편이 더 있다. 이들 범칭의 '꽃'을 주제로 한 시편들에서 그 심상의 메타적 기능을 통해서 형성되는 상징적 의미는 다양하다. 그것들을 주제별로 구분하여 차례로 논의키로 한다.

먼저 '꽃의 향기'는 그 마음을 태워서 만든 것이라고 한 〈꽃향기〉와 태양의 마음은 일곱 가지 빛깔로 꽃들의 치마에 곱게 물들인다고 한 〈꽃들의 치마〉가 있다.

> 꽃은 그 마음을 태워서 향기를 뿜긴답니다.
> 꽃은 꽃나비들을 사모하는
> 빨간 사랑의 불꽃 위에 그 마음을 태워 향기를 뿜긴답니다.
>
> -〈꽃향기〉의 전문

앞의 〈꽃향기〉는 '꽃'과 '나비'와의 관계, 말하자면, '꽃'이 여성으로 상징되고 있다면, '나비'는 남성으로 상징되고 있다. '꽃'이 '나비'에 대하여 사모思慕하는 마음을 태워서 만든 향기를 뿜고 있다고 한다. 그것도 빨갛게 달아오른 사랑의 불꽃, 그 위에다 그리움의 마음을 태워서 만든 향기라 하고 있다.

'꽃'과 '나비'와의 관계를 주제로 한 또 다른 작품으로 〈나비 사랑하는 어느 꽃〉이 있다. 여기서도 '꽃'과 '나비'와의 관계, '꽃'이 '나비'를 애타게 기다리는 마음을 형상화하고 있다.'나비'를 '비행가'에다 비유하여 나비의 날개를 프로펠러로 하여 날게 하고 있을 뿐만 아니라, 풀숲에 깊이 숨겨진 꽃을 가련한 여자에다 비유하여 '나비'인 비행기를 애타게 기다리게 하고 있다. 그래서 꽃으로 하여금 매일같이 연지 찍고 분을 바르고 곱게 단장하여 향기를 내뿜으면서 송림松林 사이를 비집고 밭두렁으로 날아드는 나비와 만나 밀회密會를 한다는 것이 이 시의 전반부에 담겨진 내용이라면, 그 후반부에서는,

나비의 비행가님! 하얀 프로펠러
노란 프로펠러 곱게 오므리고 공중으로부터 내려오십시오.
오늘도 어느 때나 다름없이 당신의 품에 으스러지게 안기어
동풍의 보드라운 견사絹紗치마 자락을 머리로부터 들쓰고
당신의 카이제르 수염의 도득한 맑은 입술에
뜨거운 뜨거운 키스를 드리리다.
그리하여 아는 듯 모르는 듯 사랑의 씨를 받아
한 달 두 달 석 달 지낸 뒤에 긴 가지 위에서
동그란 파란 머리 붉은 머리 노란 머리 재끼어
구름 걸어가는 청랑清朗한 하늘을 바라보고 배안 웃음 짓는
귀엽고 귀여운 애기 같은 일가의 주부가 되어 보렵니다.

―〈나비 사랑하는 어느 꽃〉에서

와도 같이 사랑의 결실을 노래하고 있다. 이들 꽃과 나비와의 만남을 뜨거운 열정으로 관능화하고 있다. 그리하여 그들의 만남을 통해서 얻어진 사랑의 씨앗이 결실로 이어지면서 붉고 푸르고 노란 머리를 재끼어 푸른 하늘을 바라보고 웃음 짓는 귀여운 애기들을 거느린 일가의 주부가 되고자 한다. 한마디로 이 시는 '꽃'과 '나비'와의 만남, 아니 이것들의 의인화, 또는 관능화를 통해서 형성되는 상징성을 의도한 것이라 할 수 있다.

그리고 뒤의 〈꽃들의 치마〉는 '태양'과 '꽃'과의 관계, 말하자면, '태양의 마음'을 여러 가지 색깔로 표상하고 있다.[42]

> 태양의 마음은
> 남藍,청靑, 녹綠, 황黃, 등橙, 적赤의 일곱 가지 빛으로 짜(織)여 있다
> 땅 위의 꽃들은 이 빛에다
> 그 치마를 곱게 물들여 입는답니다.
>
> –〈꽃들의 치마〉의 전문

'태양의 마음'의 빛이 되어 꽃들로 하여금 그 치마를 곱게 물들여 입게 하였기 때문에 꽃들이 그렇게 곱지 않을 수밖에 없다는 것이다. 이 지상의 아름다움의 상징인 꽃들도 모두 태양의 마음의 빛의 작용이라 할 수 있다. 인위人爲의 작용이 아니라, 자연조화의 법칙에 힘입어 만물이 생성되는 것을 이렇게 표현한 것이라 할 수 있다.

---

42 이 시의 2행에서 '일곱 가지 빛'이라 하고 있으나, 앞에 제시한 빛깔이 실지로는 여섯 가지다. 아마도 무엇인가 하나의 빛깔이 빠진 것이 아닐까 한다.

2) '바람'과 '아침이슬'과 사랑의 꽃들

〈작은 꽃들의 아침인사〉는 그 서두에서 "조그만 오랑캐꽃과/ 그보다 작은 꽃들이" 소리 없이 보드랍게 불어오는 미풍微風과의 만남을 주제로 하고 있다. 그런데 이 꽃들은 화창한 봄날 높고 넓은 산과 들판을 색색으로 가득 메우고 흐드러지게 피어 있는 꽃들이 아니라, 그저 그늘 속에서 미풍과 만나 귀엽게 인사하는 꽃들이다.

> 풀 가지 밑과
> 나무 밑 그늘에서
> 잠 서린 얼굴로
> 머리 달래달래 흔들며
> 귀엽게 허리 재어 인사합니다.
>
> -〈작은 꽃들의 아침 인사〉에서

오랑캐꽃과 아니 그보다도 훨씬 더 작은 꽃들이 밤 동안 깊은 잠에서 깨어나 솔솔 불어오는 미풍을 만나 풀과 나무 밑 그늘에서 아직도 잠이 서린 얼굴로 머리를 흔들면서 아침 해를 향해 귀엽게 인사를 한다고 한다. 조그마한 꽃들이 미풍의 얼굴을 쳐다보는 것이 마치 강아지가 주인을 보고 꼬리를 흔드는 것과도 같다고 하고 있다. 이러한 비유적 표현기교들 당시로는 어떻게 보았는지 알 수 없지만, 오늘날의 우리들에게도 신선하게 느껴진다. 꽃들이 미풍을 의인화하여 그 얼굴을 볼 수 있을 만큼 한 크기로 현상화한 시적 경지는 기발한 착상이라 하지 않을 수 없다.

아침 이슬에 젖은 꽃들은
밤 사이의 비밀한 향락에 힘 지친
머리 뒤 늦추어진
볼때기 홀쭉하고
눈 때끈한 시집 갓 간 색시들 같구려.

–〈아침 이슬에 젖은 꽃들〉의 전문

밤 동안의 깊은 잠에서 깨어난 꽃들, 아니 아침 이슬에 흠뻑 젖은 얼굴을 하고 있는 모습을 갓 시집 간 색시의 얼굴에다 비유하고 있다. 말하자면, 아침 이슬에 흠뻑 젖은 꽃들을 고향을 떠나 낯선 땅으로 갓 시집가서 첫날밤을 보낸 색시와도 같이 머리가 뒤엉키고 얼굴이 홀쭉해진 모습으로 묘사하고 있는 것이다. 끝으로 〈사랑의 서모聖母〉에서는 성경의 내용에 맞추어 '사랑의 꽃'으로 노래하고 있다.

자연이
인생을 다시 창조할 때에는
그 일체의 사랑의 힘은
꽃의 세계로 들여보내게 하여라.
곧 인생의 모든 사랑은
꽃의 손에 맡겨
그를 영원히 기르게 하여라.
그리하여 꽃으로 하여금
인생에게 사랑의 길을 가리키는 성모가 되게 하여라.

–〈사랑의 성모〉의 전문

자연, 곧 천지가 인생을 창조할 때 사랑의 힘으로 아름다운 꽃의 세계를 들여다보게 하였다는 것이다. 사람의 모든 사랑은 꽃에게 맡겨서 그 꽃으로 하여금 사람들에게 사랑의 길을 가리키게 하는 성모가 되도록 하라고 하였듯이, '꽃'과 '성모'를 연관시켜, 그 '꽃'의 신성성을 강조하기도 한다.

3) '꽃'의 개별성과 그 상징적 의미

꽃의 시편들에서 일상적 범칭성이 아닌 개체화된 시편들로는 〈나팔꽃〉·〈금잔화〉·〈저문 산길의 꽃〉·〈달리아와 코스모스〉·〈가을날의 코스모스〉 등이 있다. 그런데 이것들은 거의가 시의 제목과도 같이 '나팔꽃'·'금잔화'·'코스모스'·'달리아'·'해바라기'·'길경화桔梗花' 등을 시적 주제로 삼고 있는 것이다.

〈나팔꽃〉과 〈금잔화〉는 더없는 사랑에 대한 그리움과 이별의 슬픔을 꽃말로 가진 꽃들이다. 먼저 '나팔꽃'은 또 다르게 경우화牽牛花로 불리기도 하는데, 이 시에서는 아침에 좋은 풍채로 떠오르는 태양과의 입맞춤으로 보기도 한다.

나팔꽃(朝顔花)은
아침이면
돋아오는 풍채 좋은
태양과 입 맞추느라고

웃으며 입 벌렸다가
낮과 저녁이 되면
그 태양과 입맞춘 입술을
남에게 보이지 않으려고
이 빠진 할미 모양으로
입술을 안으로 말아 오므리고 있답니다.

-〈나팔꽃〉의 전문

'나팔'과도 같은 모양으로 핀다 하여 붙여진 칭명을 그대로 그 제목을 삼고 있는 이 시에서 황석우는 꽃과 태양과의 만남, 아니 그들의 입맞춤을 주제로 하고 있다. 덧없는 사랑에 대한 나팔꽃의 그리움의 대상은 바로 태양인 것이다. 그것도 풍채 좋은 아침태양과의 입맞춤으로 그 시간이 지나면 태양과의 입맞춤을 보이지 않으려고 이 빠진 할미처럼 입술을 오므린다고 하고 있다. 아침 태양을 애타게 기다리는 나팔꽃의 사랑과 그리움의 감정을 이렇게 표현한 것이라 할 수 있다. 그리고 〈금잔화〉에서 금잔화는 또 다르게 '금송화'로 불리기도 한다. 국화과에 속하는 두해 살이 풀꽃으로 '이별의 슬픔'을 꽃말로 가지고 있다.

자주 빛 바탕에
노란 주둥이의
꽃잎 오므라진
금잔화는
나무들의

아리따운 풀꽃 향기를 부어 마시는 그 고운 잔이랍니다.

-〈금잔화〉의 전문

이 시는 낮에는 금색으로 피었다가 밤에 오므리는 꽃으로, 술잔과도 같이 생겼다고 하여 '금잔화'라고 한 내용을 그대로 시화한 것이라 할 수 있다. 그런데 이 꽃은 나무들의 아리따운 풀꽃 향기를 부어 마시기 위해서 핀 꽃이라는 것이다. 자기 스스로 향기를 뿜어내는 것이 아니라, 풀꽃의 향기를 부어 마시기 위해서 술잔 모양으로 핀 것이라 하고 있다.

그리고 '달리아와 해바라기'는 다 같이 국화과에 속하는 꽃으로 '달리아'는 멕시코가 고향이고 '해바라기'는 아프리카가 고향이다. 우아함이나 정열과 기다림으로 상징되는 이 두 가지 꽃들은 모두가 고향을 멀리 두고 가지 못하는 고향을 향하여 그리워하는 모습으로 형상화하기도 한다.

담 밑에
달리아와
해바라기는
서로 키 자랑하여
날로 발 돋음 하여 키 느리더니
그들은 시집가기 전에
허리 굽고 꽃 시들었소.

-〈달리아와 해바라기〉의 전문

이들 두 가지 꽃, 아니 달리아와 해바라기는 서로 키 재기로 발돋움 하다가 그들은 시집가기 전에 허리가 굽고 시들어버리고 말았다는 것이다. 그들이 그렇게 키 재기를 하면서 찾고 기다린 것은 바로 그들이 가지 못하는 먼 고향일 것이다. 고향과는 멀리 떨어져 살면서도 고향을 그리워하는 마음의 표현이기도 하다.

끝으로 저문 산길에서 만난 '도라지꽃'과 청량淸凉한 가을날에 만난 '코스모스'를 주제로 한 작품으로 〈저문 산길의 꽃〉과 〈가을날의 코스모스〉가 있다. 이 두 가지 꽃은 깊은 산길의 주막에서 누군가를 기다리면서 외롭고 슬퍼하는 색시와, 또는 깊은 묵념에 잠긴 혁명가로 상징되고 있다. 먼저 해 저문 산길에서 만난 '길경桔梗꽃'을 주제로 한 〈저문 산길의 꽃〉을 들어 보기로 한다.

나그네 불러들이려는
산 주막의
색시와 같이
곱게 단장한
길경桔梗꽃들은
골짜기와
산기슭의
곳곳에서
바람을 붙잡고 허리 굽혀
사람들에게

은근히 눈짓한다.

-〈저문 산길의 꽃〉의 전문

산길의 주막집에서 곱게 단장을 하고 나그네를 기다리는 색시와도 같은 '길경桔梗꽃'은 또한 '도라지꽃'으로 더 많이 불리기도 하는데, 그 뿌리는 식용과 약용으로 많이 쓰이기도 한다. 유순한 성격으로 '변치 않은 사랑'으로 상징되는 이 꽃은 산기슭과 산골짝의 곳곳에 자생하고 있다. 꽃의 모양은 아담하고 그 색상은 보라색과 백색으로 단아한 모습을 하고 있다.

이 시에서 도라지꽃을 두고 산 주막의 곱게 단장한 색시와 같다고 한 것은 바로 이 때문이다. 바람을 붙잡고 허리 굽혀 사람들, 곧 그 곁을 지나는 나그네에게 눈짓을 한다고 함은 산 주막의 색시와 같다고 했기 때문이다. 깊은 산중에 다소곳이 피어서 누군가를 애타게 기다리는 모습을 하고 있는 것이다. 그리고 청량한 가을날 갖가지 꽃들이 만발한 그 속에 우뚝 선채로 색색으로 피어 있는 코스모스를 주제로 한 〈가을날의 코스모스〉가 있다.

가을날의
뜰 가운데의
뭇 꽃나무 사이에
강한 자세로 허리 길게 빼어
늠늠凜凜히 엄숙히 섰는
코스모스는

푸른 머리 흩으러 느리고 우뚝이 섰는
묵념에 잠긴 감격 높은 철인과도 혁명가와도 같다.

-〈가을날의 코스모스〉의 전문

황석우는 여기서 '코스모스'를 깊은 사념思念에 잠긴 철학자 또는 혁명가에다 비유하고 있다. 순정과 애정, 그리고 조화調和의 상징으로 그의 큰 키도 모자라서 목을 길게 빼고 어딘가 멀리로 향해서 애타는 눈빛으로 바라보고 있다. 일찍 떠나온 고향을 못가는 서글픈 마음을 어찌할 수가 없어서 그의 목을 길게 빼고 그리움으로 애타하고 있는 것이다.

4) 꽃 곁에서의 합주악合奏樂과 사랑의 은인恩人

'꽃'의 시편들에서 그 종합적인 시편은 아무래도 〈꽃 곁의 합주악合奏樂〉을 들지 않을 수 없다. 이 작품은 다른 단형의 '꽃'의 시편들과는 다르게 길고 장황한 내용으로 이루어졌다. 전체가 54행이나 되는 장시로, 연을 구분하지 않고 있다. 그러나 그 시상의 전개나 내용으로 보아 크게는 다음의 3개 단락으로 나누어 볼 수가 있는데, 첫 번째 단락(1~16행까지)·두 번째 단락(17 ~45행까지)·세 번째 단락(46~54행까지) 등이 바로 그것이다.

먼저 그 첫 번째 단락인 1~16행까지를 들어보면,

바위 그늘 밑에서

아리따운 꽃들이 나를 부른다.
그 눈초리와
입가에 오채五彩의 아지랑이를 이루는
웃음을 불((膨)리고
그 이마 위로 뺨 위로
고사리 같은 작은
'형기馨氣의 손바닥' 살살이 내저으면서
상냥하게 상냥하게 나를 부른다.
큰 나비 작은 나비 모두 날아오너라.
바위 그늘 밑에서
아리따운 꽃들이 나를 부른다.
마음을 끌어 잡아 내리는
귀여운 웃음과
'형기馨氣의 손짓'으로
상냥하게 상냥하게 나를 부른다.

와도 같다. 시적 화자를 부르고 있는 것은 꽃들인데, 서두 단락의 전체에서 '나를 부른다.'라는 반복의 행절을 기준으로 다시 네 개의 단락으로 구분해 볼 수가 있다.

첫 번째 단락(1~2행까지): 시적 화자인 나를 부르는 것은 아리따운 꽃들이다.

두 번째 단락(3~9행까지): 꽃들이 웃음 띤 얼굴로 '형기馨氣의 손바닥'을 저으면서 나를 부르고 있다.

세 번째 단락(10~12행까지): 아리따운 꽃들이 나비들에게 날아오라고 외치면서 시적화 자인 나를 함께 부르고 있다.

네 번째 단락(13~16행까지): 꽃들은 귀여운 웃음과 형기馨氣의 손짓으로 나를 부르고 있다.

이상으로 미루어 1~16행까지가 이 시의 도입 단락임에 틀림없다. 시적 화자인 나를 부르고 있는 것은 '아리따운 꽃들'이라는 것이다. 그리고 여기서 '향기香氣'를 '형기馨氣'로 한 것은 꽃향내를 멀리까지 떨친다는 것을 강조하기 위한 것인지도 모른다. 아무튼 이 시에서는 '향내'를 모두 '형기의 손바닥'·'형기의 손짓'·'형기에 안겨' 등과 같이 되어 있다.

두 번째 단락인 17~45행까지는 이 시의 중심부로 본론에 해당된다. 시적 화자인 내가 외치기를 꽃의 곁으로 가지 않을 수 없으니, 우리 모두들 함께 가자고 한다. 그래서 우리들은 아리따운 꽃들의 웃음과 향기에 안기고, 그 꽃술이 부어주는 단 꿀을 마음껏 마시고 취해 보자는 것이다.

가자, 가자, 내려가자 우리들은
어이 저 꽃들의 곁을 가지 않고 그대로 배길 것인가
큰 나비, 작은 나비 모두 날아오너라.
우리들은 저 아리따운 꽃들의 웃음에 안기고
형기馨氣에 안겨
그 꽃술의 잔에 부어주는

화밀花蜜을 마음껏 켜(呷)고
취해 취해 취해서 흐느적거리고
제비를 불러다간 법의法衣입은 모습으로
빠른 입으로 꽃의 사랑의 위대함을 말하게 하며
꾀꼬리 불러다간 청아한 목청으로
꽃의 사랑의 비유를 노래케 하며
사람 흉내 잘 내는 잔나비를 불러다간 북(鼓)치게 하고
탁목조啄木鳥 불러다간 산 나무의 목탁 치게 하고
푸른 벌 빨간 벌 불러다간 입소라(素螺) 불게하고
까치 까마귀 불러다간 곡목절차曲目節次 외이게 하고
수꿩 암꿩 불러다간 높은 소리로 장단 정정 메기게 하고
번외番外로는 논게(蟹) 산 게 불러다간 축하씨름 시키고
풀들은 얕은 곳에 앉히고
나무들은 그대로 세워두고
기러기와 학 두루미는 높은 공중에
우리들의 큰 나비 작은 나비는 얕은 공중에
희게 누르게 큰 하늘 위를 덮어
때때로 나누어 이곳에서도 너울너울
저곳에서도 너울너울 춤추어 돌며
지구 위의
나르는 자 닫는 자 기는 자
풀도 나무도 한데 어울려 전 자연 합주악合奏樂으로써
꽃의 사랑 - 그 마음 그 혼을 찬미하자

여기서 '우리들'의 관념, 아니 그 범주는 이 지상의 동식물 할 것 없이

모두를 포괄하고 있는데,

- 법의法衣 입힌 제비 불러다가 '꽃의 사랑의 위대함'을 말하게 하고
- 청아한 꾀꼬리 불러다가 '꽃의 사랑의 비유'를 노래하게 하고
- 흉내 잘 내는 잔나비 불러다가 북치게 하고
- 탁목조啄木鳥 불러다가 목탁을 치게 하고
- 빨갛고 푸른 벌 불러다가 입소라(素라) 불게하고
- 까치 까마귀 불러다가 곡목절차曲目節次 외우게 하고
- 수꿩 암꿩 불러다가 높은 소리로 장단 맞추게 하고
- 논게(蟹) 산 게 불러다가 축하씨름 하게하고
- 기러기와 학 두루미 불러다가 높은 공중에 날게 하고
- 큰 나비, 작은 나비 불러다가 낮은 공중에 춤추게 하고
- 풀과 나무는 땅 위에 그대로 세워두고

등과도 같이, 우리들 모두가 꽃 곁에서 장단 맞춰 춤을 추고 있다고 한다. 이 지상에서 '날고 기고 달리'는 모든 생명체들이 풀과 나무와 어울려서 합주악合奏樂으로서 꽃의 사랑, 아니 꽃의 마음과 영혼을 찬미하자는 것이다. 끝으로 46~54행까지의 세 번째 단락은 결미 단락으로서 9행으로 이루어지고 있다.

> 꽃은 거룩하다 꽃은 미미한 식물의 가지 위에서 피우나
> 그는 일체를 사랑하고 또는 일체에게 사랑함을 받는다.
> 꽃은 사랑의 은인 그는 대자연의 애인이다.
> 오오! 나비, 제비, 꾀꼬리, 잔나비 탁목조 푸른 벌, 빨간 벌 산 참새

들 참새 수꿩 암꿩 논계, 산계, 기러기, 학 두루미들아
태양의 광명이 흩어져 꺼지기 전에
바위 밑의 꽃 곁에 모여
둥당 동당, 삐삐, 빼빼 관현악 잡혀
노래하며 춤추고
사랑의 은인 대자연의 애인 꽃의 위대한 사랑을 얼싸 좋다 찬미하자.

한마디로 황석우는 여기서 '꽃'의 거룩한 존재성을 강조하고 있다. 꽃은 일체 만물을 사랑할 뿐만 아니라 일체 만물에게 사랑을 받기도 한다는 것이다. 꽃은 '사랑의 은인' 또는 대자연의 애인으로서 일체 만물에게 사랑을 받고 있는 것으로, 우리들 모두가 꽃을 사랑하고 찬미하자는 것이 이 시의 핵심이고 결론이라 할 수 있다.

황석우는 여기서 '꽃'의 마음을 영혼화 또는 신성성을 강조하여 일체 만물의 중심축으로 삼고 있다. '꽃'과 '사랑'과의 관계, 아니 '꽃'은 일체 만물을 사랑할 뿐만 아니라, 일체 만물에게 사랑을 받는다고 한다. 말하자면, '꽃'을 모든 사물의 중심축으로 삼고 있다. 그것은 '꽃', 그 자체가 아름답고 사랑으로 이루어져 있기 때문이다. 꽃을 보고 아름답다고 하지 않거나 기뻐하지 않는 사람은 아무 데도 없다. 그러나 사람들은 대부분 피는 꽃의 아름다움만 보고자 한다. 지는 꽃의 슬픔이나 추악함을 보고자 하지는 않는다.

황석우의 경우도 마찬가지다. 그가 노래한 꽃의 시편들의 대부분이 피는 꽃의 아름다움과 꽃에 대한 사랑으로 일관되어 있다. 그는 피는 꽃의 아름다움만을 강조하고 있을 뿐이며, 지는 꽃들의 슬픈 감정이나 추

악함은 거의 나타나지 않고 있다. 그래서 그는 이 지상에 날고 달리고 기어가는 모든 생명체들로 하여금 꽃으로 모여들게 하여 찬미가를 부르게끔 하고 있는지도 모른다. 그에게 '꽃'이란 대자연의 애인으로 위대한 사랑으로 형상화하여 그 영혼화와 신성성을 강조하고 있는 것이다. 한마디로 꽃에 대한 이러한 사랑의 신성화가 그 상징적 의미라 할 수 있다.

2 중·말기 '꽃'의 시편들과 그 상징성

『자연송』 이후, '꽃'의 시편들로는 1931년 12월 《조선일보》에 연재된 '반송伴頌'의 시편들 가운데서 몇 편, 그리고 1932년 《문예월간》과 《신생》지에 발표된 몇 편이 있는데, 그 수가 그리 많지가 않다. 이를테면, 〈사랑의 꽃의 이름〉·〈꽃의 마음을 볼 수 없는 나〉·〈꽃 마음의 모든 것〉·〈바닷가의 해당화〉·〈꽃만은 타지 마라라〉·〈꽃 위에 앉는 나비〉·〈꽃들의 눈물〉·〈갓 난 꽃들〉 등이 이에 해당되고, 유고를 포함한 말기에 《현대문학》과 《자유문학》과 《신태양》지에 발표된 '꽃'의 시편들은 〈개나리꽃〉·〈들국화 한 가지〉·〈봉선화〉 등 3편이 있을 뿐이다. 앞에서도 말한 바, 여기서 '반송'의 시편들을 비롯한 《문예월간》과 《신생》지에 발표된 중간기의 '꽃'의 시편들과 유고를 포함한 말기의 '꽃'의 시편들을 합쳐서 두 번째 단계로 구분하여 살피게 된 것은 바로 이 때문이다.

1) '사랑의 응어리'와 꽃 마음의 모든 것

'꽃의 마음'을 주제로 했거나, 아니면 '꽃의 마음'과 나비와의 관계를 주제로 하고 있는 작품으로 〈꽃의 마음을 볼 수 없는 나〉·〈꽃 마음의 모든 것〉·〈꽃 위에 앉는 나비〉·〈나비들의 너킹〉 등이 있다. 이것들은 모두 《조선일보》에 연재된 '반송'의 시편들 가운데 있는 '꽃'의 시편들이라 할 수 있다.

먼저 〈꽃의 마음을 볼 수 없는 나〉에서는 시의 제목과도 같이 '꽃의 마음'을 보지 못하는 '나'와 시적 화자와의 갈등을 주제로 하고 있다.

꽃의 모양 저렇게 고웁사오나.
그 마음도 또한 그지없이 고우오리라.
그러나 내 눈은 그 마음을 보지 못하는 병신이오라.
내 코끝에 서리어오는 향기를
그 손길이 아닌가 하여 손 내밀어
쥐여볼 듯이 이리저리 휘 더듬어 본다.

-〈꽃의 마음을 볼 수 없는 나〉의 전문

꽃의 외모도 곱게 보이지만, 꽃의 마음은 그보다 훨씬 더 곱다는 것이다. 그러나 시적 화자인 나의 눈은 그 '꽃의 마음'을 보지 못하고 코끝에 서리는 향기를 따라 손을 내밀어 더듬는다고 한다. 이것은 역으로 꽃의 마음이 얼마나 곱고 아름다우면, 저리도 곱고 아름다운 꽃으로 피어날 수 있을까 하는 말과도 같다.

이 시에서 무엇보다 중요한 것은 '꽃의 마음'을 볼 수 없는 시적 화자인 '나'와의 갈등이다. 감관의 육안으로는 도저히 볼 수 없는 '꽃의 마음'에 접근하지 못하는 인간의 한계성을 이렇게 표현한 것이다. 우리들이 일상 듣게 되는 불심佛心, 아니 때가 전혀 묻지 않은 청정淸淨한 사람의 마음은 보이지도 않고 볼 수도 없다. 그러나 그것이 존재한다는 당위론 속에서 인간은 살아가게 마련이다. 꽃의 마음도 마찬가지로 구경究竟의 진리로 보이지도 않고 볼 수도 없다. 그러나 우리 인간은 '꽃의 마음', 그것이 필연코 존재한다는 신념을 갖고 살아가고 있는 것이다.

> 꽃의 그 고운 마음의 갈피 속을 누가 헤쳐 봤으랴.
> 꽃의 그 고운 마음의 흘러가는 곳을 누가 알랴
> 아아, 꽃의 그 가슴 가운데 맺힌
> 빨간 사랑의 응어리를 누가 들여다 봤으랴
> 아아, 누가 그것을 만져 봤으랴
> 나비밖엔 나비밖엔.
>
> -〈꽃 마음의 모든 것〉의 전문

황석우는 여기서도 곱고 아름다운 '꽃의 마음'을 볼 수 없다고 한다. 그 마음속 깊이의 갈피를 아무리 헤집고 본다고 해도 꽃의 마음은 보이지도 않는다. 말하자면, 꽃의 마음이 어디로 흘러가는지 아무도 모른다는 것이다. 그리고 꽃의 가슴에 맺힌 '빨간 사랑의 응어리', 그것도 마찬가지로 이 세상 어느 누구도 보지도 못했고 만져보지도 못한 것이라고 한다. 오직 '나비'만이 '꽃의 마음'을 알고 있을 뿐이다. 그래서 나비는 온종일을 두고 꽃과 마주앉아 나비와 사랑을 나누고 있는 것이라 하고 있다.

그리고 '꽃', 아니 꽃의 마음과 나비와의 관계를 주제로 한 작품으로 〈꽃 위에 앉는 나비〉와 〈나비들의 노킹〉이 있다. 먼저 꽃 위에 앉은 나비는 어머니의 품속에 안긴 애기와 같다고 노래한 〈꽃 위에 앉는 나비〉가 있다.

꽃 위에 앉는
나비는
어머니의
따뜻한
품속에 안기는
애기와 같이
별들의
고운 가슴에 안겨
그 꽃슬(花蕊)의
젖꼭지를 물고 있습니다.

-끙끙거려 응얼대면서

-〈꽃 위에 앉는 나비〉의 전문

'별들의/ 고운 가슴에 안겨'에서 '별'은 '꽃'을 이름이다, 별이 돋아나듯 집 뜰이나 들판을 가득 메운 꽃밭의 꽃들을 별들로 본 것이라 할 수 있다. 그 꽃들의 꽃술을 물고 앉은 나비들의 모습을 이렇게 표현한 것이다. 여기서 꽃과 나비는 서로의 마음을 잘 알고 있는 것이다. 그리고 화창한 봄을 맞아 막 피어나고자 하는 꽃봉오리마다 가볍게 두드리면서 노킹을 하는 나비들의 모습을 형상화한 〈나비들의 노킹〉에서 황석우는 이렇게 노래하고 있다.

첫 봄날의
나비들은
풀숲과 나무숲 속을 날아다니며
꽃봉오리 위에 귀 대어 엿들으며
그 꽃봉오리의 굳게 닫힌 도어를
톡 톡 톡 Knock해 봅니다.
"여보! □□꽃님(孃)! 어서 나오시오.
지금껏 무얼 해요? 화장?"이라고
재촉하는 듯이.

-〈나비들의 노킹〉의 전문

나비들은 꽃봉오리 위에다 귀를 대고 꽃이 말하는 소리를 들으면서 굳게 닫힌 꽃봉오리들에게 문을 열어달라고 툭툭 치면서 노크를 한다. 꽃봉오리를 어여쁜 소녀에다 비유하여 어서 밖으로 나오라고 재촉을 하기도 한다. 한마디로 여기서 시인은 따스한 봄날을 맞아 꽉 닫힌 문을 활짝 열고 나오는 소녀를 막 피어나는 '꽃봉오리'에다 비유하고 있다.

2) 꽃의 사랑을 통한 '내 혼'과 '우주 혼'

여기서 살피게 될 작품은 〈내 혼〉과 〈꽃만은 타지 마라라〉 등 두 편이다. 이 두 작품은 앞에서 논의된 바와도 같이 '반송'의 시편들로, 꽃의 마음을 주제로 시적 화자인 '나'와 우주 혼과의 보이지도 않은 불가시의 영적 교감을 시도하고 있다.

먼저 〈내 혼〉은 꽃을 사랑하는 마음, 아니 '꽃의 사랑 속에서 자라나는 새'를 주제로 한것으로 인용해 보면,

> 내 혼은 꽃을 떠나서는 하루도 못 사오
> 내 혼은 꽃을 사랑하며
> 꽃의 마음속에서
> 꽃의 사랑 속에서 자라는 조그만 새요.
>
> -〈내 혼〉의 전문

와도 같이 단형의 서정시라 할 수 있다. 여기서 시적 화자는 꽃을 떠나서는 잠시도 살 수 없다고 한다. 그것은 내 혼이 꽃을 너무나 사랑하기 때문이라 하기도 한다. 그리하여 '내 혼'은 꽃의 마음속에서, 아니 꽃의 사랑 속에서 조그만 새로 자라고 있다는 것이다.

내 혼만이 꽃의 마음속에 들어갈 수가 없다. 적어도 우리들이 꽃의 마음으로 들어가기 위해서 시적 화자인 내가 정령화精靈化되어야만 한다. 우리들의 육체성의 감관을 통해서는 불가능한 것이다. 보이지도 않고 들

리지도 않는 정령을 통해서 증득證得되는 것이다. 여기서 무엇 때문에 '내 혼'을 '조그만 새'로 비유하였을까? '조그만 새'는 자유롭게 날기 때문이다. 정령은 자유로운 비상으로 상징되기 때문에 '새'로 비유한 것이다.

그리고 '꽃들의 개화와 우주혼宇宙魂과의 교감'을 주제로 한 〈꽃만은 타지 마라라〉에서 황석우는 하늘도 타고, 산도 그리고 사람도 모두 타버린다 하더라도 꽃만은 타지 말라고 한다. 한마디로 이 시는 꽃의 마음을 '우주의 혼'에다 비유하고 있는 것이라 할 수 있다.

> 하늘 타고
> 산도 타고
> 사람도 타 없어진다 하더라도
> 땅 위의 꽃만은 타지 마라라
> 꽃은 '우주의 혼'이 땅 위에서 피어보이는 것이란다.
>
> -〈꽃만은 타지 마라라〉의 전문

이 세상 모든 것이 다 타서 소멸된다 하더라도 꽃만은 타서는 안 된다는 소망이기도 하다. 아름다운 꽃은 '우주의 혼'이 피어난 것이라 하고 있다. '꽃'의 아름다움을 정령화한 것이라 할 수 있을 것이다.

끝으로 〈꽃들의 눈물〉은 서두에서 향유香油와도 같이 파란 이슬방울을 '꽃들의 눈물'이라 하고,

향유香油 같은
파란 이슬은
꽃들의
고운 눈에서 떨어진 눈물.

향유香油 같은
파란 이슬은
하늘 높이 있어
땅 위에 내려오지 않는
야속한 별들에게
짝사랑 하소연 하던
꽃들의
그 고운 눈에서 떨어진 눈물!

-〈꽃들의 눈물〉의 전문

라고 노래하고 있다. 꽃들의 눈물, 아니 이슬이 파랗다 함은 그 이슬은 하늘색과 일치시키고자 한 것이라 할 수 있다. 하늘이 너무나 높아서 닿을 길 없는 별들이 그리워서 하소연하는 꽃들이 흘리는 눈물이라는 것이다. 파란 색은 원래가 허색虛色이다. 하늘빛이 파랗지만 가까이 이르러 보면 파란 색은 무화되고 만다. 그래서 파란 이슬이라고 한 것이다.

별들에게로 향하는 꽃들의 사랑, 이것은 별과 꽃과의 거리만큼 애절한 사랑이 아닐 수 없다. 지상에서 하늘 끝까지의 거리, 이것은 도저히 이르러 갈 수 없는 거리이기도 하다. 그런데 꽃들은 그렇게 먼 거리의 별들을 그리워하고 있다. 그래서 꽃들은 영원히 닿을 수 없는 그리움을 눈물로 호소할 수밖에 없었던 안타까운 마음을 이렇게 표현한 것이다. 이러한 꽃들의 안타까운 마음은 〈사랑의 꽃의 이름〉에서도 마찬가지다.

> 사랑은 꽃 이름
> 사랑은 사람의 정열 위에 피는 꽃
> 그는 눈물의 이슬을 받아먹고
> 자라나는 꽃!
>
> -〈사랑의 꽃의 이름〉의 전문

사랑은 바로 꽃의 이름이라고 한다. 사랑은 정열 위에 피는 꽃으로 눈물의 이슬을 먹고 자라나는 꽃이라는 것이다. 기뻐도 흘리고 슬퍼도 흘리는 것이 사랑의 눈물이라는 것을 이렇게 말한 것이다. 이외에도 봄날에 피어나는 꽃봉오리 속에서 나오는 어린 꽃들을 귀엽게 방긋방긋 웃는 어린 아기에다 비유한 〈갓 난 꽃들〉과도 같은 시작품도 있다.

3) '꽃'의 개별화 과정과 그 상징성

여기서 대상이 되고 있는 작품은 몇 편 되지 않는다. 〈바닷가의 해당화!〉를 비롯하여 〈개나리꽃〉·〈들국화 한 가지〉·〈봉선화〉 등인데, 〈바닷가의 해당화〉만이 중간기의 작품이고 나머지 3편은 황석우가 죽기 직전에 제작한 말기의 작품들이다. 그것도 우리들이 일상생활의 주변에서 흔히 볼 수 있는 꽃들이다.

면 바다를 바라보고 원망스러운 눈으로 누군가를 기다리는 해당화와 희망찬 보람으로 새봄을 맞이하는 개나리꽃과는 대립되는 개념이다. 먼저 〈바닷가의 해당화〉는 바닷가에 피어 먼 바다로 나간 누군가를 밤이나 낮이나 원망의 눈초리로 애타게 기다리고 있는 것이다.

> 바닷가의 저기 핀
> 고운 해당화는 누가 낳아 노신 딸님인가요?
> 바닷가 저기 핀
> 고운 해당화들은 어느 배에서
> 내리는 누구를 맞으려고 한봄 동안을 밤이나 낮이나
> 바닷물만 바라보면서 있습니까요?
>
> –〈바닷가의 해당화〉의 전문

마치 슬픈 전설을 꽃말로 하고 있는 해당화를 그대로 형상화하고 있는 것 같다. 바닷가에 피어 있는 해당화를 두고서 누가 낳아 놓으신 딸이기에 저리도 슬프고 원망스런 눈초리로 누군가를 기다리면서 파도치는 바닷물만 바라보고 있는가? 먼 바다로 나가서는 돌아올 줄 모르는 사람을 기다리다 지쳐서 원망스럽고 애처로운 눈초리로 푸른 바닷물을 하염없이 바라보고 있다. 이에 대하여 '개나리꽃'은 희망으로 가득 차 있다. 또 다르게 '연교화連翹花'와 '영춘화迎春花'로 불리는 이 꽃은 봄맞이에 무엇보다도 앞장서 집 마당이나 산과 들에 흐드러지게 피는 꽃이기도 하다.

봄이 왔네.
봄이 오는 고갯길에
고운 개나리꽃 피었네.
봄맞이 하는 소녀들과 같이
개나리꽃 늘어서서 피었네.
봄의 나라의 노란 깃(旗)발과 같은
개나리꽃, 평화의 꽃!

–〈개나리꽃〉의 전문

봄이 오는 산 고개의 길목에 봄맞이 하고자 나온 꽃, 아니 노랗게 피어 있는 '개나리꽃'이다. 마치 겨우내 방안에만 꼭 갇혀 있던 소녀들이 봄맞이 하려고 나온 것과도 같다는 것이다. 화창한 길목에 늘어서서 희망찬 얼굴로 봄맞이 하는 노란 꽃, 그것은 평화의 꽃이기도 하다. 그 어느 빛깔보다 따스하고 안정된 노란 빛깔은 평화의 상징이기도 하다.

그리고 '들국화'와 '봉선화'는 서로 다르면서도 닮은 데가 있다. 그것은 우리들 일상의 생활 주변에서 흔히 볼 수 있는 꽃들로 향내가 짙고 정열과 순진성에서 서로 닮아 있다. 먼저 황석우의 시 〈들국화 한 가지〉를 보면,

눈,
웃음 짓는
깨끗한 고운 모습이어!

들국화의 매력에
발길 돌리기 안타까워
덥벅 대들어
꽃 한 가지를 꺾었네.

미녀를 사로잡듯이
그 꽃가지를
젊으나 젊은 벗에게 보냈다네.

그리고는
그 젊은 벗의 행복을 빌었다네.

–〈들국화 한 가지〉의 전문

와도 같다. '들국화'는 유고로 발표된 작품이다. 이 꽃은 칭명과도 같이 식용과 약용으로 사용되는 야생화로 우리나라 산기슭에 많이 자생하고 있다. 우리들의 생활주변과 아주 가까이에 위치하면서 시나 노랫말로 제작되어 불리어지고 있는 것이다.

이 시의 머리부터 들국화를 두고서 눈웃음 짓는 깨끗한 모습이라 하고 있다. 이와 같이 시인인 시적 화자는 들국화의 그 고운 모습에 매혹되어 자신도 모르게 그 한 가지를 꺾어서 그와 아주 가까운 젊은 벗에게 보내면서 그 벗의 행복을 빌었다는 것이 이 시의 간추린 내용이다. '순수와 상쾌함'을 꽃말로 하고 있는 이 시의 정조도 맑고 투명하고 행복감이 넘치고 있다. 꽃과 시적 화자 사이에 아무런 갈등도 없는 평화로운 분위기를 형성하고 있는 것이다.

그리고 〈봉선화〉도 유고로 발표된 말기의 작품이다. 오랫동안 우리들의 집 마당이나 울담 밑에서 색색으로 피어나 그 누구보다도 자라나는 소녀들과 가까웠던 꽃으로 시와 노랫말로 지어져 불린 꽃이다.

향기도 깊은
순진하고,
어진
빠알간
봉선화.

동방 소녀의 사랑
정열의 꽃.

그 정열의 미모여
풍기는 그 향기는
맡을수록 정들어 간다.

그 부드러운 꽃잎은
쥐어짜면
손톱 위를 물들려는
〈애정〉의 고운 액液이
넘쳐 솟아 온다.

–〈봉선화〉의 전문

우리의 노랫말에도 있지만, 봉선화는 나를 건드리지 말라는 꽃말과도 같이 결백증이 있다. 사랑과 정열로 상징되는 이 꽃은 오랫동안 간직해 온 전설을 지니고 있다. 살짝만 건드려도 결백을 증명하고자 씨 주머니를 터뜨리어 그 속을 뒤집어 보인다는 것이다.

첫 연에서는 향기가 깊고 순진하고 어진 꽃이라고 하고 있다. 그리고 2~3연에서는 사랑과 정열의 꽃으로 거기서 풍기는 향기를 맡으면 맡을수록 정들어 간다고 한다. 끝으로 마지막 연에서 그 부드러운 꽃잎들이 소녀들의 손에 물들여준다고 한다. 이것은 우리들이 오랫동안 봉선화와 함께 살아왔던 이야기를 그대로 시로 제작한 것이라 할 수 있다. 지금은 우리들과 그렇게 가까웠던 봉선화가 너무나 멀어진 거리로 바뀌어 가고 있다. 사랑과 정열로 표상되는 봉선화, 그래도 아직은 우리 곁에서 숨을 쉬고 있는 것이다.

이외에도 이 시기에 발표된 '꽃'의 시편으로 〈봄날의 새벽 풍경〉이 있다. 황석우는 여기서 따스한 봄날 동이 트는 새벽녘의 풍경을 막 피어나려고 하는 꽃봉오리로 보고 있다. 그리고 시인은 시적 화자가 되어 푸른 허공의 하늘 속이라 하고, 아침 해가 떠오르는 것을 꽃봉오리가 피어나는 모습으로 형상화하고 있는 것이다.

이제까지 '꽃'의 심상과 모티프에 대해서 두 단계로 나누어 살펴보았다. '꽃'을 주제로 한 시도 『자연송』에 수록된 시편들에서 비롯되어 그 중간기의 '반송'의 시편 및 기타와 유고를 포함하여 황석우가 사망하기 직전에 발표된 작품들 속에도 몇 편이 있다. 그런데 이것들을 중반기의 작품들과 합쳐서 하나로 유형화하였다. 시편들의 수가 한정되어 별개로 단계화할 수가 없었음을 밝혀둔다. 한마디로 황석우의 꽃을 보는 시각은 그 초기나 후기를 가릴 것 없이 일관되어 있다. 봄과 연관시켜서 때로는 의인화의 비유법을 사용하기도 하고, 때로는 '꽃'을 그대로 사물화하여 보기도 한다. 이것이 앞에서 논의한 '태양'과 '달'과 '별' 등의 심상과 다른 점이라 할 수 있다. 이들 태양계의 '태양'이나 '달'과 '별'은 일관되게 의인화하고 있는 것이다.

제4부

‘영율靈律’의 시학과 실지비평, 그리고 시어의 훈독화訓讀化

‘신인神人’의 접촉과 ‘영율靈律’의 시학

일본시단의 경향과 상징주의 시론의 도입

시의 본질로서 표현기교와 감상 및 제작의 문제

시단의 월평月評과 실지비평의 문제

시어의 훈독화訓讀化 문제 – 그 실지의 용례들

'영율靈律'의 시학과 실지비평, 그리고 시어의 훈독화訓讀化

황석우는 김안서·주요한 등과 함께 1920년을 전후한 시기에 등장하여 자유시 운동을 세차게 펼쳤던 시인이기도 하다. 그는 1920~21년에 창간된 '폐허'와 '장미촌'의 동인활동을 주재하여 최남선부터 비롯되어 이광수·현상윤·최승구·김여제…… 등으로 이어지는 1910년대의 신체시단을 또다시 전환시켜 자유시 운동을 펼쳤던 문학사적 위상은 확고하다 아니할 수 없다.

황석우의 시작 세계에 대한 통시적 고찰은 이미 제2부에서 이루어졌고, 여기서는 그가 「시화詩話」를 비롯한 몇 편의 평문을 통해서 주장한 시론, 곧 자유시에 대한 시학적인 차원에서 살피기로 한다. 황석우는 시의 제작법과 감상법을 비롯한 시론의 차원에서 논의하기도 했다. 한마디로, 황석우는 자유시에 대한 시론을 근거로 하여 시를 제작하고 감상한 것이라 할 수 있다.

그렇다고 황석우는 김안서金岸曙와도 같이 시론에 관련된 평문들을 많이 발표한 것은 아니다. 그것들은 불과 몇 편에 불과하지만 그의 시작세계, 아니 우리 근대시문학사를 살피는 데 매우 중요하다고 본다. 단상 형식의 「시화詩話」나 「조선문단의 발족점發足點과 자유시」와 같은 평문은 비록 그에게는 습작기의 소박한 논의라 할지라도, 우리 근대문학의 초창기에 프랑스 상징주의 시론과 자유시 운동의 도입과정에서 선도적 역할을 한 것은 사실이다. 이것들은 김안서가 《태서문예신보》를 통해서 프랑스와 러시아의 상징주의 시와 문학이론을 소개하기 시작한 것과도 맞물리고 있는 것이기도 하다.

여기서 대상으로 삼고자 하는 시론에 관련된 논의로는 위에 제시된 「시화詩話」와 「조선시단의 발족점과 자유시」를 비롯하여 「시의 감상과 그 작법」·「일본시단의 2대 경향」·「시가의 제문제」·「최근의 시단」·「최근시단 개별槪瞥」 등인데, 우리는 이것들을 통해서 시의 제작법과 감상법에 관련된 시의 원론과 실지비평까지 살펴볼 수가 있다. 먼저 황석우의 시 제작법의 원론으로서 내용과 형식의 문제, 그리고 실지비평으로서 우리 근대시단에 대하여 개관한 월평이나 연평 등을 중심으로 고찰하고, 끝으로 시어의 문제로서 황석우가 즐겨 사용하고 있는 한자어의 '훈訓', 곧 뜻을 빌어 독음화한 표현법의 실례를 들어 살펴보기로 한다.

1 '신인神人'의 접촉과 '영율靈律'의 시학

황석우의 경우, 상징주의 시학을 접촉했던 시기가 그가 바로 일본에 유학했던 시절로 생각된다. 그때 일본문단에서 유행하고 있었던 문예사조, 곧 상징주의나 낭만주의, 그리고 유미주의나 악마주의…… 등과 접촉하고 있었던 것이 아닐까 한다. 아무튼 황석우는 그가 《매일신보》가 주최한 현상문예에서 선외選外로 선정되어 게재된 「시화詩話」와, 그리고 「조선문단의 발족점과 자유시」는 시의 본질과 형식의 문제에 대하여 소박하게 논의한 것이라 할 수 있다.

이 두 가지 평문은 황석우가 《태서문예신보》나 《삼광》 등을 통해서 '신아新我', 곧 '새로운 시적 자아'의 문제를 주제로 한 시편들과 함께 제작 발표된 것들이다. 이것들의 표현법이나 그 내용에서 시론의 합리성이나 논리성을 찾아볼 수는 없다. '단상斷想'의 형식으로 된 시의 원론으로서 시의 제작법과 감상법에 대한 소박한 내용을 담고 있기는 하지만, 그 시대로 보아, 선도적이고 독창적인 것이었음을 말할 것도 없다.

1) 시와 시인의 정의와 '영율靈律' 및 시적 기교의 문제 – 「시화詩話」

앞에서도 논의된 바 「시화詩話」는 단상형식으로 이루어진 것으로, 시의 본질과 형식 및 제작의 문제에 대한 논의라 할 수 있다. 말하자면, 《매일신보》에 실린 「시화」는 1919년 9월 22일과 10월 13일자, 두 차례에 걸쳐서 발표되었고, 《삼광》지에 발표된 「시화」는 1920년 4월호(통권 3호)에 발표되었다. 그런데 이 두 가지는 별개의 것이라기보다는 서로가 연관된 내용으로 같은 선상에서 논의하고자 한다. 먼저 《매일신보》에 발표된 「시화」의 머리에서 황석우는 시와 시인에 대하여,

- 시인은 신神의 옥좌에 대좌하는 영광을 가졌다.
- 시인은 실로 예술계의 제왕이다. 시인의 감흥은, 곧 신인神人과의 접촉 - 그 회화 會話이다. 그러나 신의 말은 세균보다 섬미纖微하다. 이 섬미의 확도擴圖가 곧 '표현表現'이다.

라고 그 개념을 정의하고 있다. 말하자면, '시인'이란 '예술계의 제왕帝王'으로서 신神과 접촉할 수 있는 사람이라는 것이다. 따라서 '시'는 신과 사람, 곧 '신인神人의 접촉'으로 형성되는 회화會話일 수밖에 없다. 시인을 신과 인간과의 중간자로 보고 있는 하이데거의 말과도 같다고나 할까? 한마디로 이것은 신과 인간과의 사이에 위치하여 시인의 매개적 역할을 강조한 것이라 할 수 있다.

그리고 그 회화會話의 내용을 이루는 것을 '표현'이라 하는데, 그 표현법은 '영율靈律'한 맛이 있어야만 한다고 하기도 한다.

- 시에는 '영율靈律'한 맛이 있을 뿐이다. 기교라 함은 결국 '영율의 정돈'에 불외不外하다. 다시 말하면, 율이라 함은 기분의 직목

織目(오리메)을 이름이다. 이 기분의 기機의 기미機微를 앎에 이르러야 비로소 일인의 시인됨을 얻는다.

- 색채色彩·향香·형形의 조장造粧·선택·조화 등은 고固히 기교의 중요 항목이나 이는 근僅히 그 외율, 곧 그 장식粧飾 형식에 불과하다. '시는 회화적이 되지 않아서는 어니 된다.' 함은, 곧 이곳에 그 중한 근저根柢를 둔 말이다. 회화성은 시의 필수요소의 하나이다. 그러나 단單히 장식으로의 하이칼라적의 회화적 가공加工이어서는 아니된다. 그 색채, 그 향, 그 형이, 곧 시의 혈액의 색·향, 또는 이것에 적適한 자연형自然形이 되지 아니하여서는 고귀한 가치를 점하기 불능하다.[43]

여기서 '율律'이란, 인간의 기분氣分의 문제로 이런 기機, 곧 기미機微의 경지에 이르러서야 시인이 될 수 있다는 것이다. 한마디로, 이러한 영율靈律은 인공으로 얻어지는 것이 아니라, 천성적으로 얻어지는 것이라 하고 있다. 여기서 '영율'이란 상징주의 시론의 음악성에 근거한 것이라 할 수 있다.

그리고 '색色·향香·형形', 곧 시적 표현기교의 문제로서 보들레르나 베를레느를 비롯하여 랭보·말라르메·발레리·레니에·베르아렝 등과 같은 프랑스 상징주의 시인들이 시도한 상징주의 시론이라 할 수 있는 색色·성聲·향香의 음악성을 근거로 한 것으로 생각된다. 여기서 '성聲'을 '형形', 곧 조장造粧과 선택과 조화로 바꾸게 된 황석우의 의도는, 바로 이

43 「시화」(《매일신보》 1919.9.22)의 서두에서.

뒤로 이어진 상징파와 민중파와 사상파寫象派 등의 사조와 관련된 것이다. 말하자면, 서구에서 이미 이미지즘 시운동에서 사상파寫像派 시인들이 시도한 회화적 표현기교의 영역이 아닐 수 없다.

시에서 회화성은 필수요건이긴 하지만, 그것이 단순히 회화적 장식물로서의 가공이어서는 안 되고, 색채와 향기와 형상이 융화되어 혈액과도 같이 유동성의 액체 - 곧 자연형自然形으로 형성되어야만 하다는 것이다. 시의 회화적 요소와 음악적 요소가 잘 융화되어 형성되는 음향은 시인의 호흡이고, 그 맥의 고동으로 우리는 이것들을 음성률과 음량률로 부르기도 한다. 따라서 상징파의 시와 민중파의 시와 사상파의 시와 같은 것도 시의 내용보다는 색채와 향기와 음향의 배열형식으로 구별된다는 것이다.

2) 일상적 '인어人語'와 시적 '영어靈語' – 공기와 액체

황석우는 시에서 '인어人語'와 '영어靈語'를 구별하여 '인어', 곧 일상日常의 현실어에 의한 '인어시人語詩'는 진정한 의미의 시가 아니라고 하고 있다. 오직 인간과 신과의 교섭에만 사용되는 '영어'로 된 것만이 진정한 의미의 시가 된다는 것이다.

> 시에는 '인어人語'와 '영어靈語'의 별別이 있다. 시의 용用하는 어語는, 곧 이 영어이다. 영어라 함은 인간과 신과의 교섭에만 쓰이는 한 어학語學이다. 그러나 이 '말'에는사서辭書도 없고 학교도 없다. 그러므로 천재가 아니면, 그 '말'을 할 수 없다. 이 영어 靈語에 의하여 철綴한 자라야, 비로소

시라는 이름이 붙는다. 피彼 '인어人語', 곧 '현실어'에 의하여 철綴한 속요俗謠·가歌 등 또는 상매예술파商賣藝術派 …〈중략〉… 의작이 비록 얼마큼 '시'의 형식을 구具하여 있다 하더라도, 그는 결코 시가 아니다. 강强히 그것을 시라 하려면 혹 '인어시人語詩'라고나 칭함이 그것들에게 대한 최상의 우우優遇라 하겠다. 현대의 아시아 시단도 그중 몇 사람을 제한 외에는 아직도 이 인어시人語詩의 영역을 벗어있지 못하다.[44]

황석우는 여기서 시인이 사용하는 말, 곧 '영어'는 사서辭書에도 없고, 학교에서도 배울 수 없는 것으로, 오직 천재만이 그 사용이 가능한 '말'이라는 것을 강조하고 있다. 그리고 또한 황석우는 현실어, 곧 인어人語와 시어로서 영어靈語와의 구별을 '공기'와 '액체'로서 차별화하고 있을 뿐만 아니라, 시인은 눈으로는 볼 수도 없는 사물의 아름다움을 귀로 듣는다고 하기도 한다.

- 현실어는 한 공기(어느 조직체의)이다. 그러나 영어靈語는 한 액液이다. 곧 '절대미絶對美'의 액이다. 그러므로 시는 한 액체이다.
- 시인은 시를 보지 아니하고, 시의 미를 듣는다. 여기가 '시의 감상의 비결'이 풀리는 곳이다. 범인의 눈에는 시는 '색을 가진 문자'로 밖에 아니 보이나, 실은 그 색이 원림遠林의 금禽과 같이 작은 '바이올린'을 가지고 그윽히 가歌하여 있기 때문이다.[45]

---

44 「시화詩話」(《매일신보》, 1919.10.13)에서 인용.

45 위의 「시화詩話」에서 인용.

여기서 현실어는 어느 조직체, 곧 인간사회의 접촉을 가능케 하는 말로, 그것은 '공기'를 통해서 대화가 이루어질 수밖에 없다. 그러나 영어靈語는 흐르는 유동적인 물과 같은 액체로 절대미絶對美를 형성하고 있다고 하고 있다. 따라서 시인은 눈으로 볼 수 없는 불가시의 사물을 통해서 그 아름다움을 귀로 들을 수 있는 것, 바로 이곳이 '시의 감상의 비결'의 지점이라 하고 있다. 말하자면, 범인凡人의 눈에는 시가 색色, 곧 형상성의 문자로밖에 보이지 않지만, 시인은 그 색을 통해서 불가시의 아름다움을 노래로서 듣는다는 것이다. 이외에도 시인의 시작 태도를 신과 대좌하여 부르짖는 감정적 요소를 말하기도 한다.

3) 명상과 영감 – 인간 혼魂의 정淨한 육감

황석우는 또한 말하기를, 시인에게는 명상瞑想이라는 과목이 있음을 강조하기도 한다. 그런데 명상은 자의대로 생각한다는 것이 아니라, 신의 '묘혼渺昏한 궁전'에 들어가고자 하는 마음의 자세라고 한다. 그리고 '취한 신경'의 관현악적 요소와 최고의 아름다움과의 접촉에서 형성되는 영어靈語와 신령神靈, 곧 '혼魂의 정淨한 육감'으로서의 영감inspiration을 강조하기도 한다.

> 시인에게는 명상이라는 일상 과목이 있다. 그러나 명상이라 함은 글자와 같은 '생각함'이라는 의미가 아니다. 명상은 시인에게 취하면 「신의 묘혼渺昏한 궁전에 입入하려는 마음의 한 재계齋戒」에 불외하다. … 〈중략〉 … 자아 최고의 미를 훔키며, 그미에 촉觸할 때의 '느낌'을 보통 '영어靈語'

혹은 '신령神靈'이라 한다. 더 강하게 말하면, '영감inspiration'은 신의 설백雪白의 향기(句)로운 협頰에 촉할 때, 그 손을 꽉 쥐일 때, 일어나는 '혼魂의 정淨한 육감'이다. 이 육감의 적滴이 엉겨, '뜨거운 말'이 되어 전 신경의 섬유의 현絃에 스쳐 떨어질 때가, 서정시의 낳는 경境일까. 시가 한 액체란 의의意義는 이곳에서 더욱 밝게 진盡하여진다.[46]

황석우는 여기서 시인의 '영감'을 '영어靈語'와 '영율靈律'로 형성되는 인간 혼의 정화된 육감이 물방울로 엉겨 뜨겁게 달구고 있다고 한다. 말하자면, 시인의 뜨겁게 달아오른 감정을 액체화 하여 흘러넘치게 하는 것이 시라는 것이다. 여기서 '뜨거워진 말'이란 일상적 인어인, 곧 현실어가 아닌 '영어'와 '영율'로 형성되는 '신흥神興', 곧 '영감'의 시적 경지를 훨씬 내면으로 심화시킨 경지라 할 수 있다.

4) 기분과 예지, 그리고 말(語)의 저장

《삼광》지에 발표된 「시화」는 《매일신보》에 발표된 「시화」의 후속고로서 그 앞의 일부는 《매일신보》 2회분과 중복되고, 그 뒤의 '기분과 예지'·'어語의 저장' 등 2개의 항목만이 새로 작성된 것이다. 그렇다면, 시에서 기분이란 무엇일까? 이에 대하여 황석우는 이렇게 정의한다.

기분은 큰 암시의 세계를 끌어오는 한 선풍旋風이다. 기분은 한 건축의 도안圖案이며, 시인의 한 암호전보이다. 기분은 물리학의 공식과 같은 한

46 위의 「시화詩話」에서 인용.

미謎이다.[47]

'기분'은 큰 암시暗示의 세계에서 유도하는 돌발적으로 부는 회오리바람과도 같다고 하기도 하고 건축의 도안圖案, 또는 암호전보로서 물리학의 공식과도 같은 미어謎語가 된다는 것이다. 말하자면, 기분은 몽연한 석무夕霧와도 같을 뿐만 아니라, 언제나 시인의 마음에 부착되어 시인에게 미래를 예시하는 암호전보와 미래를 설계케 하는 도안圖案이 되기도 한다는 것이다.

황석우는 또한 시가를 정의하기를 기분예술이라고 한다. 그런데 그 기분은 단순히 겉껍질의 표현이 되어서는 안 된다. 기분은 어느 것이든 일종의 쇠미衰味의 특성을 가지고 있다. 바로 쇠미의 특성은 천성과도 같은 것이다. 그렇다고 해서 시가 단순히 애상적 표현에만 머물러서는 아니 되고, 어느 미지의 세계를 포괄하야만 한다고 한다.

> 기분이라 함은 더 한번 말하면, 「마음의 한 작은 몽롱한 환등幻燈」이라 할 수 있다. 어찌 하였든지 우리가 기분에 촉觸할 때에는 한 포상泡上의 세균을 검사하는 것과 같은 섬밀纖密한 눈으로 그것을 풀어 읽지 않으면 아니 된다. 이것이 시작의 제1단의 요루要壘이다. 기분은 어느 때에는 무립霧粒보다도 더 작고, 또 어느 때에는 천지天地보다도 더 현황玄黃하다.[48]

47 《삼광》 3호(1920.4) 15면.

48 《삼광》 3호(1920.4) 15면.

한마디로 기분은 마음속의 '몽롱한 황등幻燈'과도 같은 것으로 우리들이 그것에 접촉할 때에는 물거품 속의 세균을 검사하듯이 아주 치밀한 눈으로 그것을 살필 것을 강조하고 있다. 기분은 시 제작에서 제1단의 요루要壘로 어느 때에는 아주 미세하기도 하고, 천지가 창조될 때보다도 더 혼동되어 모호하기도 하다는 것이다.

그리고 어語, 곧 '말'의 저장에서는 「시인의 창고에 아무것도 없다. 다만 약간의 '말의 섬'이 쌓여 있을 뿐」이라고 한다. 그런데 그 말에는 아주 짧은 순간의 기분으로 만든 말이나, 아니면 시인이 특별히 애용하는 말이 있는데, 시의 제작에 그 애용어를 남용해서는 안 된다고 한다. 한마디로 황석우는 여기서 시어로 '벽어癖語', 곧 시인이 특별히 좋아하는 '애용어'를 전적으로 배척하고 있다.

> 어語의 저장은 시인의 제1의 쾌락이며, 도락이라 하겠다. 시인은 마음에 드는 말에는 비록 일언일구一言一句라도 그것을 구하기에 애쓰며, 심지어 자기의 애첩愛妾을 여與함도 사辭치 않는다. 시인의 말의 저장은 아주 쉽게 말하면, 곧 그 미래를 축築할 목재, 분식품粉飾品 등의 예비이다.[49]

위의 인용은 시인과 말(語)과의 관계를 말한 것으로, 시인이 말을 저장하는 것은 미래에 세워질 목재나 장식품들을 예비하는 것과도 같다는 것이다. 시인은 말의 기능을 단순히 전달 도구로서가 아니고, 그 말의 영어靈語로서의 새로운 상징적 의미를 창조하는 것이 무엇보다도 중요하

49 《삼광》 3호(1920.4) 16면.

다고 한다.

위에서 살펴본 바와도 같이 이 단상의 형식으로 된 「시화」에 담겨진 논의는 소박하지만 프랑스의 상징파 시학과 낭만주의 시론을 바탕으로 하고 있다. '영어靈語'나 '영율靈律', 그리고 '신흥神興의 영감靈感과도 같은 것이 바로 상징주의나 낭만주의 시론에 근거한 논의라 할 수 있다. 한마디로 말하면, 1920년을 전후한 초창기 우리의 자유시 운동은 이러한 소박한 시론을 바탕으로 출발한 것임은 말할 것도 없다.

5) 시의 '내재율'과 자유시의 관념

서구의 시나 일본의 시를 본 딴 '모형模形'에만 머물지 말고, 우리의 독창적인 자유시로 지향할 것을 강조한 「조선시단의 발족점과 자유시」에서 황석우는 우리 근대시단이 펼쳐가야 할 진로를 이렇게 말하고 있다.

> 제군이어! 우리 시단은 적어도 '자유시'로부터 발족치 않으면 아니 되겠습니다. 그리고 시단이 차차 깨우는 때를 따라 상징시, 혹 민중시, 인도시人道詩, 혹 사상시寫象詩등에 기旗를 분하여 나가는 것이 그 가장 현명한 순서라 하겠습니다. 적어도 우리가 일본시단, 세계시단에 대립하며 나가는 데는 이들 시형에 한하겠으니까 우리 개성의 독특한 새 시형을 세우지 않아서는 아니 되겠습니다. 그러나 우리의 '힘'과 '재능'은 아직 이곳에까지 급及하여 있지 못합니다. 우리는 모든 것이 늦어 있습니다.[50]

50 《매일신보》(1919.11.19)에서 인용.

황석우는 여기서 당시 분분하고 있었던 '신체시'에 대한 관념이나 논의에서 벗어나 우리의 독특한 '자유시'를 이루어야 한다는 것이다. 일본에서 메이지明治 초기에 형성되었던 '신체시', 이것은 이제 일본의 시단에서 이미 사라져버린 것을 답습하고 있음을 개탄하고 있다. 그렇다. 근대시 초창기에 최남선을 비롯한 몇몇 사람들이 '신체시' 형식을 실험하고 있었던 것은 사실이다. 그러나 그것은 극소수에 불과했고, 이들도 못지않게 새로운 '자유시' 형식을 다각도로 실험하고 있었다. 최남선을 비롯한 최승구崔承九(素月)·현상윤玄相允(玄星)·김여제金輿濟(流暗)등의 1919년대 초·중반에 펼쳤던 신시운동이 바로 그것이라 할 수 있다.

이들의 뒤를 이어서 김억金億(岸曙)·주요한朱耀翰(頌兒)·황석우黃錫禹(象牙塔) 등이 1920년을 전후하여 자유시 운동을 펼치게 된다. 바로 이것이 우리 근대시의 본격적인 출발이라 할 수도 있다.

그렇다면, 황석우가 김안서 등과 펼친 자유시 운동의 관념은 어디서 온 것일까? 그것은 말할 것도 없이 프랑스 상징주의 시파에서 온 것임은 동 논문에서,

> 자유시의 발상지는 더 말할 것 없이 피彼 불란서입니다. 자유시 이전에 재한 서시西詩는 음수音數·체재體裁 등에 관한 복잡한 괴난怪難한 법칙에 지배되어 있었습니다.피彼 알렉산드리안조調의 12철음綴音의 법칙과 같음은 그 현저한 예입니다. 이것은 '1행 1단락제'라고도 한 법칙이었습니다. 이 법칙에서는 1행에 포包한 의미는 차행次行에 급及치 않음을 그 원칙으로 하였습니다. 곧 그 행행行行이 각각 '의미독립'을 보保치 않아서는 아니 되었습니다. 이런 부자유의 고전적 외적 제율制律이 시인의 자유

분방의 정상情想을 구속 긴박하여 왔습니다 … 〈중략〉 … 이 전제시형에 반항하여 입立한 자가 곧 자유시입니다. 자유시는 그 율의 근저를 개성에 치置하였습니다. 자유시의 창개자創開者는 피 유명한 상징시단象徵詩團의 베르렌느, 말라르메 베르아렌 등 제 시인입니다. 차외此外 프랑시스, 랭보, 레니에 등도 이 자유시파의 혁혁한 시인이었습니다. 근일 구미歐美와 일본에서 보통 시라 운운함은, 곧 이 자유시를 지指함입니다. 일본에서 자유시의 이름이 생함은 피 미후지큐요우三富朽葉(故人), 가토카이슌加藤介春, 후쿠시코우지로福士幸次郎 등의 자유시 운동으로부터 시始함인 듯합니다. 따라서 율이라 함도 이 자유시의 개성율을 이름입니다. 이 율명律名에 지하여는 사람에게 의하여 혹 내용율內容律·혹 내재율, 혹 내심율內心律, 혹 내율內律, 심율心律이라고 호呼합니다. 그러나 이는 모두 자유시, 곧 개성율을 형용하는 동일 의미의 말입니다.나는 차등此等 종종의 명名을 포괄하여 단單히 '영율靈律'이라 호呼하려 합니다.[51]

라고 말하고 있다. 한마디로 자유시 운동의 발상은 프랑스 상징주의 시에 있다는 것이다. 그 이전 고전주의나 전통시가의 제율에서 벗어나 자유분방한 시가운동을 일으킨 것이 바로 프랑스 상징주의 시인들이다. 이들이 창조한 것이 바로 자유시의 내재율內在律이 되는 셈인데, 이것은 또한 '개성율個性律'·'내심율內心律'·'심율心律'이라고 불리기도 한다. 말하자면, '전제시형專制詩形'이라 할 수 있는 고시古詩의 외적 제율에서 벗어나 자유분방한 시상을 개적인 '내재율內在律'로 표현한 것이 '자유시'라는 것으로, 「시화詩話」에서 황석우가 주장한 '영어靈語'와 '영율靈律'의 관

51 같은 《매일신문》에서 인용.

념도 바로 이 '자유시'의 운율의식에서 발상한 것이라 할 수 있다.

2 일본시단의 경향과 상징주의 시론의 도입

「일본시단의 2대 경향」에서 황석우는 당시 일본시단에서 펼쳐지고 있는 상징주의의 형성과정과 이에 반발하여 민중시의 대두에 대해서 논의하고 있다. 그런데 이 논문의 제목이나 서두에서 말한 것과는 달리, 민중시파에 대해서는 거의 논의되지 않고 있다. 서구의 상징주의 시와 시론의 이입移入으로 형성된 일본시단에서의 정착화 과정과, 또는 상징시학으로서 지적 상징주의와 정서적 지적 상징주의와 정서적 상징주의로 구분하여 시학적 차원에서 논의하고 있다. 여기서 상징주의의 이러한 구분법의 타당성 문제를 제기한다는 것은 무의미하다. 우리 근대시의 형성과정에서 '자유시 운동'의 일환으로서 존재했던 불가피한 역사적 사실로 논의할 수밖에 없다.

1) 상징시파와 민중시파의 운동

1920년 7월에 출간된 《폐허》 창간호에 발표된 「일본시단의 2대 경향」의 서두에서 황석우는 당시의 일본시단의 주조主潮를 '구어시口語詩

의 자유시 운동'이라 요약하고, 미키로후三木露風와 히나쓰고노스케日夏耿之助를 비롯하여 야나기자와다케시柳澤健·기다무라하쓰오北村初雄 등과 같은 많은 청년시인들이 이끌고 있는 '상징주의 시운동'과 이에 대항하여 일어난 후쿠다마사오福田正夫와 카도카즈오加藤一夫 등이 이끌고 있는 '민중시가民衆詩歌 운동'의 소개와 함께 상징주의 시학을 집중적으로 논의하고 있다.

황석우는 일본의 상징주의 시가운동의 전개과정을 《해조음海潮音》의 저자 우에타빙上田敏이나 이와노호메이岩野泡鳴와 감바라아리아케蒲原有明 등을 거쳐서 미키로후三木露風에 이르러 완성되었다고 하면서, 그 운동의 전개과정을 다음의 3단계로 구분하여 논의하고 있는 데, 각 분기에 따른 특징을 요약하면 다음과 같다.

제1일기는, 우에다빙上田敏·이와노호메이岩野泡鳴·감바라아리아케蒲原有明 등이 대표하고 있는데, 우에다빙은 《해조음海潮音》을 통해서 이탈리아·영국·독일·프랑스 등 서구의 서정시를 처음으로 일본에 소개하였고, 이와노호메이岩野泡鳴는 많은 시가집을 통하여 '상징시'를 실험하여 일본 시문학사에 커다란 족적을 남겼으며, 감바라아리아케蒲原有明는 영국시인 로제트의 영향을 받았을 뿐만 아니라, 프랑스 상징시에서 배워 처음으로 일본에 상징주의의 전문적 깃발을 세웠다고 하고 있다.

제2기는 감바라아리아케蒲原有明의 뒤를 이은 시인으로서 미키로후三木露風는 관능파官能派 시인의 두목이라 할 수 있는 키다하라하꾸슈北原白秋와 함께 일본 시단의 대가라 불리는 시인으로 일본 상징주의 시의 제

2기를 대표하고 있다. 그는 많은 시작을 통해서 상징주의 시를 실험하여 가장 심수深邃하고 유현幽玄한 시적 경지를 보이고 있을 뿐만 아니라, 그의 수하에서 많은 제자들을 길러 내었는데, 야나기자와타케시柳澤健·키다무라하쓰오北村初雄 등 이외에도 많다.

제3기는 히나쓰고노스케日夏耿之助와 하키와라사쿠타로荻原朔太郎가 이 시기를 대표하고 있는데, 히나쓰고노스케日夏耿之助는 일본시단에서 드물게 보는 고답적이고 귀족적이며, 고전적인 경건한 혼의 소유자이고, 하키와라사쿠타로荻原朔太郎는 일본 최초의 '진상징시인眞象徵詩人'으로 호칭되기도 하였을 뿐만 아니라, 한때 미키로후三木露風를 맹렬히 비판하여 용명勇名을 떨치기도 하였다는 것이다.

이와 같이 일본의 상징시파의 형성과정을 상세히 논의하면서도 민중시파民衆詩派에 대하여는 일체 논의하지 않고 있다. 다만 이 논문의 서두에서 상징시파에 대항하여 일어난 민중시가의 대표자로서 후쿠다마사오福田正夫·도마타사이카富田碎花 카도카즈오加藤一夫 등의 이름만 거명되고 있을 뿐이다.

2) 시론으로서의 상징주의 – 광의의 상징주의와 협의의 상징주의

상징주의는 지적 상징주의와 정서적 상징주의로 분류된다. 앞의 지적 상징주의는 광의적인 것으로, 우리는 이것을 다시 두 가지로 구분하여 그 하나는 관념, 또는 사상만을 환기하는 지적 상징주의라 하고, 또 다른 하나는 관념 또는 사상은 물론, 정서까지를 환기하는 정서적 지적 상징주의라고 한다. 그리고 협의로 정서적 상징주의가 있는데, 우리들이 흔히 말하는 상징주의는 이 정서적 상징주의와 앞의 정서적 지적 상징주의를 가리킨다고 한다.

첫째, 광의의 지적 상징주의는 지적 상징 또는 지적 상징의 결합에 의하여 어느 관념이나 사상을 표상하는 상징주의라 하고, '풍유諷諭'와 '우화寓話' 내지 '비화譬話' 등이 모두 이에 속하고, 프랑스 상징주의가 본격적으로 대두되기 이전의 것들이라 할 수 있다. 그런데 여기서 중요한 것은 상징과 '환상幻想'은 서로 구분되어야만 한다. 상징은 우리들이 눈으로 볼 수 없는 불가견의 본질적인 것을 표상해 보는 것으로, 지적이고 공상적인 것과, 또는 관념이나 사상을 내용으로 하지만, 형식에 있어서는 부적符籍에 불과한 기능만을 수행한다. 그리고 내용이 주가 되고 형식은 경미하게 다루어 언제나 구상성具象性에서 결함을 보이고 있을 뿐만 아니라, 예술적 표현으로서 심미적이나 필연성이 부족하여 사물의 정확하고 본질적 표현이 불가능하다고 한다.[52]

둘째, 정서적 지적 상징주의는 어느 관념이나 사상을 상징 또는 일군의 상징에 의하여 표상하는 점에서는 지적 상징주의와 같지만, 구상성에서 차별화된다고 한다. 말하자면, 이것은 어느 관념이나 사상을 표상하는 상징, 곧 형식에서 단순한 부적符籍 이상의 기능을 한다는 것으로 작품의 내용과 형식, 또는 형식과 내용이 불가분리의 관계를 이루고 있다는 것이다. 따라서 작품의 내용을 이루고 있는 관념이나 사상은 이따금 불확정하여 명료성을 찾아보기 어려운 것으로, 셰익스피어의 《햄릿》·괴

52 《폐허》 창간호(1920.7) 81~82면 참조.

테의 《파우스트》·단테의 《신곡神曲》·입센의 《인형의 집》 등과 같은 것이 그 예가 된다고 한다.[53]

셋째, 협의의 상징주의로서 정서적 상징주의는 음音·형形·색色·향香·미味 등의 5관의 감관感官과 상징을 통해서 환기되는 정서와 기분氣分을 본질로 하고 있다고 한다. 말하자면, 이 정서적 상징주의는 보들레르·베르레느·랭보·말라르메 등과도 같은 프랑스의 데카당파 시인들이 창시하여 전 세계에 파급시킨 정서와 기분의 상징성을 목적으로 하고 있는 것이라 할 수 있다. 따라서 이 정서적 상징주의는 바로 근대적 상징주의의 본질과 특색을 같이하고 있는 것으로, 먼저 인간의 상상력의 소산이라 할 수 있는데, 여기서 상상력은 통찰적인 이상주의와 환각幻覺 등 자연주의나 합리적이고 논리적인 물질적 구상성에 반하는 것이다. 그리고 관념이나 사상, 곧 그 내용과 정서적 기분이 형식과 분리되지 않고 혼융체渾融體를 형성하고 있기 때문에, 그 구상성을 통하여 심미성을 추구할 수 있을 뿐만 아니라, 예술적 표현에서도 가장 뛰어난 심미성과 사물의 순일純一하고도 정확한 본질적 표현이 가능하게 되었다는 것이다.[54]

이 데카당파의 상징주의가 우리나라에 이식移植되기 시작한 것은 김안서·황석우·이상화·이장희 등 폐허와 백조, 그리고 금성동인들이 펼친 근대시운동과 함께 맞물려 있다. 그 중에서도 김안서는 서구시西歐詩를 대량 번역 소개하여 우리나라 근대시의 형성과정에 크게 기여하였다. 역시집 《오뇌懊惱의 무도舞蹈》가 바로 그것인데, 이것은 우리나라에 최초

53 위의 《폐허》 창간호, 82~83면 참조.

54 위의 《폐허》 창간호, 83~85면 참조.

로 서구시를 번역 소개한 것이라 할 수 있다. 따라서 이것은 일본의 우에다빙上田敏이 펴낸 역시집 《해조음海潮音》과도 비교되는 것으로, 우리 근대시의 형성과정에 커다란 역할을 한 것으로 간주되기도 한다.

3 시의 본질로서의 표현기교와 감상 및 제작의 문제

「시가의 제문제」[55]와 「시의 감상과 그 작법」[56]은 소박하지만, 시의 원론적인 차원에서 논의하고 있다. 앞의 논의는 시의 본질과 표현의 문제로 음악과 회화의 기법, 그리고 시의 효용론까지 이르고 있다. 그리고 뒤의 논의는 시의 제작법과 감상의 태도를 일치시키고 있다. 비록 이 두 논문이 시의 원론적 차원에서 시의 본질로서 내용과 형식뿐만 아니라, 시의 제작과 감상법까지 논의하고 있으나, 시학적 깊이에까지 이르지는 못했다. 그 당시의 수준에 맞춰진 소박한 이론적 한계 내에 머물고 있는 것이라 할 수 있다.

55 이 논문은 1934년 9월호 《조선시단》에 발표되었다.

56 이 논문은 1921년 1월호 《학생계》에 발표되었다.

1) 시의 본질과 표현기교 및 효용의 문제

「시가의 제 문제」의 서두에서 황석우는 첫 번째로 시가의 본질을 인간의 정서문화의 최고층의 조직체로서 인간혼의 섬유조직의 원료소原料素로 규정하고, 시의 회화성과 음악성에 대하여,

> 시가는 그 형태학상으로 보면 그는 일종의 정서공업情緖工業이라 할 자이다. 그는 곧 언어 건축공업의 가장 미술적으로 발달된 자이다. 그는 또한 언어 직물 공업으로도 볼 수 있다. 다시 말하면, 시가는 언어의 조각, 언어자수言語刺繡, 언어회화言語繪畫라고 할 수 있다. 시가는 또한 리듬을 가진 점에서 언어음악, 언어무용이라고도 할 수 있다.[57]

라 하고 있다. 시가를 형태적으로 보면, '정서공업情緖工業', 또는 미술적으로 보면, 가장 발달한 '건축공업'이라 하여 시적 언어의 조형성造形性, 곧 '조각彫刻'과 '자수刺繡'와 '회화繪畫'로 볼 수 있다고 한다. 그리고 시가의 운율적인 면에서 보면, '언어음악' 또는 언어무용으로도 볼 수 있다고 하면서, 시적 언어의 이러한 두 가지 측면, 곧 '색채 방사放射'의 속성이나 '음향의 악주樂奏'의 속성을 강조해서 말하기를,

> 시가의 언어에는 색채의 방사放射가 있고 음향의 악주樂奏가 있다. 곧 시를 눈으로 볼 때에는 그는 일개의 현란한 선구조線構造, 색구조色構造를 가진 건축물이며 회화이며,또 그것을 입으로 외울 때에는 그 말들의 자신

57 《조선시단》 8호(1934.9) 1면.

이 일정한 운율을 반伴한 소리를 외치는 미묘, 현묘玄妙한 음악의 탄기彈機이다.[58]

와도 같이 말하고 있다. 한마디로, 시를 눈으로 볼 때는 현란한 '선형線形'과 '색상色相'의 구조로 이루어진 건축물이나 회화가 되고, 귀를 통해서 들을 때는 운율韻律로 형성된 미묘하고도 현묘玄妙한 음악의 '탄기彈機'가 된다는 것이다. 황석우는 여기서 시가의 본질, 곧 시적 언어의 음악성과 회화성을 통해서 시가의 그 본질을 규정하고 있다.

두 번째로 「시가의 운율 문제」에서 '자유시'를 형성하고 있는 '내재율'을 규정하여 "말의 심장에서 약동하는 '감정무도感情舞蹈'의 선율旋律, 곧 피의 선율이 되는 심율心律이라 하고 있다. 말하자면, 내재율은 고시가나 전통시가의 운율을 형성하고 있는 음수율이나 고저장단의 제율制律과는 달리, '말의 호흡', 말하자면, '말의 폐장肺臟'에서 형성되는 호흡의 억양이나 고저장단高低長短에 의하여 이루어진다는 것이다.

자유시는 그런 음성, 음수 등의 외형율外形律을 무시하고 그것에 반역하여 그것을 파괴한 곳에서 성립된 자이다. 따라서 자유시의 운율은 자유이다. 그러기 때문에, 자유시는 그 쓰는 시마다 새로운 운율이 창조된다. 곧 자유시는 운율 자유, 창조의 시이다.음악가가 자유시를 이용하여 그 곳에다가 어느 음계 배치로서 부곡附曲하는 것은 그음악가 제멋대로의 작란

58 위와 같은 잡지, 1면.

이다. 그것은 그 시 자신이 가진 음조직音組織 - 어감조직이 아니다.[59]

'자유시'는 고시가나 전통시가의 외형적 제율制律에 대한 반역과 파괴에서 성립되는 것으로, 자유시는 개적인 심율心律로 시를 제작할 때마다 새로운 운율이 창조된다고 한다. 따라서 자유시는 그 시를 읽는 사람의 심금에 울리는 감격대로 그 소리를 자유롭게 읊으면 된다고 한다. 그러나 시를 읊는다는 것은 그 운율의 감각만이 아니라, 시적 언어의 질과 맛(味)과 향기를 감미鑑味하는 것이다. 자유시의 운율은 이런 모든 것의 조화에서 생겨나는 것이라고 하면서,

> 운율은 이것 등의 전체적 조화에서 생기는 자이다. 곧 운율은 말의 질, 말의 미味, 말의 향기, 또 이 밖에 말의 색채, 말의 선線 등의 혼융渾融한 조화상태의 극치에서 생겨나는 자이다.[60]

라고 하고 있다. 말하자면, 시가의 운율은 '말의 미적 동작'이며, '말의 음악적 동작'과도 같다는 것이다.

세 번째로 「시의 기교 문제」에서 황석우는 시 제작의 요건으로서 '형용'의 문제를 가장 중요한 기술적 조건으로 제시하고 있다. 형용의 문제가 제대로 해결되지 않고서는 생동감 있는 시가 되지 못한다고 하면서

---

59 위와 같은 잡지, 2면.

60 위와 같은 잡지, 2면.

그 형용의 현실성과 자연성과 타당성을 역설하기도 한다. 한마디로 말해서, 형용은 시적 운율을 낳게 하고 시 전체의 생명을 지배하는 요소가 된다는 것이다.

> 운율은 기분이며, 형용은 그 시의 용모, 스타일 또는 그 일체의 동작을 표현하는 묘사이다. 그러므로 시의 형용이 완성되지 못한 곳에는 운율의 존재가 없다. 곧 운율은 그 형용을 따르는 기분이다. 형용은 물조직物組織이며 운율은 그 조직에 의존한 생명작용이다.[61]

시의 제작 과정에서 기교에 전력하게 되는 것은 오직 형용, 곧 내적 묘사에 있다고 한다. 따라서 그 내적이고 심적인 묘사, 곧 '형용'이란 말에 따르는 '영사映寫'이고, '물物의 형상'이며, 마음의 동작 전체를 그려내는 카메라 활동과도 같은 역할과 기능을 이렇게 말한 것이라 할 수 있다.

네 번째로 「시의 내용과 효용 문제」에서 황석우는 말하기를, 시의 내용은 말할 것도 없이 시의 사상과 감정의 문제라고 하고 있다. 그런데 그 사상과 감정의 문제는 시인의 인생관을 수반하는 상징주의 인도주의 인상주의 초현실주의 등과 같은 문학사조에 속한 사상과 감정을 요구하게 된다는 것이다. 따라서 오늘날의 시대는 오늘날의 예술이 요구하는 사상과 감정으로 바뀌어져야 한다고 하면서 인간의 일상적 삶과 시와의 긴밀한 관계에 대하여 말하기를,

61 위와 같은 잡지, 3면.

시가는 다른 일체의 정신문화와 같이 인간의 실생활 가운데서 한 개의 생활수단으로서 생겨나는 자이다. 시가는 곧 인간을 위한 인간의 생활을 위한 것으로서 생겨나는 자이다. 시가는 한 개의 생활방편, 생활무기이다.[62]

라고 하고 있다. 한마디로 이것은 시의 효용과 기능의 문제를 인간의 실질적 생활과의 관계에서 찾고 있다. 그리고 "시대는 인간에게 그 시대가 명하는 생활을 요구하고, 인간에게는 그 시대의 문화조직과 생활 질서를 혁신하여 창조할 의무가 부여된다."고 한 명제를 그 실천사항으로 제시하고 있다. 이것을 좀 더 좁혀서 말하면, 우리의 시가는 우리 민족의 삶을 바탕으로 한 시대적 사상과 감정의 문제를 다루어야 한다는 것을 이름이다.

2) 시의 제작과 감상법의 문제

「시의 감상과 그 작법」은 그 부제로 '중등학생에게 여與하여'라고 한 바와도 같이 중등학생을 위한 시의 제작법과 감상법의 논의라 할 수 있다.[63] 황석우는 여기서 시의 제작법과 감상의 태도를 일치시키고 있다. 이것은 시의 창작이나 감상을 통한 소박한 비평적 태도라 할 수 있으나, 우리 근대문학의 초창기에 있어서 자유시 운동의 출발에 있어서 선도적 역할을 한 것은 사실이다.

이 논의의 전반부에서는 서론을 포함한 내용으로서의 시적 의미와 운

62 위와 같은 잡지, 4면.

63 이 논문은 《학생계》 4호(1920.11)와 6호(1921.1)에 연재되었다.

율이나 음수를 기반으로 한 외재율을 배척하고 있다. 먼저 이 논의의 서두에서 일반 대중으로부터 그 어느 장르보다도 시가詩歌가 냉대를 받고 멸시를 당하는 것을 몹시 아파하고 개탄하고 있다. 말하자면, 문학, 아니 예술장르 가운데서 시가가 대종大宗으로 모든 문학이론의 바탕이 되어 있는데도 멸시의 대상이 되어 왔다는 것이다.

그런데 이것은 시가를 냉대 또는 멸시하는 사람들에게 문제가 있다. 결국 이것은 우리들이 예술과 인간생활과의 관계를 올바로 인식하지 못하고 있기 때문이라는 것이다.

> 이것은 지금까지 조선 사람이 써온 시가 중에 존경을 받을 만한 작품이 없다는 것보담 아직 조선 사람이 예술의 인간생활에 대한 지위라든지 그 권위도 모르는 까닭이라 하겠다. 따라서 예술의 감상력도 없다.[64]

한마디로 해서, 예술과 인간생활과의 밀접한 관계와 그 중요성을 모르기 때문에 시가에 대한 냉대와 멸시를 자행하고 있다는 것이다. 그렇다고 시를 제작하는 시인들에게는 아무런 책임이 없다는 것은 아니다. 우리 시인들이 제작한 시가 중에는 '사주전私鑄錢'과도 같은 '모조품'이나 절도품竊盜品과도 같은 작품이 있기 때문에 일반대중에게 홀대를 받고 멸시를 당한다고 하고 있다.

그리고 시가에서 내용과 의미와의 관계에 대해서 말하기를, 그 내용이 의미가 아님을 역설하고 있다. 내용이란 단순한 의미가 아니고, 시의

64 《학생계》 4호(1920.11) 16면.

내면에 담겨져 있는 기분氣分의 전체, 곧 '생명'을 일컬음이라 하고 있다.

> 보통 내용이라는 것을 '의미'로 오해하는 듯하다. 내용이라 함은 의미가 아니고 그 내면에 담겨 있는 기분 전체, 곧 생명을 이름이다. 피彼 상징시에 재한 '암시'라든지 민중시에 재한 '민중생활의 표현'이라든지 하는 것도 내용이 아니고, 그 시의 독특한 '길', 한 주의主義에 불과하다.[65]

이것은 시의 내용이란 그것을 표현하고 있는 언어의 의미가 아니라, 그 언어들이 구성하고 있는 시작 전체에 함의되어 있는 기분, 곧 분위기는 물론, 그것이 암시하는 상징성이 내용이 된다는 것이다. 따라서 시에 대한 태도도 의미의 탐색이 아니라, 그 포괄적인 상징성의 감상으로 우리의 눈과 귀와 입과 코와 촉각을 통해서, 아니 그 색色과 성聲과 향香을 통해서 총체적으로 감상해야 한다는 것이다. 한마디로 시의 제작과 감상은 영적 감관, 곧 영靈의 5관으로서 감상할 것을 강조하고 있다.

그리고 운韻과 자수字數와도 같은 외재율, 곧 외형율을 배척하고 내재율, 아니 '심율心律' 또는 '영율靈律'을 강조하고 있다. 자수율이나 고저장단高低長短의 음성률을 바탕으로 한 시조나 한시 형식은 구태 시로 배격한다. 이런 형식적 제약 속에서는 인간의 개적 심율이나 영율을 통해서 암시되는 느낌을 받을 수조차 없다는 것이다.

〈시의 감상과 그 작법(2)〉인 후반부에서도 황석우는 마찬가지로 시의

65 《학생계》 4호(1920.11) 17면.

제작법과 감상의 태도를 일치시키고 있다. 말하자면, 시의 감상에서 영적 감관, 아니 심령心靈의 5관으로서 감상할 것을 강조한다.

> 그러나 단순히 감상을 '맛보는 것'이라고만 말하여서는 또한 오해가 생길 줄 안다. '맛본다'는 것은 물론, 그 음식의 달고 쓰고 맵고 짠 것을 맛보듯이 육肉에 달린 입으로 맛본다는 것이 아니고, 곧 청聽·시視·촉觸·후嗅 등 감각의 전적 활동을 하는 '영의미각' - '마음의 미각'으로써 한다는 것이겠다. 마음은 원래 만능이다. 그러므로 마음에 통하는 귀라든지, 코에는 혀(舌)도 이(齒)도 있다. 이곳에 가장 좋은 예를 하나 들진댄, 음악은 원래 청각에 소訴하는 예술이 아닌가. 그럼에도 불구하고 역시 음악을 맛본다고 하지 않는가. 어쨌든 우리가 감상이란 말의 의미를 설명할 때에 미해味解니 미별味別이니 감미感味니 하는 그 '미味'자를 피할 가능성과 그 대어對語를 갖지 못한 한은, 아무리 하여도 감상이란 것을 위와 같은 해석으로써 만족(불만이나마)할 밖에는 다른 도리가 없을 것이다.[66]

황석우는 여기서 '문학을 감상한다는 것', 그것은 말할 것도 없이 '영靈의 미각', 곧 '마음의 미각'으로 할 것을 역설하고 있다. 영, 곧 마음은 만능하기 때문에, 이 세상 불가능한 것이 없다는 것이다. 마음이란 원래가 더할 나위 없이 커다란 우주를 품을 수도 있고, 눈으로는 볼 수도 없이 아주 미세한 공간으로 틈입할 수도 있다. 어디 이뿐이겠는가. 마음의 눈으로, 마음의 귀로 이 세상 모든 것을 볼 수도 있고, 들을 수도 있고, 맛볼 수도 있는 것이다. 이것은 '영어靈語'와 '영율靈律'을 바탕으로 한 상징주

66 《학생계》(1921.1) 18면.

의 시학과 맞물린 논의라 할 수 있다.

황석우의 이러한 주장은 '영의 감관의 실재에 대한 신념'에 근거하고 있다. 감상이란 원래가 명시明示된 실재實在 현상을 감鑑하여 맛본다는 것으로, 마음의 눈과 귀와 같은 감관感官을 통해서 한다는 것을 의미한다. 이러한 시 감상의 태도는 시의 제작에서도 마찬가지라 할 수 있다.

그렇다면, 여기서 말하는 마음은 무엇일까? 마음은 원래가 볼 수 있는 실체가 아니다. 그렇다고 마음이 없는 것도 아니다. 아무튼 우리 인간은 마음이 있다는 전제 위에서 살고 있다. 보이지도 않고 들리지도 않는 마음의 지배를 받으면서 살고 있다. 마음이 없다면, 우리 앞에 펼쳐지고 있는 모든 사물의 존재, 곧 물적 현상계 자체도 무화된다. 이것은 역으로 우리들의 마음이 있기 때문에, 사물의 존재가 가능하다는 말이기도 하다. 따라서 인간은 무화된 물적 현상계에서 살기보다는 사물의 존재를 긍정한 마음의 세계에서 살아가고자 한다. 그러나 죽음과 함께 무화되는 생명현상과 함께 하는 마음의 존재는 아직 해결되지도 않았고, 또한 앞으로도 영원히 해결될 수도 없는 것이기도 하다. 바로 여기에 시적 본질이 있는 것으로, 우리 인간이 무엇 때문에 살고 있는 것과도 맞물리고 있는 것이다.

황석우는 또한 시를 감상하는 방법의 필수 요건으로서 '무관심'을 들고 있다. 무관심이란 미적 관조의 요건이라 하고, 문학의 감상에는 일체의 이해득실을 떠난 무아無我의 경지에서 감상할 것을 역설하고 있다.

> 무관심이라 함은 독일어의 Disinterestedness의 역어인데, 곧 이해득실의 온갖 사념邪念, 소위 욕慾의 영토, 본능, 실제적 세계로부터 떠난 황홀, 망아忘我 - 혹은 몰아沒我 탈실脫實이라고도 함 - 의 경에 있는 마음의 상태

를 가리킴이니, 마음이 이러한 경에 있지 아니하면, 예술의 진정한 제작과 감상이 불가능하다 함이다. 저 독일학자 칸트Kant의 설에 의하면, '소유의 본능'으로부터 초월하는 것이 미적 태도의 근치根致·본경本境·진경이라 한다.[67]

여기서 황석우가 말하는 '무관심'의 경지는 헛된 가식假飾이나 욕심, 그리고 선입견이나 이해득실을 떠난 망아忘我의 상태에서 허심탄회虛心坦懷하고 공평무사公平無私한 감상과 제작법을 의미하는 것이다.

이외에도 황석우는 시의 감상법으로 '주도정밀周到精密'의 주의와 그 착상과 묘사, 기분의 포화飽和와 발색發色 등의 검토를 제시하고 있으나, 이것들은 모두 다 작품의 감상에서 작품에 대한 철저하고 정확한 이해理解를 바탕으로 할 것을 강조한 것이라 할 수 있다.

4 시단의 월평月評과 실지비평의 문제

황석우의 경우, 시단의 연평이나 월평으로 실지비평에 속하는 평문은 극히 한정된다. 이것은 그 시대 우리 문단의 전반적인 현상이라 해도 좋

67 위와 같은 잡지, 19면.

을 것이다. 전문적인 비평가들이 제대로 등장하기 이전의 단계로, 시와 소설의 평가도 시학이론을 바탕으로 한 논평보다는 각개의 주관적인 인상 위주의 논평이라 해도 과언이 아니다. 황석우에게 있어서도 마찬가지로 실지비평의 영역에 드는 평문들은 그리 많지가 않다. 다만 당시의 시단에 대한 연평과 월평으로 「최근의 시단」·「최근시단 별견瞥見」·「최근문단 및 사상계의 개평」·「현대문단의 해부」 등이 있을 뿐이다. 그러나 이것들도 당시의 시단을 제대로의 문학이론을 가지고 비평했다고 하기에는 너무나도 소박한 것들이라 하지 않을 수 없다.

1) 시단월평月評과 실지비평의 문제

「최근의 시단」은 1920년 11월호 《개벽》에 실린 것으로, 그야말로 우리 근대문학 초창기 시단의 논평이라 할 수 있다. 황석우는 이 논문의 서두에서 창작과 비평과의 관계를 떼려야 뗄 수 없는 불가분의 관계를 다음과 같이 규정하고 있다.

> 비평이 따르지 않는 작같이 고독한 자는 없다. 비평 없는 작은 마치 인간의 짝 없는 독신자와 같다. 만일 생물학상의 견지로부터 예술을 말함을 얻는다 할진대, 비평 없는 작은 예술의 반단위半單位라고도 할 수 있다. 독신자가 한 이성과 합하여 인간의 단위로의 일개의 완전한 인격과 성의 조화와 생식 능력을 얻는 것과 같이, 일개의 작은 비평이란 이성과 합하여 비로소 그 참 위치를 얻는 자이다.[68]

68 《개벽》 5호(1920.11) 89면.

여기서 황석우는 비평이 수반되지 않는 작품은 짝 없는 독신자와도 같다고 한다. 이것은 시나 소설은 그 어느 것도 비평이 따르지 않고는 그 존재 자체가 무화되는 불가분의 관계를 강조한 것이라 할 수 있다. 인간이 남녀의 짝을 만나 새로운 생명을 생탄하는 것과도 같이 하나의 작품도 올바른 비평가를 만나야만 그 새로움의 창조성과 존재의 의의를 부여받게 된다는 것이다.

작품이 비평가의 올바른 비평을 받기 전에는 언제나 미완의 경지를 면할 수 없을 뿐만 아니라, 작품의 문학적 위상도 확보할 수조차 없다. 여러 사람들의 논평을 거쳐 그 작품은 비로소 그 새로움의 창조성과 존재의 의미와 가치가 세계화되어 영원한 생명력으로 우리들의 생명과 호흡에 맞춰 숨 쉬게 된다고 한다.

한편 황석우는 당시의 우리 비평계가 직면하고 있는 문제점을 지적하여 논평하기를,

> 이런 현상은 과도기의 사회에 있어서는 아니 보랴 안 볼 수 없는 자이나, 저 잡지나 신문 지상에서라든지, 또는 여러 사람의 모인 곳에서라든지 왕왕 우리가 듣는 소위 남의 작의 비평은 모두 사의私意, 사혐私嫌, 또는 예例의 자기를 높이려는 등의 불순불결한 선입견, 공리심으로부터 나오는 참되지 못한 비 예술적의 태평駄評·악평惡評뿐이다. 원래 우리의 문단에는 무슨 한 가지라도, 곧 시면 시, 소설이면 소설에 대한 체계를 이룬 근저 깊은 수양을 가진 사람은 일인도 없다. … 〈중략〉 … 따라서 남의 작에 대한 비평도, 또한 이와 같다. 저들의 소위 '평'이란 것은 이지理智라든지,

무슨 투철한 예술안藝術眼으로 하는 것이 아니고, 앞서 말한 것과 같은 먼저 인물에 대한 감정으로써 한다. 그러므로 작일昨日 천재와 걸작이 금일에 와서는 영零이나 영 이하의 것이 되고 만다. 평만 이럴 뿐 아니라, 소위 작이란 것도 또한 남의 평을 받을 만한 것이 없다.[69]

와도 같이 말하고 있는바, 당시의 우리 비평계의 현실을 명확하게 진단한 것이라 할 수 있다. 말하자면, 이것은 엄격한 문학이론을 근거로 한 합리적인 판단이나 논리, 예술적 심미안을 근거로 한 비평이 아니고, 인간관계에서 형성되는 친親과 소疎에 의한 사의私意나 사혐私嫌이 아니면, 선입견이나 공리심을 가지고 하는 악평惡評의 한계를 벗어나지 못하고 있다는 것이다. 뿐만 아니라, 제대로 평가를 받을 만한 가치가 되는 작품도 생산되지 못하고 있는 것이 우리의 현실이라는 것을 지적하면서 제대로의 올바른 문학이론에 근거한 창작과 비평의 엄격한 기준도 없이 창작하고 비평하기 때문에, 천재와 걸작이 순시로 뒤바뀌는 악순환을 반복하고 있음을 개탄하기도 한다.

황석우는 여기서 또한 누구나 작가가 되기 이전에 인간이 될 것을 역설하면서 그가 우리의 문단을 향하여 격렬한 악평을 쏟아내었던 심정을 이렇게 거침없이 토로하고 있다.

나는 여태까지 조선의 온갖 사회, 소위 유재계급有才階級, 인물계급, 지식계급의 온갖 저뇌아低腦兒, 온갖 근시안자近視眼者들을 닥치는 대로 욕하

69 위와 같은 잡지, 89~90면.

며, 또는 그네들을 모멸하여 왔다. 정직하게 말하면, 지금도 욕을 아니 하는 바는 아니다. 그러나 이런 누열陋劣·불 결의 양심도 없고 인격도 없는 분자들에게 어찌 욕이 아니 나가겠느냐.[70]

그렇다면, 황석우는 어떠했는가? 그의 이런 과격한 논평을 넘어설 만한 작품을 창작하고 비평을 했다고 할 수 있겠는가? 그의 창작도 비평도 이런 기준을 넘어선 것은 그 어디에도 없다. 그가 주장하는 문학이론이나 비평이론도 어떤 예술적인 심미안도 갖지 못하고 있는 것이다. 그야말로 아무런 비평의 기준도 없이 사의私意에 의한 논평에 불과한 것임은, 그의 개별화한 작가의 작품에 대한 실지비평에서도 마찬가지라 할 수 있다.

- 양명羊鳴군의 〈새 생명〉(《공제》 1호)
- 보성步星군의 〈그가 뉘냐〉(《공제》 1호)
  〈네 발자국 소리〉(《폐허》 1호)
- 요한耀翰군의 〈생과 사〉(《창조》 7호)
- 춘원春園군의 〈강남의 봄〉(《창조》 7호)
- 춘성春城군의 〈한강유漢江遊〉(《서울》 5호)
  〈월색月色〉(《학생계》 2호)

여기서 논의된 작품들은 당시의 각 지상에 발표된 것들에서 선정되어 황석우 나름대로의 기준을 가지고 논평한 것으로, 그 논의의 깊이나 시학적 이론에 근거한 논평이라고 할 수가 없다. 그러나 대상 작품에 대한

70 위와 같은 잡지, 90면.

평자의 인상을 한마디로 요약한 논평과는 달리, 작품 내용의 해설은 물론, 그 표현기교로서 자구字句까지 분석하고자 하는 것이 크게 돋보이고 있다. 그렇다고 그 해석이 문학적 아론이나 예술적 심미안을 근거로 한 본격적 비평의 차원에 이르고 있다고는 할 수가 없다.

2) 시단월평과 개별적 논평

〈최근시단 개별〉은 1934년 5월호의 각 지상에 발표된 시작들을 대상으로 논평하고 있다. 이 시기만 해도 우리의 창작이나 비평의 수준은 훨씬 상승한 진화과정을 밟아온 것으로 판단된다. 김영랑金永郎·정지용鄭芝溶·박용철朴龍喆 등과 같은 시문학동인들이 일궈낸 업적은 물론, 김기림金起林을 비롯한 이상李箱이나 백석白石 등과 같은 시인들이 창작이나 비평의 분야에서 서구의 문학이론을 도입하여 상당 수준에 이르러 있었던 것에 비하면, 황석우의 이런 유형의 비평은 너무나 뒤처진 논의의 한계를 벗어날 수가 없다.

황석우는 이 논평의 서두에서 조선시단의 빈곤성과 시 제작의 기술에 대한 미숙함을 거침없이 성토하고 있다.

> 조선의 신흥 시가공업詩歌工業은 그 생산량의 빈약함도 말할 것 없거니와 더욱 그 생산기술 - 제품기술에 있어서는 실로 유치기술幼穉技術 그대로의 것이다. 그 일반의 제품 기술은 일종의 외제품의 조모방粗模倣의 유치기술幼穉技術이다. 이러한 시가품詩歌品이 시장에 나가 고객의 학대를

받는 것은 당연한 일이다. 그들은 그 원료질로나, 또는 그 가공 기술상으로나 하등의 시장가치를 갖지 못한 유치한 저급의 조제품 난제품이다. 각 잡지를 통하여 시장에 나타난 지명知名의 몇몇 우수한 시인의 작품 중에도 그 제품 기술에 있어서 여지없는 실패를 연출하고 있다.[71]

여기서 황석우가 시가공업이니 생산제품이니 생산기술이 하는 공업용어를 거침없이 구사하고 있는데, 이런 용어의 사용만으로 문학의 과학적 접근으로 생각한 것인지도 모른다. 그리고 바로 앞의 도입부에서도 논의하였듯이, 1930년대의 한국시단을 이렇게 폄하해선 안 될 것 같다. 이 시기에 이르러 지용이나 영랑과 같은 시문학동인들을 비롯하여 김기림이나 이상과 같은 막강한 신인들의 등장으로 우리의 시는 고도한 형상화의 기법에 이르러 있었던 것은 사실이다. 이러한 고도한 형상화의 기법에 의해서 생산되는 시가에 담겨질 내용, 곧 사상이나 철학의 빈약함을 말할 수는 있어도 그 표현기법의 미숙성에 대한 불평이나 불만감을 토로할 수 없다고 본다.

아무튼 황석우는 한국시단에 대한 이러한 불평과 불만감으로 1934년 5월호에 각 지상에 발표된 시작을 선정하여 논평하고 있는데, 김기림金起林·조영출趙嶺出·송순일宋順鎰·모윤숙毛允淑·주수원朱壽元 등의 작품들이 그 논평의 대상이 되고 있다.

김기림의 〈아스팔트〉(《중앙》, 1934년 5월호)

71 《조선시단》 8호(1934.9) 5면.

조영출의 〈단편斷片〉(《중앙》, 1934년 5월호)

송순일의 〈조춘풍경早春風景〉(《신동아》, 1934년 5월호)

모윤숙의 〈어머니〉(《신가정》, 1934년 5월호)

주수원의 〈어머니〉(《신가정》, 1934년 5월호)

이들 작품을 예시하여 그 수사법과 결구結構 상의 결점을 낱낱이 지적하여 심층적으로 분석하고 있다. 그러나 그 논평의 정당성에서 많은 문제점을 지니고 있다. 적시된 장구章句의 표현기법에서 제기되는 많은 문제점들은 논평자인 황석우의 주관적인 해석에 치우친 것으로 보이는 부분도 상당수를 차지하고 있다. 이것은 그 시대 새로 등장하는 신인들의 감각적 표현이나 수사상의 확대와 변화를 제대로 수용하지 못하는 논평자의 한계를 노정하고 있는 것이다.

1930년대 중반으로 들어서는 우리의 시단이 그렇게 모조품模造品만 생산하는 그런 상태에 놓인 것만도 아니다. 많은 신인들이 등장하여 그 전대와는 다르게, 많은 새로움을 창조했던 것은 부정할 수 없는 사실이다. 서구의 새로운 문학이론도 수용하여 그것을 근거로 우리의 문학을 논의하는 단계에 이르러 있었을 뿐만 아니라, 우리의 목소리를 가다듬어 노래 불렀던 것도 바로 이 시기에 해당된다. 생각하면, 황석우가 등장했던 시대와는 비교도 되지 않을 만큼 우리의 시단도 진화된 경지에 이르러 있었음은 말할 것도 없다.

황석우가 여기서 시도한 시 분석의 의미는 심층적 분석을 하고자 하는 의도에 있다. 우리가 근대문학의 초창기로부터 한 작품을 몇 마디로 논평했던 것과는 다르게 그 어구나 장절의 해석을 깊이 하고자 하는 것이라 할 수 있다. 말하자면, 시의 결구와 수사상의 표현기교의 깊은 분석을 통해서 그 의미망을 파악하고자 하는 시도가 보이기도 한다. 그런데 그것이 너무나 부정적인 논평에 치우친 나머지 시 전체의 긍정적인 면을 제대로 짚어내지 못한 점을 지적하지 않을 수 없다.

3) 문단과 사상계의 회고와 문단적 발심의 검핵檢覈

「최근 문단 및 사상계 개평」은 1921년 1월호의 각 지상에 발표된 시와 산문, 그리고 사상과 철학 문제를 다룬 평문 등을 대상으로 하고 있다. 논평자인 황석우도 그 논평의 서두에서 지적했듯이, 그 해의 신년호가 한정되어 《신청년》·《개벽》·《현대》지에 발표된 시와 산문만이 대상으로 했기 때문에, 그 대상작품들의 수에서 극히 제한되어 빈약하기 이를 데 없다고 한다.

이 논평에서 황석우는 잡지별로 구분하여 시와 산문, 그리고 정치 경제 사회 종교 교육 노동문제에 관련된 논문을 통하여 우리 사상계의 일면을 진단하고 있다. 먼저 《신청년》지에 발표된 시로는 월탄月灘 박종화의 〈눈물의 꿈길〉과 〈운명의 만가〉, 난봉爛峰의 〈아름다운 꽃〉, 추곡秋谷의 〈애愛와 이성〉, 산문으로는 솔속의 〈어느 곳에 행복이〉와 춘강春岡의 〈금계동金鷄洞 Y군을 생각하고〉, 그리고 소설로는 회월懷月의 〈애화愛花〉와 유향唯香의 〈어린 영순英淳에게〉를 들어 논평하고 있는데, 월탄의 작품을 제외한 나머지 작품들에 대해서는 거의 부정적인 평가로 일관하고 있다. 그리고 《개벽》지에 발표된 시로는 보월의 〈설월雪月과 같이〉 한 편만을 들어 논평하고 있다. 그런데 이 논평들은 바로 앞에서 논의한 1930

년대의 논평과는 아주 다르게 소박하기 이를 데 없다. 단 한마디 말로 작품에 대한 찬·반을 나타내는 논평으로 일관되어 있다. 끝으로 《현대》지에서는 우리나라 사상계에 관련된 논문들을 들어 논평하고 있다. 말하자면, 김항복金恒福의 「종교에 대한 관견」·정태신鄭泰信의 「진리의 성전聖戰」·유진희兪鎭熙의 「노동문제와 사회주의적 고찰」·김제관金齊觀의 「국가와 이성 및 정책과 진리의 반항」·김과희金科熙의 「전후세계 대세와 조선노동 문제」 등을 들어 우리나라 사상계의 추이와 진화과정을 진단하고 있다. 여기서는 부정적인 논평은 거의 없고 모두가 한국 사상계를 이끌어갈 유능한 청년들이라 격찬하고 있다.

〈현대문단의 해부〉에서 황석우는 당시의 조선문단의 실상을 부정적으로 비판하고 있다. 이 논평은 부제에서 밝히고 있는 바, 황석우와 함께 폐허나 장미촌 동인으로 활동한 변영로에게 올린 것으로 전체를 '문단적 발심의 검핵檢覈'·'창작심리'·'작품 비평의 정도' 등과도 같이 3단계로 구분하여 논의하고 있다. 첫째, '문단적 발심의 검핵'에서는 많은 젊은이들이 청년기의 감성적 충동으로 문학에 발을 들여놓고 있다는 것이다. 그들은 문학에 대하여 아무런 소질도 없고 재능도 없으면서 일시적 충동으로 문학에 뛰어들고 있기 때문에 우리 문단도 그만큼 혼란에 빠져들고 있다. 더구나 그들의 문학적 의지가 단순히 공명심이나 정치적 야욕으로 확대되고 있는 현실이 너무나 안타깝다는 것이다.

둘째, '창작심리'에서는 이렇게 문학적 재능도 소질도 없이 뛰어든 젊은이들이 문단풍조를 흐려놓고 있을 뿐만 아니라, 그들의 창작의욕조차도 인간고人間苦의 깊이에서 참을 수 없는 고통 속에서 환기되는 미적 충동과는 무관한 외식적인 한계에 머물러 있음을 질타하고 있다. 그들은 단순히 자신의 명예욕을 충족시키기 위한 수단으로 문학에 뛰어들고 있기 때문에 좋은 문학을 창조하기는커녕 남의 것을 베껴내는 표절 행위로 말미암아 문단을 온통 흐려놓고 있다는 것이다.

셋째, '작품 비평의 정도'에서는 그 당시 발표되고 있는 많은 시작품들이 비평할 가치조차 없는 것들이라고 한다. 그런데도 그것들을 비평을 하는 무리들이 예술안藝術眼이나 또는 예술적 책임감과 정의감을 제쳐놓고 멋대로 비평하고 있음을 개탄하고 있다. 그리고 또 일부에서는 문학과는 관계도 없이 인신공격을 하거나, 아니면 친소를 따라 문학과 무관하게 추켜세우기를 일삼고 있다는 것이다.

황석우는 당시의 우리 문단의 실상을 이와 같이 진단하고, 현 문단과 작품과 문사의 거짓 없는 총평으로 결론을 삼고 있다. 우리의 현 문단이 거미줄의 얽힌 것과도 같은 '주망문단蛛網文壇'을 비롯하여 명성의 이자를 따고자 하는 '고리문단高利文壇'과 양가의 청년남녀의 색욕을 충동하는 '매음정賣淫町의 문학', 그리고 '양장한 스트리트 걸'로 만드는가 하면, 남의 글을 도용盜用하는 '정신계의 절도'와 거리를 떠돌게 하는 '정신계의 부랑자浮浪者' 등이 우리 현대문단의 실상이라 하고 있다.

이외에도 개벽사 학예부장으로 개벽지를 주재하고 있었던 현철玄哲과의 논전으로 「희생화와 신시를 읽고」와 「주문치 아니한 시의 정의를 일러 주겠다는 현철玄哲군에게」가 있는가 하면, 그의 시집 『자연송自然頌』을 두고 〈불놀이〉의 시인 주요한朱耀翰과 논쟁을 펼쳤던 시집 「『자연송』

에 대한 주군의 평을 궤독跪讀하고서」를 통해서 우리는 황석우의 또 다른 유형의 실지비평을 볼 수도 있다.

5 시어와 훈독화訓讀化의 문제 – 그 실지의 용례들

황석우의 경우, 시어의 문제는 매우 중요하다. 그는 처음부터 의도적으로 비유법을 많이 사용하고 있다. 이것은 시의 상징성을 비유적 표현에서 찾고자 한 의도에서 기인된 것이라 할 수 있다.

황석우는 시집 『자연송』뿐만 아니라, 기타의 시편들에서 비유법의 남용이라 할 만큼 많이 구사하고 있다. 그래서 이런 무리한 비유법의 사용으로 말미암아 오히려 시성詩性을 반감케 하는 경우도 없지 않다. 시의 상징성을 너무나 강조한 것이 이런 무리한 비유적 표현의 남용을 가져온 것이 아닐까 싶다.

이러한 점은 프랑스 상징파 시인들이 의도하고 있는 상징시의 본질과는 거리감이 없지 않다. 물론 보들레르나 랭보, 그리고 말라르메가 시도한 시어의 문제는 보다 깊이에 있다. 시인이 시를 쓰는 것이 아니라, 자연 속에 흩어져 있는 상형문자象形文字를 해독하면 된다는 보들레르의 말이나, 언어의 맑고 투명한 순수성에서 전율을 느낄 만큼 그 허무감에 빠져드는 말라르메에게서도 찾아볼 수 있는 것은 이런 단순한 비유적 표현에만 있는 것은 아니다. 인생의 근원적인 차원, 아니 생과 사에 직면하여 느끼는 부조리와 소외감을 통한 존재론적 실존의식에서 찾아야만 할 것이다.

황석우는 일본을 매개로 하여 프랑스 상징파 시인들의 영향을 받아 우리나라에 새로운 시법을 도입한 시인으로 주로 비유적 표현에서 상징성을 찾고자 한 것이다. 그것이 바로 데카당, 곧 퇴폐적 경향과 낭만성, 그리고 시의 상징성을 다각도로 실험한 것이라 할 수 있다. 그래서 그런지는 몰라도 그의 시에는 일본어 표현의 어색한 시어 구사가 심심찮게 등장하기도 한다.

황석우의 시에서 '뜻', 아니 '훈訓'을 빌어서 독음화하고 있는 용례를 많이 찾아볼 수가 있다. 이것은 '향찰鄕札'로 치면 '뜻'을 빌어서 독음화한 훈독법訓讀法과 유사한 것이라 할 수 있는데, 황석우는 유독 그런 표현법을 많이 구사하고 있다. 이를테면 그 용례로서,

A) 저녁구름(夕雲) 癲狂者의 개 거품 같이 얼음비(氷雨) - 〈태양의 침몰〉에서
아아 내 靈을 실어가는 내 微笑의 꽃가마(花輿)야 - 〈微笑의 花輿〉에서
神의 감춘 손(秘手)을 쥠을 얻는다. - 〈薔薇의 饗宴〉에서

B) 午睡場(낮잠 터)되는/ 碧毛(파란 털)/ 나의 熱泉(끓는 샘) 같은 - 〈碧毛의 猫〉에서
아아, 실은 그곳에는 나의 乳飮兒(젖먹이)와 같은-〈丘上의 淚〉에서

등과도 같은 실례를 들 수가 있다. 그런데 위에서 대부분이 A)의 유형이고, B)의 유형은 아주 한정된 한두 편에 불과하다. 그러나 이 두 가지 유형은 서로 위치만 바뀌어져 있을 뿐이지, 실지는 유사한 기능이라 할 수 있다. 이러한 것들은 이미 《두시언해杜詩諺解》 같은 데서도 이미 사용한 것들이기도 하다.

그렇다면, 황석우가 무엇 때문에 이러한 표현법을 많이 구사하고 있는 것일까? 아무래도 그것은 시어 구사에서 그 새로운 면을 개척하고자 하는 의도에서 비롯된 것으로 보인다. 이러한 현상은 초기에만 국한되는 것이 아니라 말기까지 이어지고 있다. 물론 초·중기까지는 훨씬 많이 나타나고 있는 것은 사실이지만, 후기에도 간간이 사용하고 있다. 만약 후기에도 초·중기와도 같이 많은 작품들을 제작했더라면, 어떠했을까? 아마도 이런 표현법을 더 많이 구사했을 것으로 추정되기도 한다.

황석우의 이런 표현법의 시도는 우리 근대시의 형성기와도 맞물리는 것이라 할 수 있다. 서구시의 영향을 받아 아직도 그 표현법이 서툴렀던 것도 사실이다. 한자문화에서 벗어나서 순 우리말로 자유시를 시도하기 위한 그 일환으로, 이런 표현법을 실험한 것이 아닐까도 싶다. 아무튼 이러한 모든 것들을 포함하여 한국근대시는 제 궤도에 진입하여 1930년대의 정지용과 김영랑은 물론, 김기림 김광균 등과 같은 화려한 출발을 하게 된 것도 사실이다. 이러한 것을 생각하면, 우리 근대시 초창기에 있었던, 이런 다양한 표현법의 실험들이 결코 무의미하다고만 할 수만은 없을 것으로 생각되기도 한다.

제5부

황석우의 시와 산문

- 서지적 접근

황석우의 시와 산문

–서지적 접근

황석우의 문필활동은 산문에서 비롯된다. 말하자면, 1916년 1월, 그 자신이 직접 주재해서 펴낸 《근대사조》에 실린 서문을 포함한 역문들과, 1918년 8월 28~29일자 《매일신보》에 발표된 평론 「현대조선문단」 등이 이에 해당된다. 그리고 황석우의 시작 활동으로는 1919년 1월 《태서문예신보》에 발표된 '은자隱者의 가歌'란 큰 제목으로 쓴 〈송頌-K형에게〉와 〈신아新我의 서곡序曲〉에서 비롯되어 그가 사거한 1959년 《신태양》과 《자유문학》에 실린 유고작품까지 이른다.[72] 그런데 그가 이 기간에 줄곧 계속해서 시작 활동을 한 것은 아니다. 그 중간에 몇 번인가 공백기

72 백대진白大鎭의 회상기 〈낙백시인落魄詩人 황석우黃錫禹〉(《현대문학》, 1963.1)에 보면, 황석우는 일본유학 당시에도 작품 활동을 했다고 하지만, 그 정확한 것은 아직 확인되어 있지 않다.

가 있었다. 따라서 그가 본격적으로 시단활동을 한 기간은 얼마 되지 않는다. 시집으로는 1929년 11월에 자신이 주재한 조선시단사에서 펴낸 『자연송自然頌』 한 권이 있을 뿐이다. 이외의 작품들은 당시의 신문이나 잡지에 발표되어 있지만, 아직 그것들이 모두 정리되지 않고 있다.

황석우는 시집 『자연송』이 출간될 당시, 사상의 시편들을 모아서 달리 낼 것이라고 했지만, 그것은 끝내 내지 못하고 떠나고 만 것이다. 아마도 당시에 사상의 시편들이 준비되어 있지 않았던 것이 아닐까도 싶다. 사상시집을 내겠다고 공언하고 30년 가까이 살았으면서도 그것을 끝내 내지 못하고 떠난 것을 보면 그렇게 추정할 수밖에 없다.

황석우의 경우, 지금까지 거의가 시집 『자연송』에 국한해서 논의되어 왔다. 이 시집에 수록되어 있는 작품들은 대부분 중간기, 곧 그가 국내와 만주로 이어지는 유랑생활에서 돌아온 이후에 발표된 작품들로 이루어졌다. 그러니까 그 이전의 폐허동인과 장미촌동인 시절을 전후한 습작품들과 초기시편들은 물론, 『자연송』 이후 1930년대 초에 《조선일보》에 발표된 '반송伴頌'의 시편들을 비롯하여 당시의 신문이나 잡지에 발표된 많은 시와 산문은 거의 정리되지 않고 있다. 그리고 8·15 해방 이후, 그가 사망하기 직전에 쓴 시와 산문도 잘 정리되지 않고 있는 것이 오늘날까지 이어지고 있는 것으로 생각된다.

필자는 여기서 황석우의 시와 산문들을 서지적 차원에서 살펴보기로 한다. 그러나 지금 이것들을 정리한다고 해서 완벽을 기할 수는 없다. 현재 황석우의 시와 산문들이 발표된 신문이나 잡지가 제대로 정리되어 있는 것도 아니기 때문이다. 그의 시와 산문들이 발표된 사실을 알면서도 당시의 신문이나 잡지의 소장 처가 밝혀지지 않는 것도 있고, 또 다른 한편으로는 그것들이 어디에 발표된 것인지도 모르는 것들도 상당수 있기 때문이다.

아무튼 필자는 이제까지 수집된 황석우의 시와 산문들을 중심으로 살펴보기로 한다. 먼저 황석우의 시와 산문들을 연차적으로 단계화하고, 그 다음으로는 산문들을 주제별로 유형화하여 좀 더 구체화하기로 한다. 시작들은 이미 시작 세계의 고찰이나 심상과 모티프 연구에서 다양하게 살폈기 때문에, 여기서는 산문들만 대상으로 삼기로 한다.

1 작품 활동의 단계화 – 시기별 구분

황석우의 작품 활동은 다음의 몇 단계로 구분해 볼 수가 있다. 먼저 1920년 7월에 창간된 폐허동인으로서 활동하기 이전을 습작기라 하면, 폐허동인과 장미촌동인으로 활동했던 1923년 초반까지가 그 초기에 해당된다고 할 수가 있다. 그리고 황석우가 유랑생활을 접고 돌아와 조선시단사를 개설하고 그 기관지를 중심으로 활동했던 1928~1935년까지를 그 중간 단계로 볼 수가 있다. 이 시기에 시집 『자연송』의 시편들이 《조선시단》지에 발표되었는가 하면, 1931년에는 '반송伴頌'의 시편들이

《조선일보》에 집중적으로 발표되고 있다. 뿐만 아니라, 《문예월간》·《신생》·《삼천리》 등에 많은 시편들이 발표되기도 하는데, 아무튼 황석우는 이 시기에 가장 많은 시편들을 발표하고 있다. 끝으로 8·15 해방 직후와 그가 사거하기 직전, 이를테면 1958~59년까지 유고들을 포함하여 《현대문학》·《자유문학》·《신태양》 등에 발표된 시와 산문을 후기의 작품 활동이라 할 수가 있다.

1) 습작기의 시와 시론

황석우의 습작기는 대개 폐허동인에 참여하여 본격적인 시작 활동이 시작되기 이전으로 보아야 함은 바로 앞에서 말했다. 《태서문예신보》·《삼광》·《매일신보》·《창조》·《여자계》 등에 발표된 시와 시론이 이 시기에 해당되는데, 그것들을 발표지 별로 구분해보면 다음과 같다.

발표지	작품	호수(연월일)
태서문예신보	隱者의 歌(頌/ 新我의 序曲[73]	14호(1919.1.13)
	어떤 弟妹에게(봄/ 밤/ 열매/ 鶯)	16호(1919.2.17)
삼광	丁巳의 作(棄兒/ 新我의 序曲/ 揶揄)	1호(1919.2)
	短章五首(傷者의 宴/ 迷兒/ 西邦의 女/ 隔離者/ 봄/ 蟋蟀)1	2호(1919.12)
	苦惱의 旅(내 마음/ 人形)	3호(1920.4)
여자계	苦泣	4호(1920.3)
	碧鳩/ 舞蹈	5호(1920.6)
창조	눈으로 愛人아 오너라/ 小曲	6호(1920.6.25)

73 이 〈新我의 序曲〉과 《삼광》 1호에 실린 〈新我의 序曲〉(丁巳의 作)은 같은 내용으로 이루어진 작품이다.

그리고 시의 제작과 감상법에 관련된 논의로 시화詩話와 시론詩論에 관련된 글이 2편 있는데 들어보면 다음과 같다.

詩話(《매일신보》, 1919.9.22~10.3)
朝鮮詩壇의 發足點과 自由詩(《매일신보》, 1919.11.10)
詩話(《삼광》 3호, 1920.4)

먼저 《매일신보》와 《삼광》에 발표된 「시화詩話」는 '시의 초학자에게'라고 부제를 붙인 것과도 같이 시의 제작과 감상법에 관련된 것으로 단상형식으로 되어 있다. 그리고 「조선시단의 발족점과 자유시」는 그 제목과도 같이 '자유시 형식'에 관련된 논의라 할 수 있다. 앞의 두 편의 글은 현상문예에 응모하여 '선외選外'로 뽑혀 실린 것이다. 비록 이것들이 학생시절의 소박한 시론이기는 하지만, 황석우의 초기 시를 이해하는 데 도움이 될 뿐만 아니라, 또한 프랑스 상징주의 시의 도입과정에서 매우 중요한 자료가 되기도 한다.

일본의 동경유학생 악우회樂友會의 기관지 《삼광》[74]지는 홍영후洪永厚·유지영柳志永·이병도李丙燾 등이 간행한 것이다. 황석우도 이때에 같은 동인으로 참여하여 《삼광》지에 시와 시론을 발표하고 있다. 이것은 홍영후와 유지영이 일시 귀국하자, 황석우는 동 기관지 《삼광》지의 편집과 발행의 책임을 지고 2호를 간행한 것으로 미루어 그렇게 추정할 수가

74 《삼광》지의 제호는 예술의 세 가지 빛은 음악과 미술과 문학의 포괄적 의미라고 한다.

있다. 황석우는 이때에 홍영후와 유지영 외에도 연상섭廉想涉·춘양春陽·추강秋江·석송石松 김형원金炯元 등과 같은 필진들을 새로 가담시켜서 잡지를 펴내고 있다.

이상에서 논의된 시작과 시론에 앞서 평문과 잡조雜俎로서 《매일신보》에 발표된 「현대조선문단」이 1918년 8월 28~29일자 2회에 걸쳐서 발표되고 있다. 그리고 이보다 앞서 황석우가 1916년 1월 《근대사조》를 발간하면서 동지에 발표한 「눈물 아래서 붓대를 잡다」와 「창간사」, 그리고 말미에 제목을 붙이지 않고 실린 단문短文이 있을 뿐만 아니라, 같은 잡지에 수록된 김안서의 「영길이英吉利 문인文人 오스카 와일드」와 최소월崔素月의 산문시 「긴-숙시熟視」를 제외한 그 번역자가 밝혀져 있지 않은 논문으로,

- 개인과 우주의 관계-생의 실현 중으로부터(인도, 타고르)
- 전쟁과 도덕-전쟁의 의의 중으로부터(露國, 쏠로위요푸)
- 장래의 종교(米國, 에리오트)
- 국가주의와 세계주의의 조화-충군의 사상과 기독교의 세계주의 (지.에프. 빠-뽀어)

등과 같이 4편이 있는데, 아마도 이것들은 편자인 황석우가 손수 번역해서 수록한 것이 아닐까 싶기도 하다.

2) 폐허와 장미촌동인으로서의 활동

황석우는 폐허동인으로 참여하면서 시작 활동이 본격화된다. 말하자면, 그는 《폐허》 창간호를 김안서와 함께 주재하면서, 〈석양은 꺼지다〉 이외에도 단곡短曲 9편과, 평론으로 「일본시단日本詩壇의 이대경향二大傾向」을 발표하고 있다. 그런데 무슨 까닭인지, 황석우는 《폐허》 창간호를 내고 곧바로 폐허동인을 떠나고, 그 이듬해 우리나라 최초의 시전문지 '장미촌'을 발간한다. 이 시전문지는 창간호밖에 나오지 않았지만, 우리 근대시사에서 매우 중요하다. 이외에도 황석우는 이 무렵 《개벽》·《학생계》·《청년》·《신민공론》·《동아일보》 등에 시작품과 평론 및 기타를 발표하게 되는데, 이것들을 발표지 별로 들어보면 다음과 같다.

게재지	작품	호수(연월일)
폐허	夕陽은 꺼지다 碧毛의 猫/ 太陽의 沈沒/ 愛人의 引渡/ 淫樂의 宮/ 새 決心/ 亡母의 靈前에게 받드는 시/ 참혹한 얼굴이어!/ 血의 書/ 百科全書	1호(1920.7)
개벽	微笑의 花輿	3호(1920.8)
	발 傷한 巡禮의 少女	4호(1920.9)
	丘上의 淚	17호(1921.11)
학생계	二頭의 白馬/ 나무軍의 작은 잔나비	2호(1920.9)
	重大한 궤짝	4호(1920.11)
신청년	頌	4호(1921.1)
음악과 문학	生과 死의 不滅의 악수	1호(1921.2)
청년	봄과 三人의 어린 아해 博士	2호(1921.4)
장미촌	薔薇의 饗宴/ 薔薇村의 第一日 黎明	1호(1921.5)
대중시보	土의 饗筵	1호(1921.5)

이상이 황석우가 이 기간에 발표한 시작품들이다. 이들 가운데서 《음

악과 문학》에 발표된 〈생과 사와 불멸의 악수〉는 아직 구득하지 못하고 있다. 뿐만 아니라, 이외의 시작들이 다른 신문이나 잡지에 발표되어 있을 것으로 추정되지만, 아직 그것들을 찾지 못하고 있다. 한편 시론 및 기타 평론과 수필과도 같은 산문이 여러 편 있는데, 발표순에 따라 보면 다음과 같다.

日本詩壇의 二大傾向(《폐허》 1호, 1920.7)

想餘-편집후기(《폐허》 1호, 1920.7)

最近의 詩壇(《개벽》 5호, 1920.11)

多情한 故鄕을 떠나면서(1~3)(매일신보》, 1920.11.12~14)

犧牲花와 新詩를 읽고(《개벽》 6호, 1920.12)

注文치 아니한 詩定義를 일러 주겠다는 玄哲君에게(《개벽》 7호, 1921.1)

詩의 鑑賞과 그 作法·1(《학생계》 4호, 1920.11)

詩의 鑑賞과 그 作法·2(《학생계》 5호, 1921.1)

最近文壇 및 思想界의 槪評(《현대》 9호, 1921.2)

宣言(《장미촌》 1호, 1921.5)

國家 及 政治의 生物學的 心理學的 考察(《대중시보》 1호, 1921.5)

日本 政治 及 政黨(《대중시보》 1호, 1921.5)

現代文壇의 解剖(1)(《신민공론》 1호, 1921.5)

諸名士의 信條와 主張과 排斥(《개벽》 12호, 1921.6)

詩作家로서의 抱負(《동아일보》, 1922.1.7)

新年文壇에 바람(《동아일보》, 1923.1.1)

戀愛(《개벽》 32호, 1923.2)

現 日本思想界의 特質과 그 主潮(《개벽》 34호, 1923.4)

황석우의 경우, 《폐허》와 《장미촌》을 중심으로 시단활동이 본격화된다. 그런데 그는 곧바로 시단활동을 중단하고 떠나게 된다. 말하자면, 그는 《장미촌》을 출간한 이후, 1923년까지 간헐적으로 시와 평론 및 기타를 발표하다가 작품 활동을 중단하고 마는데, 그 까닭은 잘 알려져 있지 않다.

아무튼 황석우가 다시 문단으로 돌아와 조선시단사를 설립하기까지는 거의 5년의 세월이 흐른 셈이다. 그래서 황석우가 만주에서 잠시 머물렀을 때에 그곳에서 간행되는 신문이나 잡지에 발표한 시나 산문이 있지 않을까 싶기도 하다.

3) 《조선시단》의 창간 – 문단에로의 회귀

국내와 만주로 이어지는 유랑생활을 접고 돌아온 황석우는 1928년 8월 29일자 《동아일보》에 〈근영수곡近詠數曲〉 등 몇 편의 시작들을 발표하면서 작품 활동을 재개하게 된다. 그리고 그는 같은 해 말경에 조선시단사를 설립하고 시지 《조선시단》을 창간하는데, 동 시지에는 주로 신인들의 작품들을 수록하고 있다. 필진들도 서울에 국한된 것이 아니라, 전국으로 확대되고 있다. 그는 신인발굴이란 명목을 내세우고 그 대부분을 신인들의 작품들로 편성하고 있는데, 이에 대하여 일부 기존세력들의 문제제기가 있었던 것으로 전해지기도 한다.

《조선시단》은 1928년 11월부터 1934년 9월까지 통권 8호가 간행되었다. 그 당시의 시전문지로서는 지령誌齡이 가장 길었던 것으로 보인다.

아무튼 황석우는 동지의 3호까지 그가 발표하지 않았던 작품들(舊稿)을 집중적으로 발표하고 있다.

호수(연월)	작품
1호(1928.11)	가을詩 및 6호雜曲(自然詩) 一枚의 書簡/ 私生活/ 가을 囁語/ 掃除夫/ 名歌手 巡禮者/ 落葉/ 밤 秋風/ 귀여운 달밤/ 短想曲 雜想詩(6號詩) 달곁의 별들/ 無題/ 微風/ 저문 산길의 꽃/ 두 微風 달과 太陽/ 달밤의 구름 / 구름 속에서 나오는 달
2·3호(1928.12)	가을詩(自然詩) 겨울 바람의 猛虎/ 겨울/ 눈 雜想詩(6號詩) 네 구녁/ 그 別吟 / 感官·感情·理智/ 悲哀·煩悶·苦痛 女子/ 두 盜賊/ 女子의 마음 6號詩(自然詩) 새벽의 해 만나는 달/ 물속에 잠긴 달/ 江물 위의 微風 微風과 아침 湖水/ 無題/ 空中의 不良輩/ 交叉/ 새벽 숨바꼭질/ 밤이면 내놓아준다/ 별들/ 太陽/ 잠/ 아침 참새 太陽아/ 隨想詩 太陽이 가지고 있는 工場/ 太陽은 運轉手님/ 夫婦配達夫/ 葡萄빛의 젖/ 萬籟의 托魂書/ 두 장님/ 하늘 가운데의 무서운 병아리/ 하늘 가운데의 섬/ 人生/ 죽음 배인 어머니!/ 消毒灰

이들의 대부분이 시집 『자연송』에 수록되어 있는데, 그 몇 편은 제목이 바꾸어져 있기도 하다. 말하자면, 〈귀여운 달밤 → 귀여운 달빛〉·〈달곁의 별들 → 달 곁에 앉은 별들〉·〈달밤의 구름 → 달밤의 구름떼〉·〈交叉 → 달과 태양의 交叉〉·〈夫婦配達夫 → 두 配達夫〉·〈두 장님 → 두 맹인〉 등이 그 실례가 된다. 그리고 이후에는 동지 5호에 〈신神〉, 6호에 이단자

시異端者詩〉(그대들 혁명가/ 신과 부처님!) 등을 발표하고 있을 뿐이다.

그리고 1928~35년도까지 《조선시단》 이외의 신문이나 잡지에 발표된 시편들이 있다. 이들의 발표지에 따른 분포를 보면 다음과 같다.

발표지	작품(연월일)
동아일보	近詠數曲-無題(1928.8.29) 近詠數曲-自然一題(1928.8.29) 近詠數曲-宇宙一面(1928.8.29) 隨想曲-사랑과 잠(1928.8.30)/ 隨想曲-잠의 映畵技術(1928..8.2) 隨想曲-一盃의 잠(1928.9.10)
조선일보	伴頌1~12(1931.11.8·10·12·17·19·26/ 12월 1·2·3)
문예월간	少女의 마음/ 少女의 魂/ 꽃들의 눈물(3호, 1932.1)
신생	銀杏알만한 주머니/ 봄바람(38호, 1932.2) 꽃 위에 앉는 나비/ 나비들의 노킹!/ 갓 난 꽃들(39호, 1932.3) 첫겨울의 눈/ 곱게 내리는 눈들/ 12月歌(48호, 1932.12)
신동아	浮萍草(4호, 1932.2)/ 봄의 애기들(2권 4호, 1932.4)
동방평론	日沒/ 月出(2호, 1932.2)
삼천리	工場의 아침(10호, 1932..10)/ 北風來(21호, 1932.2) 나무 가지 위의 눈송이(34호, 1933.1)
조선중앙일보	眼鼻耳口(1934.6.17)
조선문단	五錢會費(21호, 1935.2)

위에서 '반송伴頌'의 시편들은 현재 조선일보의 소장처를 알 수 없기 때문에, 그 전반을 정리할 수가 없다. 따라서 지금까지 밝혀진 것들만을 대상으로 정리해 보면 다음과 같다.[75]

75 '伴頌'의 시편들은 조선일보의 소장처가 밝혀지지 않아서 (7)과 (8)은 아직 확인하지 못했다. 그리고 (9)~(12)에서도 (10)이 빠진 것이 아니라, 전체가 (11)까지 있는 것으로 보인다. 왜냐하면, 그 日字로 보아서 그렇게 추정된다. 그리고 (5)가 중복되어 있으나, 11월 26일자분은 (6)이므로 바로잡았다.

구분	작품
반송(1) (1931.11.8)	少女의 마음/ 少女의 마음과 情熱/ 少女의 가슴속/ 저 處女의 가슴속!/ 눈물의 시내
반송(2) (1931.11.10)	사랑을 주시려거든/ 사랑/ 사랑의 꽃의 이름/ 애기는 솔솔 자오
반송(3) (1931.11.12,)	저의 魂만은 그이를 찾아가게 합니다./ 눈동자 웃음!
반송(4) (1931.11.17)	바닷가의 해당화/ 꽃의 마음을 볼 수 없는 나/ 꽃의 마음의 모든 것/ 꽃만은 타지 마라라.
반송(5) (1931.11.19)	날아다니는 조그만 美少年/ 眼眠妨害/ 내 魂/ 풀과 나무와 山들의 洗手
반송(6) (1931.11.20)	내가 미운 것/ 동무를 위하여 조롱 속에 드는 파랑새/ 풀의 잠자는 것
반송(9) (1931.12.1)	아침에 일어나는 나의 가슴속/ 조선의 魂/ 조선 사람의 마음/ 사람에게도 달이 있다./ 달은 왜 저리 달아나우/ 저 달을 물들여 놓고 싶다.
반송(11) (1931.12.2)	밤에 발자취를 찾으려 하오나/ 元旦降雪/ 太陽과 달/ 太陽의 義딸/ 별의 世界의 細民鄕/ 별과 달
반송(12) (1931.12.3)	女子/ 女子의 눈동자/ 마음의 惡役/ 感神病의 하나/ 사랑은 욕심쟁이!

이외에도 일본의 번역민요로 1931년 10월호 《불교》지에 역재된 〈정情의 꽃〉·〈창문窓門 한 겹〉·〈견우화牽牛花〉 등이 있는가 하면, 그 발표지가 아직 확인되지 않는 〈서울 장안 말 못할 곳〉·〈카페에 댄스곡〉·〈당신은 무산자無産者〉 등이 있다. 그리고 이와 같은 시기에 발표된 산문, 곧 평론을 포함하여 기타를 발표순에 따라 들어보면 다음과 같다.

餘言-편집후기(《조선시단》 1호, 1928.11)

青年詩人百人集을 내임에 當하여(《조선시단》 5호, 1929.4)

이 詩集을 眞卿 누이에게(시집 『自然頌』, 1929.11)

自文(시집 『自然頌』, 1929.11)

『自然頌』에 대한 朱君의 評을 跪讀하고서(《동아일보》, 1929.12.24~25)

'文壇倫理'를 高調하여 新道德의 건설자를 부르자(《음악과 문학》, ?)

三二年 文壇 展望(《동아일보》, 1932.1.7)

나의 八人觀(《삼천리》 25호, 1932.4)

思想界의 二人評(《삼천리》 4권6호, 1932.6)

朝鮮日報 事件의 怪內幕 폭로(《동방평론》 3호, 1932.7)

申錫雨論(《삼천리》 4권8호, 1932.8)

人物短評-元鍾麟(《삼천리》 4권10호, 1932.10)

人物短評-吳相淳(《삼천리》 4권 10호, 1932.10)

東京留學生과 그 活躍(《삼천리》 34호, 1933.1)

詩歌의 諸問題(《조선시단》 8호, 1934.9)

最近詩壇槪瞥(《조선시단》 8호, 1934.9)

黃錫禹의 편지 두 장(《조선문단》 23호, 1935.5)

위에서 《음악과 문학》에 발표된 「문단윤리를 고조高調하여 신도덕의 건설자를 부르자」는 아직 그 소장처를 찾지 못하고 있다. 이외에도 또 다른 황석우의 산문들이 당시의 신문이나 잡지에 발표되었을 것으로 추정되지만 그것들은 아직 찾지 못하고 있다.

아무튼 1930년대에 이르러 황석우의 시작 및 문단활동이 훨씬 줄어들고 있는 것은 사실이다. 아마도 그가 조선시단사를 개설하고 재출발했던 열정이 그 한계에 이르러 있었던 것이 아닐까 싶기도 하다. 결국 1935년을 기점으로 그는 또다시 문단활동을 중단하고 긴 침묵으로 들어가게 된 것으로 보인다.

4) 시집 『자연송自然頌』의 출간

황석우의 유일한 시집 『자연송』은 1929년 11월 조선시단사에서 출간되었다. 그의 친구인 김기곤金基坤의 고향인 함흥 자택의 서재를 빌어서 엮은 것이라고 한다. 그가 1920년을 전후한 시기로부터 시작 활동을 한 것을 생각하면, 시집의 출간이 늦었던 것은 사실이다. 아마도 그가 잠시 문단을 떠나지 않고 폐허동인과 장미촌동인 시절과 같이 활동했다면, 그의 시집은 이보다 앞서 간행되었는지도 모른다.

시집 『자연송』은 외견상 아무 구분도 없이 시편들을 수록하고 있다. 그의 초기 시편들, 곧 습작기와 폐허동인 및 장미촌동인 시절의 시편들은 일체 수록하지 않고 있다. 그 일부가 조선시단에 발표된 시편들을 수록하고 있을 뿐, 이외의 대량의 시편들은 당시의 신문이나 잡지에 발표되지 않고 시집에 직접 수록된 것들이다.

황석우의 누이 진경眞卿과 돌아가신 어머니에게 바친 이 시집은 〈태양계太陽系와 지구地球〉·〈소우주小宇宙·대우주大宇宙〉를비롯하여 151편이나 되는 대량의 시편들로 편성되어 있는 바, 당시로서는 많은 분량이라 하지 않을 수 없다.

> 자연을 사랑하라 사랑하지 못하는 자는 사람도 사랑할 참된 길을 아지 못한다. 사랑을 배우는 세례洗禮는 자연을 사랑하는 광야曠野 위에서 받아라.

라고 한 권두언과 그의 친구 김기곤金基坤의 서문과 황석우 자신의 〈자문

自文〉을 책머리에 싣고 있다. 그런데 이 시집은 그의 시작 활동의 십여 년간의 많은 시편들 가운데서 자연시만을 골랐다고 한다. 인생의 시편들은 또 한 권의 시집을 마련하겠다고 하였지만, 그것은 그가 사망하기까지 출간되지 못했다.

『자연송』의 시편들은 《폐허》가 간행된 1920년 이전의 것들과 그가 잠시 문단을 떠나 국내 또는 만주滿洲 등지를 유랑했던 기간에 쓴 것들이라 하고 있으나, 그 말미에 수록된 '재동경시대의 작품 및 일문시日文詩' 22편이 거기에 해당되지 않을까 한다.

황석우가 말하는 자연시 129편을 외견상 유형별의 구분도 없이 수록하고 있는 것 같지만, 실지는 그렇지가 않다. '태양계'(종합)와 이들을 분리시켜서 '태양'·'달'·'별'·'지구', 그리고 계절을 '봄'과 '가을'로 구분하여 그에 종속되는 자연현상으로 '나비'·'미풍'·'비'·'꽃'·'가을바람'…… 등으로 유형화하여 수록하고 있는 것이다. 그리고 '재동경시대在東京時代의 작품 및 일문시'에서는 〈일매一枚의 서간書簡〉과 〈사생아私生兒〉 등 15편의 국문시와 〈妾氣になつて仕樣がない〉 등 7편의 '일문시日文詩'를 수록하고 있다. 그런데 이것들은 몇 편을 제외하고는 모두 《조선시단》지에 발표된 시편들이다.

5) 8·15 해방과 그 이후의 작품 활동

조선시단사를 기점으로 시작 활동을 재개한 황석우는 그 이후 1935년도까지 간헐적으로 작품들을 발표하다가 또다시 칩거에 들어간다. 그 뒤로 그는 줄곧 작품 활동을 하지 않다가 8·15 해방 이듬해인 1946년 3

월호 《태평양》에 〈봄바람〉과 〈3월 1일〉 등 몇 편을 발표하게 된다. 아마도 그가 대동신문사 논설위원으로 있으면서 발표한 것들로 보인다. 그러나 이것도 잠시였고, 계속 침묵을 지키다가 그가 사망하기 직전에 발표한 작품들과 유고들이 있는데, 이것들을 들어보면 다음과 같다.

봄바람(《태평양》 1호, 1946.3)
봄의 동무(《태평양》 1호, 1946.3)
三月一日(《대동신문》, 1946.3.1)
옛 鍾소리(《대동신문》, 1946.3.4)
나의 情熱(《대동신문》, 1946.3.5)
自由(《대동신문》, 1946.3.6)
小詩曲(《신태양》, 1958.3)
나의 呼吸과 말(《현대문학》 40호, 1958.4)
개나리꽃(《현대문학》 42호, 1958.6)
새벽(《동아일보》, 1958.11.19)
봄날의 새벽풍경(《동아일보》, 1958.12.13)
숨길구멍(《현대문학》, 1959.1)
웃음에 잡긴 宇宙(《자유문학》, 1959.1)
宇宙의 혈맥(《현대문학》, 1959.4)
초대장(유고, 《자유문학》, 1959.6)
봉선화(유고, 《자유문학》, 1959.6)
들국화 한 가지(유고, 《자유문학》, 1959.6)
잠!(유고, 《자유문학》, 1959.6)
宇宙의 奇勝(유고, 《자유문학》, 1959.6)
눈동자 뒤의 전망(유고, 《신태양》, 1959.6)

宇宙(유고, 《자유문학》, 1959.12)

위로 미루어 황석우는 8·15 해방 직후에 6편을 발표하고 곧바로 중단하고 만다. 이 시기는 그가 대동신문사에서 일하면서 활동한 것이 8·15 해방 직후라면, 그 이후는 신익희(당시 국회의장)가 설립한 국민대학 교수로 근무하면서 그가 사거하기 직전, 또는 직후에 유고로 발표된 시편들이다. 그리고 기타 잡문에 해당되는 산문으로,

한약漢藥을 쓰는 법(《부인》 23호, 1949.11)
민간특효약 요법(《부인》 24호, 1950.2)
40년 전의 학우생활 낙서(《신태양》 75호, 1958.12)

등이 있는데, 이것들은 그의 문학과는 무관한 글들이라 할 수 있다.

이상 황석우의 작품 활동에 대한 서지적 국면을 단계화 하여 살펴보았다. 이외에도 더 많은 시와 산문들이 당시의 신문이나 잡지에 발표되어 있을 것으로 추정되지만, 아직 그것들을 확인하지 못하고 있다. 한마디로 황석우의 문단활동은 통틀어 10년도 되지 못한다. 물론 작품을 발표하지 않고 혼자서 제작한 기간이 있을 것으로 추정되지만, 그는 문단을 떠나 침묵하다가 또다시 나와 활동하기를 여러 번 거듭한 것은 사실이다.

그의 생애는 빈곤과 고독으로 이어졌고, 안정된 가정생활을 영위하지도 못했다. 항시 쫓기며 살아온 삶의 여정이 말해주듯이, 그의 시작 활동

도 순탄치가 못했고, 다만 제한된 몇몇 친구들밖에 못 가진 것이 그의 문단활동에서의 한계가 아니었을까 한다. 한마디로 황석우는 평생을 빈곤과 고독 속에서 안정되지 못한 삶을 살다 간 시인이다.

2 산문의 유형별 분류

황석우의 산문에서 시론에 관련된 글이 가장 많다. 기타의 문학 장르에 관련된 글은 몇편에 불과하다. 뿐만 아니라, 단상이나 설문답과 같은 짧은 글에서도 시에 국한되어 있다. 그리고 신변에 관련된 회상기와 일반 평문이 몇 편 있고, 그가 살아온 삶과는 생소하고 엉뚱하게끔 느껴지는 한약漢藥과 민간요법에 관련된 글이 두 편 있는데, 이것들을 유형별로 구분하여 살펴보면 다음과 같다.

1) 시 원론의 문제와 시단 개평

시 원론과 시에 관련된 평문으로는 습작기에 단상 형식으로 시도한 「시화詩話」를 비롯하여 시단의 경향과 시작법 및 감상법, 그리고 시와 시론에 관련된 논쟁의 글과 기타 시집의 서문이나 설문답과도 같은 단문短文들이 있다. 먼저 시의 원론이나 시단의 경향에 대한 것들로는,

시화詩話(《매일신보》, 1919.9.22/ 10.23/ 삼광, 1920.4)
조선시단의 발족점과 자유시(《매일신보》, 1919.11.10)
시의 감상과 그 작법(1~2)(《학생계》, 1920.11~1921.1)
일본시단의 2대 경향(《폐허》, 1920.7)
시가의 제문제(《조선시단》, 1934.9)
최근의 시단(《개벽》, 1920.11)
최근 시단 개별概瞥(《조선시단》, 1934.9)

등이 있는데, 이것들의 내용을 요약해보면 다음과 같다.

① **「시화詩話」**: 이 단상 형식의 글은 《매일신보》와 《삼광》에 세 차례 발표된다. 《매일신보》에 두 차례, 그리고 《삼광》지에 한 차례 발표하고 있다. 이것들은 '시의 초학자'를 대상으로 시작법과 감상, 곧 시의 본질과 내용 및 표현형식에 이르기까지 논문형식이 아니라, '단상斷想' 형식으로 이루어져 있다.[76]

- 시인은 신의 왕좌에 대좌하는 영광을 가졌다. 시인은 실로 예술계의 제왕이다. 시인의 감흥은, 곧 신인神人과의 접촉 - 그 회화會話이다. 그러나 신의 말은 세균보다 섬미纖微하다. 이 섬미의 확도擴圖가 '표현表顯'이다.

76 이 「시화」는 '每日文壇'의 현상모집에서 '選外佳作'으로 뽑힌 글로 1919년 9월 22일자와 10월 13일자 《매일신보》에 2회에 걸쳐서 실려 있다. 그리고 《삼광》지에 발표된 〈시화〉는 《매일신보》 수록분의 후속고로 일부는 중복되기도 한다.

• 시에는 영율靈律한 맛이 있을 뿐이다. 기교라 함은 결국 '영율의 정돈'에 불외하다.

와도 같은 내용으로 시작되는 「시화」는 당시에 이입移入되기 시작한 프랑스의 상징주의 시론과 관련되어 있다. '영어靈語'나 '영률靈律', 곧 시의 기법을 '영률의 정돈'으로 본 것이라든지 또는 색채와 향香과 음향과의 혈액화에 대한 지향은 보들레르나 베를레느와 랭보의 시적 속성이 아닐 수 없다. 그리고 '취醉한 신경의 관현악'이니, '신흥神興', 곧 영감 등과 같은 관념뿐만 아니라, 《삼광》지 수록분의 후속 고에서,

> 시가는 물론 氣分藝術이다. 그러나 그 기분 뿐의 단순한 겉껍질의 표현이어서는 아니 된다. 기분은 어느 기분이든지 일종의 쇠미衰味를 가졌다. 이것은 기분의 특성 천성天性이라고도 한 것이다. 그러나 곧 이 단순한 애哀의 표현이어서는 아니 된다.미지의 세계를 포包할 한 분위기에 불과하다.

라고 논의한 '기분과 예지', 그리고 '시의 저장'과도 같은 관념도 프랑스 상징주의 시론의 영향으로 시적 경지를 훨씬 내면으로 심화시킨, 그 시대로 보아 매우 생소한 관념들이라 할 수 있다. 그런데 후속고인 《삼광》지에 실린 「시화」의 전반부는 《매일신보》에 수록된 2회분 「시화」의 일부와 중복되고 있다. 따라서 《삼광》지분의 후반부만이 새로 쓴 것이라 할 수 있다.

② **「조선시단의 발족점과 자유시」**: 서구시나 일본시의 '모형模型'에서 벗어나 우리나라의 독특한 자유시를 창조해야 할 것을 역설한 「조선시단의 발족점發足點과 자유시」에서 황석우는 그 당시 한창 유행하고 있었던 '신체시新體詩' 형식을 부정하고 새로운 '자유시' 형식을 지향하고 있다. 말하자면, 명치 초기에 대두된 '신체시'도 일본의 시단에서도 이미 오래 전에 사라진 것이라 하면서, 굳이 그것을 답습할 필요는 없다는 것이다.

그렇다면, 황석우의 이런 '자유시'에 대한 관념은 어디에서 온 것일까? 그것은 말할 것도 없이 프랑스 상징주의 시와 시론에서 온 것이라 할 수 있다.

> 자유시의 발상지는 더 말할 것도 없이 불란서입니다. 자유시 이전에 재在한 서시西詩는 음수, 체재 등에 관한 복잡한, 괴난怪難한 법칙에 지배되어 있었습니다. …… 이 전제시형專制詩形에 반항하여 입立한 자가 곧 자유시입니다. 자유시는 그 율律의 근저根底를 개성에 치置하였습니다. 자유시의 창개자創開者는 피彼 유명한 상징시단象徵詩壇의 베르레느, 말라르메, 베르아렌 등 제시인입니다. 차외此外 프랑시스, 랭보, 레니에 등도 이 자유시파의 혁혁한 시인이었습니다.[77]

'자유시'의 발상은 프랑스의 상징파 시에 있다는 것과, 자유시의 내재율, 곧 개성율個性律을 '영율靈律'로 칭명하고 싶다고 하고 있다. 말하자면, '전제시형'이라 할 수 있는 고시古詩의 '외적제율外的制律'에서 벗어나

77 《매일신보》(1919.11.10)에서 인용했음.

자유분방한 시상을 개성율, 곧 '영율靈律'로 표현한 것이 '자유시'라는 것이다.

③「**시의 감상과 그 작법**」: 시의 제작과 감상의 태도를 일치시킨 이 논문은 2회에 걸쳐서 연재되고 있다. 그 전반부인 1)의 머리에서는 시가詩歌에 대하여 경시輕視하는 당시의 풍조風潮를 개탄하고 있다. 말하자면, 새 문예운동에서 시가를 경시하는 까닭으로 우리들이 그만큼 좋은 시를 쓰지 못한 데 있다고 한다. 시의 제작법으로서 먼저 시에서 의미를 찾고자 하는 경향은 물론, 운韻이나 자수字數로 맞춰지는 외형률外形律을 철저히 배제하고 있다. 그리고 그 후반부인 2)에서는 영적 감관의 감상鑑賞을 제창하여,

> 단순히 감상을 '맛보는 것'이라고만 말하여서는 또한 오해가 생길 줄 안다. '맛본다'는 것은 물론, 저 음식의 달고 쓰고 맵고 짠 것을 맛보듯이 육肉에 달린 입으로 맛본다는것이 아니고, 곧 청聽·시視·촉觸·후嗅 등 감각의 전적 활동을 하는 '영靈의 미각'-'마음의 미각'으로써 한다는 것이겠다. 마음은 원래 만능이다.[78]

와도 같이 황석우는 여기서 문학을 '감상한다는 것', 그것은 '영靈', 곧 '마음의 미각'과도 같다고 한다. 마음은 원래가 만능하기 때문에 그렇다는 것이다. 이것은 이미 앞에서 논의된 '영어靈語'와 '영율靈律'을 바탕으

78 《학생계》(1921.1) 18면.

로 한 프랑스 상징주의 시와 시론을 근거로 한 것이기도 하다. 말하자면, '영靈의 감관을 통한 실재'에 대한 신념으로서 시의 제작도 이와 같이 하지 않으면 안 된다는 것이다. 그리고 또 하나의 감상법으로서 '무관심'을 그 필수요건으로서 제시하고 있다. 이것은 예술 감상, 곧 미적 관조의 요건이 된다는 것이다. 여기서 무관심이라 함은 일체의 욕망적인 것에서 일탈하여 무아無我의 경지에 이르러 허심탄회하고 공평무사한 마음으로 감상하는 태도를 두고 한 말이다.

④ **「시가의 제 문제」**: 황석우는 이 논문에서 시의 본질과 내용 및 형식에 관련된 여러 문제를 네 단계로 구분하여 논의하고 있다. 다시 말해서 '시가의 본질'·'시가의 운율문제'·'시의 기교문제'·'시의 내용 및 효용문제' 등과 같이 되어 있는 바, 시의 본질을 "인간의 정서문화의 최고층의 조직체"라고 정의하고 있다. 시는 운율의 관점에서 보면, 언어음악이고 언어무용이라 할 수 있고, 눈으로 보는 시각적 관점에서 보면, 선 구조와 색 구조를 가진 건축물도 되고 회화繪畫도 된다는 것이다. 그리고 시가의 운율문제와 기교문제에서 시의 음악성과 회화성의 문제를 간략하게 다루고 있다. 끝으로 '시의 내용과 효용 문제'에서는 시의 사상과 감정 문제를 다루고 있다. 한마디로 시의 사상과 감정의 문제는 바로 인생관에 수반된 문제라 할 수 있는데, 그 예술적 입장에 따라 내용과 형태가 달라진다고 한다.[79]

79 《조선시단》 8호(1934.9) 3면 참조.

⑤ 「**일본시단의 2대 경향**」: 이 논문에서 황석우는 한때 일본의 시단을 달구었던 상징주의 시 운동과 민중시 운동에 대하여 논의하고 있다. 말하자면, '구어체口語體의 시' 곧 '자유시' 운동의 일환으로서 소개하고 있는 것이다.

> 일본시단의 주조는 일언으로 말하면, 물론 구어시口語詩의 자유시 운동이라 하겠다. 그러나, 이 주조만에는 미키로후三木露風·히나쓰고노스케日夏耿之助를 비롯하여 야나기자와다케시柳澤健·사이죠야소西條八十·키다무라하쓰오北村初雄 등의 여러 청년시인의 손 에 의하여 인도되는 상징주의 운동과 또는 차此에 반항하여 일어난 후쿠다마사오福田正夫·도미타사이카富田碎花·카토가즈오加藤一夫·시로토리세이고白鳥省吾 등의 민중시운동과 두 큰 경향이 있다. 나는 이것에 취就하여 나의 아는 바의 일단을 간단히 베풀어 보려 한다.[80]

라고 한 서두의 머리말과 함께 일본 근대시단의 두 가지 경향을 크게 '일본 상징주의의 시가에 취就하여'와 '광의의 상징주의'와 '협의의 상징주의' 등 3단계로 구분하여 논의하고 있다.

첫째, 「일본상주의의 시가에 취하여」에서는 《해조음海潮音》의 저자 우에다빙上田敏·이와노호메이岩野泡鳴·감바라아리아케 蒲原有明 등을 거쳐서 미키로후三木露風에 이르러 완성되는 일본 상징주의 운동을 개관하고 있다.

둘째, 「광의의 상징주의」에서는 상징주의를 '지적 상징주의'와 '정서

80 《폐허》 창간호(1920.7) 76면.

적, 지적 상징주의'로 구분하여, 앞의 지적 상징주의는 "지적 상징 또는 지적 상징의 결합에 의하여 어느 관념, 사상을 표시하는 상징주의"[81]라 하고 풍유諷諭·우화寓話·비화譬話 등이 모두 지적 상징주의 의 속성으로 프랑스의 상징주의가 대두되기 이전의 것들이라면, 뒤의 정서적 지적 상징주의는 "어느 관념이나 사상을 상징 또는 일군의 상징에 의하여 표시하는 점에서는 지적 상징주의와 같지만, 구상성具象性에서 다르다고 한다. 말하자면, 관념이나 사상을 표시하는 상징, 곧 형식에서 단순한 부적符籍 이상의 중요한 의미를 지니고 있다는 것이다.[82]

셋째, 「협의의 상징주의」에서는 '정서적 상징주의'를 들어 음音·형形·색色·향香·미味 등의 5관의 감관感官과 상징을 통해서 환기되는 정서와 기분을 본질로 하고 있다고 한다.[83] 말하자면, 정서적 상징주의는 프랑스 데카당파 시인들이 창시하여 전 세계에 파급시킨 정서와 기분의 상징성을 목적으로 한 상징주의를 두고 한 말로, 우리나라에서 황석우·김안서·이상화 등을 비롯한 폐허와 백조동인들이 자유시 운동과 함께 펼친 것이라 할 수 있다.

⑥ **「최근의 시단」**: 이 논문의 서두에서 황석우는 창작과 비평과의 불가분리의 관계를 강조하여 말하기를,

---

81 위의 《폐허》 창간호, 80면 참조.

82 위의 《폐허》 창간호, 82면 참조

83 위의 《폐허》 창간호, 84면 참조.

> 비평이 따르지 않는 작품과 같이 고독한 자는 없다. 비평 없는 작품은 인간의 짝 없는 독신자와 같다. 만일 생물학 상의 견지로부터 예술을 말함을 얻는다 할진대, 비평 없는 작품은 예술의 반단위半單位라고도 할 수 있다. 독신자가 한 이성과 합하여 인간의 단위로의 일개의 완전한 인격과 성의 조화와 생식능력을 얻는 것과 같이 일개의 작은 비평이란 이성과 합하여 비로소 그 참 위치를 얻는 자이다.[84]

라고 하고 있다. 어느 작품이건 비평가를 만나야만 완성의 경지에 이르게 된다는 것으로, 작품이 비평가의 비평을 받기 전에는 언제나 미완의 경지에 머물 수밖에 없다는 것을 강조한 것이기도 하다. 그리고 당시의 우리 문단에 비평이 없는 요인으로 세 가지를 지적하고 있는데, 첫째는 작가와 평가와 독자와의 이해를 얻을 수 없다는 것, 둘째는 작가가 작품의 가치 이상의 논평을 얻고자 하는 데 있다는 것, 셋째는 작가가 아무런 조건도 이유도 없이 자기의 작품에 대한 평을 믿지 않고 무시하고 있다는 것 등을 들 수가 있다.

이 논문은 월평月評으로서 실지비평에 해당된다. 당시의 각 지상에 발표된 시편들에서 황석우 나름대로 선정하여 논평한 것이라 할 수 있다. 양명羊鳴·보성步星·요한耀翰·춘원春園·춘성春城 등의 시편들에 대한 간략한 논평으로, 그 논의의 깊이나 시학적 이론에 근거한 것이라고는 할 수가 없다. 대체로 인상비평의 한계를 벗어나지 못하고 있음은 그 시대 우리 문학이론의 한계를 그대로 드러낸 것이라 할 수 있다.

---

84 《개벽》 5호(1920.11), 89면.

⑦ 「**최근 시단 개별概瞥**」: 1930년대 중반에 각 지상에서 활발하게 활동하고 있었던 시인들 가운데서 몇몇을 선정하여 논평하고 있다. 먼저 황석우는 이 논문의 모두에서 우리 시단의 빈약함을 가혹하리 만큼 혹평하여,

> 조선의 신흥 시가공업詩歌工業은 그 생산량의 빈약함도 말할 것도 없거니와 더욱 그 생 산기술 - 제품기술에 있어서는 실로 유치기술幼穉技術 그대로이다. 그 일반의 제품기술 은 일종의 외제품의 조모방粗模倣의 유치기술이다. 이러한 시가품이 시장에 나가 고객의 학대를 받는 것은 당연한 일이다. 그들은 그 원형질로나, 또는 그 가공 기술상으로나 하등 의 시장 가치를 갖지 못한 유치한 저급의 조제품 난제품이다.[85]

라고 말하고, 김기림金起林·조영출趙靈出·송순일宋順鎰·모윤숙毛允淑·주수원朱壽元 등의 작품을 들어 논평하고 있다. 한 작품을 들어 그 수사修辭와 결구結構 상의 결점을 낱낱이 지적하면서 심층적으로 분석하고 있는 것 같기도 하지만, 그 논평의 정당성에는 시학적으로 많은 문제점을 노정하고 있다.

1930년대 중반의 우리 시단이 그렇게 모조품만 생산하는 그런 빈약한 시단이었던가? 이미 정지용·김영랑·박용철 등이 중심이 되었던 시문학 동인들의 활동이 있었는가 하면, 김기림과 같은 쟁쟁한 시론가도 등장하여 활발하게 활동을 펼쳤던 것을 생각하면, 이런 문단의 진단이

85 《조선시단》(1934.9) 5면.

올바른 것인가 하는 점은 회의적인 것이 아닐 수 없다. 시학이론의 문제만 해도 당시 새로 등장하는 신인들의 활동에서 어느 만큼의 수준에 도달해 있다는 것을 알 수 있기 때문이다. 이러한 논평은 1920년을 전후한 초창기 문단에 알맞은 진단이 아닐까도 싶다.

2) 문단 개평과 문학 일반론 및 문학논쟁의 문제

황석우의 경우, 문단의 개평과 문학 일반론, 곧 시와 소설 평론 등의 포괄적인 논의와 문학사상에 관련된 논의, 그리고 시를 두고 쟁점화한 논쟁 등이 이에 해당된다. 그러나 이것들의 수가 극히 한정된 몇 편에 불과하다. 따라서 이것들을 통해서 황석우의 비평적 소양이나 역량을 밝힐 수 있는 것도 아니라고 본다.

먼저 최근문단과 문학사상에 대한 포괄적인 문학에 관련된 평문으로,

현대조선문단(1~2)(《매일신보》, 1918.8.28~29)
최근문단 및 사상계의 개평(《현대》, 1921.2)
현대문단의 해부(《신민공론》, 1921.5)
문단 윤리를 고조하여 신도덕의 건설자를 부르자(《음악과 문학》, 1929.?)

등이 있는데 이것들의 내용을 간추려 보면 다음과 같다.

① **「현대조선문단」**(1~2): 황석우는 이 논문의 서두에서 '문단'의 개념을 한마디로 정의하기를, 그 시대의 '뇌腦'와 '산 초상肖像'이라 하고 있다.

문단은 그 시대의 뇌腦며 산 초상肖像이다. 시대의 감정과 의식은 문단이란 스타일에 상징현象徵現되는 자이다. 현대조선문단도 그 안眼 그 이耳의 감수성 급及 활동이퍽 신민迅敏한 과정에 이르렀다. 실로 바랄만한 장래를 가졌다. 그러나 금일의 조선문단처럼 감상력이 없는 - 이해력 없는 - 자부광自負狂의 심한 자는 없다. 소위 비평은 일종 과장이 아니면 경멸이다.[86]

황석우는 여기서 현대조선문단도 현대에 이르러 급속한 변화를 보이고 있는데, 문학 감상력의 부족으로 말미암아 문학비평은 과장이 아니면, 경멸의 단계에 머물러 있다고 하고 있다. 그리고 또한 '예술의 천재성'에 대하여 말하기를,

본래 예술이라 함은 천재를 의미함이다. 천재는 항상 유형의 윤곽 외外를 걷는다. 그곳에 예술의 독립한 존尊한 생명이 있다. 천재는 그곳에서 새 세계를 찾고 위대한 창작을 산産한다. 또는 천재는 오직 그것에서만 한없는 희열을 느끼고 고독을 느낄 뿐이라. 그러므로 천재의 속俗에 대한 태도는 어느 정도까지는 무신경이며 몽매하며 모순이 있다. 그곳으로부터 오해-충돌-예합睨合을 낳는다. 그러나 이는 그 예술의 존엄과 가치를 상傷해올 하등의 이유가 되지 않는다. 예술은 어디까지든지 불가혼동不可混同-신성불가침의 절대생명을 가졌다. 그러므로 예술의 감상 급 비평에는 오직 냉하고심각하고 책임감에 연燃하는 충실한 예술의 안眼을 요할 뿐이다.[87]

86 《매일신보》(1918.8.28)에서 인용.

87 《매일신보》(1918.8.28)에서 인용.

라 하고 있다. 한마디로 예술은 그 천재성에 절대적 생명이 있을 뿐만 아니라, 그들이 새로운 세계를 창조하는 예술가의 영역은 신성불가침이라는 것이다. 따라서 예술의 감상이나 비평에는 냉철하고 심층적이고 책임감이 불타는 심미안이 수반되어야 할 것을 강조하면서 김안서金岸曙의 출마를 강권하고 있다. 천재에는 정신의 패자가 많은데, 김안서가 바로 그에 해당된다는 것이다.

그리고 이 논문의 후반부에서는 당시의 조선 문단의 실상으로 이광수의 습작으로 『무정』밖에 없는데, 이광수를 극복하는 대가의 출현을 역설하고 있다. 일본의 문단에 비하면, 아직 우리 문단에는 명실名實공히 대가로 불릴 만한 대가가 출현되지 않았음을 개탄하고 있다.

> 만일 어느 곳에 전 세계 문단 창작 낭독회가 있다 할진대 제군은 과연 어느 걸작을 가진 어느 대가를 보낼까? 제군은 결코 제군의 작고 얕은 '힘'을 자부치 말라. 제군은 제군의 과거에 재在한 자부가 제군을 어느 경우에 이르게 하는 것을 기억치 못하는가. 나는 그것을 생각하면, 골육骨肉이 왈왈 떨려 금일의 조선 문단이 이렇게 빈궁하고 왈자스럽다. 나는 한갓 문단에 재한 우인友人들에게 「그대들의 경頸한 자홀自惚의 인刃에 끊지 말고 더 철저하게 더 크게 더 깊게 노력」하라고 부르짖으려 한다.[88]

한마디로 우리나라에는 아직 세계문단에 이렇다고 내세울 만한 작품이나 작가가 없다는 것이다. 자신의 정체성도 잘 모르면서 자만심을 내

---

88 《매일신보》(1918.8.29)에서 인용.

세워 자기과시욕에 급급해 있음을 맹렬히 비판하고 있다.

② 「**최근 문단 및 사상계의 개평**概評」: 이것은 1920년대 초의 각 지상에 발표된 시와 소설을 아우른 문단과 사상계에 대한 짧은 논평이다. 먼저 이 논문에서 황석우는 당시의 각 월간지에 발표된 시와 소설을 구분하여 논평하고 있다. 말하자면, 《신청년》·《개벽》·《현대》 등으로 구분하여 앞의 《신청년》과 《개벽》지에서는 그 신년호에 발표된 시와 소설을 구분하여 논평하고, 뒤에서는 《현대》와 《공제》지에 발표된 논문들을 중심으로 당시의 한국사상계를 진단하고 있는데, 김항복金恒福의 「종교에 대한 관견」·정태신鄭泰信의 「진리의 성전聖戰」·유진희兪鎭熙의 「노동문제의 사회주의적 고찰」·기제관金齊觀의 「국가의 이성 및 정책과 진리의 반항」·김두희金枓熙의 「전후세계 대세와 조선노동 문제」 등을 들어 한국사상계의 추이와 진전 과정을 살핀 것이 그것들이라 할 수 있다.

③ 「**현대문단의 해부**」: 이 논문은 부제로 '나의 경애하는 변영로卞榮魯형께 올림'이라고 한 바와도 같이 같은 폐허동인과 장미촌동인으로 함께 활동했던 수주樹州 병영로에게 바친 글이다. 황석우는 여기서 제의題意와도 당시의 한국 문단의 실상을 아주 부정적으로 논평하고 있다. 먼저 그 전체의 내용을 '피등彼等의 문단적 발심의 검핵檢覈'·'피등彼等의 창작심리'·'피등彼等의 작품과 비평의 정도와 그 작품'-'그 비평'과 '현 문단과 작품과 문사의 거짓 없는 총평' 등으로 단계화하여 논의하고 있다. 한마디로 문학 창작의 소질이나 재능도 없으면서 단순히 명예욕으로 문학

에 종사하는 사람이 있다는 것에 대하여 맹렬히 비난하고 있다.

> 그러나 특히 조선 일부 청년의 그 문단에의 전심轉心의 상태를 검핵檢覈하여 보면, 그 십중팔구十中八九까지는 피彼 지나식支那式의 헌 '입신양명'이란 공명심功名心 의식 위에 세울 비자연非自然의 '인조심人造心'에 불과하다. 곧 피등彼等은 그 '입신양명'이라는 통로를 정치로부터 문예의 위에 밧우워 놓았음에 불과하다. 피등彼等 가운데는 문예가가 될 소지素地(素能 或云 素質)의 없는, 곧 무역상이나 잡화상 또는 회사원밖에는 되지 못할 길 틀린 사람이 많다. 이는 모두 입彼 '입신양명'이라는 허영에게 붙잡히기 때문이다.[89]

많은 젊은이들이 자신이 타고난 문학적 소질이나 재능은 생각지 않고 단순히 '입신양명立身揚名'의 수단으로 문학 창작에 손을 대고 있다. 그래서 그런지는 몰라도 우리의 현 문단이 올바른 비평을 하지 않고, 아무런 근거도 없는 천재 작가니 무엇이니 치켜세우기에 전력하고 있다는 것이다. 따라서 문단이 올바른 비평을 할 수도 없을 뿐만 아니라, 건전한 방향으로 가기보다는 극도의 혼란에 빠져들고 있다는 것을 경고하기도 한다. 이런 관점에서 우리 현 문단상황에 대하여 거짓 없는 비평을 해보면, '주망문단蛛網文壇'·'고리문단高利文壇'·'매음정賣淫町의 문학'·'양장洋裝한 가녀街女'·'정신계의 절도竊盜'·'정신계의 부랑자浮浪者' 등으로 요약할 수 있다는 것이다. 이것은 당시의 한국 문단에 대한 혹평이 아닌 실상이 그러했는지도 모를 일이다.

---

89 황석우, 「현대문단의 해부」(《신민공론》 1호, 1921.6) 33면.

이 밖에 《음악과 문학》지 발표된 「문단 윤리를 고조하여 신도덕의 건설자를 부르자」는 아직 그 소장처가 밝혀지지 않아서 여기서 논의하지 못했음을 밝혀둔다.

그리고 시와 시론에 관련된 글로 우리 근대문학 초창기를 대표했던 현철玄哲[90]과 《창조》 창간호에 〈불놀이〉를 발표하여 화제를 모았던 주요한과의 시와 시론에 관련된 논쟁으로 당시의 문단에 이목을 집중시켰던 평문으로,

> 희생화와 신시를 읽고(《개벽》, 1920.12)
> 주문치 아니한 시의 정의를 일러주겠다는 현철玄哲군에게(《개벽》, 1921.1)
> 『자연송』에 대한 주朱군의 평을 궤독하고서(《동아일보》, 1929.12.24~25)

등 3편이 있다.

① **「희생화와 신시를 읽고」**: 이 평문이 실린 바로 이전의 《개벽》지 5호에 발표된 현진건의 소설 〈희생화〉와 오상순의 〈구름〉과 〈생의 철학〉 등 두 편의 신시를 들어 논평하고 있다. 다시 말하면, 현진건의 〈희생화〉를 혹평하여 예술적 형식을 갖추지 못한 소설도 아니고 독백도 되지 못

---

90 현철은, 홍명희, 최남선, 이광수 등의 뒤를 바로 이어서 창조나 폐허동인에 앞서 1910~20년대에 걸쳐서 활동했던 사람으로 본명은 현희운玄僖運이다. 일본 유학생으로서 《개벽》지의 학예부장으로서 한때 신극과 해외문학 소개 및 문학이론의 도입에서 그 누구보다도 앞장서 선도했던 평론가이기도 하다.

하는 산문이라고 혹평하고 있다. 그리고 오상순의 시에 대해서도,

> 그 시의 전부가 서정시 되기에는 너무 상상에 소訴하여 지내 있고, 또는 사상시로서는 요령을 이해키 어려운 만치 수사가 어질어져 있으며, 또는 표현이 너무 유치하다 할 수 있다.[91]

라고 혹평하고, 그 결론으로서 〈희생화〉의 작자와 〈신시〉의 작자가 그가 한 논평에 대하여 불만이 있거든 대담하게 말하여 달라고까지 하고 있다. 그리고 이에 덧붙여서 신체시는 이미 일본에서도 낡은 것으로 되어 있는 바, 이제는 그것보다는 자유시로 지향해 갈 것을 역설하고 있다.

② **「주문치 아니한 시의 정의를 일러주겠다는 현철玄哲 군에게」**: 이 글은 제목이 시사하고 있는 바와도 같이 앞의 논평과 직결된다. 말하자면, 현진건의 소설 「희생화」와 오상순의 「신시」에 대한 황석우의 논평에 대하여, 당시 개벽사의 학예부장으로 있었던 현철玄哲(玄僖運)은 같은 《개벽》지 6호에 발표된 「비평을 알고 비평을 하라」에서 강하게 반론한다. 이에 대하여 황석우는 그 이듬해 1월에 출간된 《개벽》지에서 '주문치 아니한 시 정의를 일러주겠다는 현철 군에게'란 제목으로 다시 반론하여 극렬한 논쟁을 펼치게 된다.

> 현군, 개벽 문예부장의 현철 군! 군의 그만한 정녕한 호의는 감사하오. 그

91 《개벽》 6호(1920.12) 89면.

러나 나는 군에게 시의 정의를 일러달라고 주문한 일도 없었고, 또는 군에게로부터 그런 주정군의 허튼 맹서와 같은 모욕을 받을 만한 막된 글을 쓴 기억도 없소. 좌우간 술김에 하는 허튼 소리거나 또는 농담이거나, 진담임을 불구하고, 적어도 문자 상에의 말로 나타난 이상에는 그대로 잠자코 있을 수 없소.[92]

로 시작되는 이 글은 소설이나 신체시에 대한 깊이 있는 이론적 논평은 아닌 것 같다. 이 논의는 미술가 기유방金惟邦의 〈'비평을 알고 비평을 하라'를 읽고〉까지 확대되기도 하지만, 오히려 인신공격에 가까운 논쟁으로 흐르고 있다.

③ **「자연송」에 대한 주朱군의 평을 궤독跪讀하고서」**: 1929년 11월, 자신이 주재했던 조선시단사에서 출간된 황석우의 첫 시집 『자연송』에 대하여 주요한朱耀翰의 논평에 극렬하게 반론한 것이다.

저질한 필자는 주군의 『자연송』 평을 일종의 작품 중상으로밖에는 안 봤다. 그렇지 않다면 내 말을 열 번이라도 취소하지요. 주군의 그 붓끝을 잡은 동기가 여하튼, 그것은 주군에게로는 실로 의외지사意外之事의, 말하자면, 좀 신중한 곳을 잃은 편에 가까운 무엇이라 하겠다.[93]

를 서두로 하고 있는 이 글은 시집 『자연송』을 두고 한 주요한의 논평에

92 《개벽》 7호(1921.1) 111면.

93 《동아일보》(1929.12.24)에서 인용.

대한 항변이라 할 수 있다. 이것도 앞의 개벽사의 현철玄哲에게 한 것과도 같이 자신의 시에 대한 혹평에 극렬하게 반론하는 논쟁으로 흐르고 있는 것이다.

3) 일본의 정치현상과 사상, 그리고 기타의 문제

국가 및 정치의 생물학적 심리학적 고찰(《대중시보》, 1921.5)
일본정치 및 정당(《대중시보》, 1921.5)
일본사상계의 특질과 그 주조(《개벽》, 1923.4)
의문 중첩한 조선일보 사건의 괴 내막 폭로(《동방평론》 3호, 1932.7)

등이 있는데, 이것들의 내용을 간추려보면 다음과 같다.

① **「국가 및 정치의 생물학적 심리학적 고찰」**: 이 논문은 1921년 5월호 《대중시보》에 발표된 것으로 황석우는 그 서두에서,

> 현대의 인류는 꽤 만성의 열의 높은 정치 병에 걸려 있다. 정치는 정신상의 일종의 유행병이다. 이 병은 인간에게 피彼 가벼운 골통증骨痛症 혹은 소양증瘙癢症과 같은 일종의 쾌미를 주(與)는 병이다. 언제든지 이 병은 큰 위험도 있는 대신에 취미도 있고, 사회적 존경도 받는 앓기 좋은 병이다. 그러므로 금일의 청년들이 보통의 좌담에도 정치, 요리점에서도 정치, 노상에서도 정치, 일에도 정치, 이외도 정치를 말하는 것은 그것을 알아채(看破)기 때문이다.[94]

94 《대중시보》(1921.5) 11면.

라고 하고 있다. 황석우는 여기서 인간과 정치병과의 관계를 논의하고 있다. 그런데 그 병은 많은 위험도 있는 대신에, 취미도 되고 사회적 존경도 받는 알기 쉬운 병으로 우리들의 일상적 삶과 밀접하게 연관되어 있다는 것이다. 한마디로 황석우는 여기서 인간은 정치적 동물이라는 특성의 유래로부터 그 현상의 변화에 이르기까지의 생물학적이고 심리학적인 측면에 걸쳐서 널리 살피고 있다.

'국가의 생명'의 문제에서 황석우는 국가는 영원하지 못한 유한성이지만, 사회는 영원한 불멸성을 가졌다고 한다. 그것은 국가는 하나의 제도로서 일정한 수명을 가진 생명체인 데 반해서, 사회는 영속적인 존재라는 것이다. 말하자면, 인류의 공동체인 사회는 인류가 존속하는 이상 존재해야 하기 때문이다. 이것은 인간을 혼자서는 살아갈 수가 없고 반드시 공동체 속에서 삶을 영위해야만 한다는 역설이기도 하다. 역사적으로 하나의 국가가 쇠퇴하여 멸망하고 나면 그를 대체하는 새로운 제도의 국가가 태어나 인류사회를 존속시켜온 것이 바로 그것이라 할 수 있다.

② 「**일본정치 및 정당**」: 일본 정치와 정당사를 일별하여 '육항정치陸航政治'·'산간정치山間政治'·'운명에의 반역정치叛逆政治'로의 이행이라 하고 있다.

> 민중의 사상을 긍정으로 아니 한 국가는 물을 떠난 육陸으로 역행하는 배와 같다. 현대의 일본 정치는 여하? 그는 물을 떠난 배의 육陸에의 무리한 키(舵)질이다. 결국 일본은 어느 산간으로라도 향하려 함이다. 이런 정치가 행하는 곳에는 그 선체와 키(舵) 자체의 많은 고장과 또는 본의 아닌

약한 초목들의 역살轢殺이 있을 뿐이다. 피 일본내각이 자주 변동되는 원인과 또는 사상 박해, 인권유린의 원성이 끝이지 아니하고 끓어오르는 그 원인은 곧 이곳에 있다.[95]

한마디로 일본 정치는 바다로 향할 배가 산으로 역행한 것으로 그들의 운명을 반역하는 정치가 되어 있다는 것이다. 그리고 일본 정당은 나무를 기어 올라가는 곰과도 같이 뒤를 볼 줄 모르는 '웅시정당熊視政黨' 또는 '상하정당裳下政黨'이라고 한다. 일본 정당은 민중에 뿌리를 박지 못하고, 위로 월로의 안색과 그 손이 어디로 향하는 것만 바라보고 있을 뿐이다. 그래서 서민대중을 위한 정치와는 거리가 먼 원로와 황실에 대한 충성만 강요하고 정치 도덕의 타락상을 보이고 있다는 것이다.

③ 「**일본사상계의 특질과 그 주조**」: 이것은 부제에서 '현 일본 사회운동의 그 수단'이라고 하였듯이, 일본인의 민족성을 바탕으로 한 사상계의 특질과 그 주조로서 '공산주의'·'무정부주의'·'인도주의'·'허무주의'로 유형화하여 논의한 매우 긴 논문이다.

먼저 권두의 서론에서 '현 일본 사상계의 특질'을 여러 각도에서 심도 있게 고찰하고 나서 본론인 '일본 사상계의 그 주조'에서는 '각 사상의 내용 및 그 소속의 주요일물의 기관'으로 구분하여,

95 《대중시보》(1921.5) 29면.

A 공산주의: ① 그 파괴적 수단 ② 그 건설적 이상
③ 그 개인관 ④ 그 주요인물과 기관

B 무정부주의: ① 그 파괴적 수단 ② 그 건설적 이상
③ 그 사회관 ④ 그 인물과 기관
공산주의와 무정부주의의 호상관

C 인도주의

D 허무주의

등과 같은 항목으로 구분하여 논의하고 있다. 위로 미루어 '공산주의'와 '무정부주의'에 대해서는 구체적으로 논의하고 있는 데 반해서, '인도주의'와 '허무주의'에 대해서는 간략한 논의에 그치고 있다. 이것은 그만큼 뒤의 인도주의와 허무주의 사상에 비하여 앞의 '공산주의'와 '무정부주의'가 그 시대 사회사상으로서 압도적으로 지배하고 있다는 것을 반증하고 있다. 이에 반하여 인도주의와 허무주의는 일부 문단인들에게만 명맥을 유지하고 있다는 것이다.

황석우는 일본인의 민족성의 특질을 한마디로 요약하여 말하기를,

> 일본인은 일개의 천성天成의 인간지상주의, 현실지상주의의 인종이다. 다시 말하면, 일본인의 그 민족성의 특질을 인간적이며, 현실적이며, 감정적이란 것이다. 이것은 일본인의 민족성의 그 주된 특질이다.[96]

96 《개벽》 24호(1923.4) 25면.

라고 하고 있다. 한마디로 해서, 일본인의 이러한 민족성이 바탕이 되어 그 시대 유입된 서구의 신사상, 곧 그 중에도 공산주의와 무정부주의가 일본 사회사상 운동의 주조를 형성하게 되었다는 것이다.

④ **의문 중첩한 조선일보 사건의 괴내막 폭로**: 한마디로 이 논의는 신석우申錫雨가 사장으로 재임했던 1930년 말경, 위기에 직면해 있었던 조선일보 사건의 괴내막怪內幕을 폭로한 것이다.

> 신석우申錫雨·안재홍安在鴻·조설현曺偰鉉·최선익崔善益·백관수白寬洙 등 제 민족 주의자의 경영으로 만천하 인사의 열렬한 지지와 성원을 받아 온-반도 언론계의 맹웅 猛雄인 조선일보가 만주조난동포구제금 사건을 도화선으로 하여 그 발행권이 임경래林景來의 손으로 들어가게 된 그 모든 기괴奇怪한 경로 진상을 공개하여 책임자를 지적규탄하며, 일언을 신경영자에게 부친다.[97]

를 서두로 하고 있는 이 논의는 조선일보사가 그 부하 직원의 비행으로 재정상 위기에 직면하게 된다. 그래서 여기서 황석우는 신문사를 제대로 관리 감독하지 못한 신석우 사장이 물러나고 안제홍이 새 사장으로 부임하게 된 이면사를 폭로하고 있다. 말하자면, 동신문사의 영업국장인 이승복李昇馥이 임경래林景來와 공모하여 신문사로 하여금 재정상의 위기를 초래케 하여 결국 신사장이 물러나고 안재홍이 새 사장으로 부임하게

97 《동방평론》 3호, 44면.

되었다는 것이다.

황석우는 여기서 이승복과 임경래의 비행을 샅샅이 폭로하고 나서 그 결론으로서,

> 《조선일보》를 조선인이 요구하는 신문으로서보담 더 새로운 면목을 전개시키며 어찌 그 신문 경영인물의 전인후인前人後人을 가리는 편견을 가질 것이랴? 우리는 오직 후일을 보기로 한다.[98]

와도 같이, 조선일보가 감당해야 할 사명감과 그에 대한 우리 민족의 기대에 부응할 것을 신경영진에게 당부하고 있는 것이다.

4) 일본 유학시절의 회고와 그 시대의 인물론

황석우는 그 자신의 신변에 대한 회상기를 거의 남기지 않고 있다. 그래서 그의 생애와 문학에 관련된 전기적 차원을 접근하기가 무척 어렵다. 따라서 오늘날 그에 대한 연구를 두루 살펴보아도 그의 전기적 국면은 거의 밝혀져 있지 않다. 따라서 이 영역도 앞으로 연구해야 할 과제로 남을 수밖에 없다. 그리고 수필 유형의 글들이 거의 없다. 아무튼 여기서는 이런 유형의 글과 책의 서문을 비롯한 인물평과도 같은 사회적 이슈에 대한 일반평문 및 기타를 대상으로 살펴보기로 한다.

---

98 《동방평론》 3호, 51면.

먼저 일본의 동경 유학시절의 회상기와 또한 여기에 등장하는 유학생들 가운데는 후에 우리의 민족지도자로서 성장한 인물들이 많다. 이들에 대하여 황석우는 1932년 월간지 《삼천리》에서 기획한 인물평에 참여하여 집필하기도 하는데,

동경 유학생과 그 활약(《삼천리》, 1933.1)
40년 전의 학우생활 낙서(《신태양》, 1958.12)
나의 8인관(《삼천리》, 1932.4)
사상계의 2인평(《삼천리》, 1932.5)
신석우론(《삼천리》, 1932.8)
인물단평 - 오상순(《삼천리》, 1932.10)
인물단평 - 원종린(《삼천리》, 1932.10)

등과도 같다. 앞의 2편은 일본의 동경 유학시절의 회상기이고, 〈나의 8인관〉을 포함한 뒤의 5편은 각개의 인물평에 해당된다. 먼저 앞의 2편은 한말기로부터 1920년대 이전까지의 일본 유학생들을 대상으로 하여 쓴 것이다. 황석우 자신도 이 무렵에 일본에서 유학생활을 하고 있었다.

① **「동경 유학생과 그 활약」**: 이 회상기는 우리나라에 많은 인재를 배출하게 된 영英·미美·노露·일日 등의 '유학사留學史' 기획의 하나로 이루어진 것이다. 한 말기로부터 1920년대 이전까지의 일본 유학생들의 실태를 사적으로 고찰하고 있다. 병자수호조약 체결 이후, 그러니까 명치 14년(1881)의 심상학沈相鶴·고영희高永喜·어윤중魚允中·홍영식洪英植·조

병직趙秉稷·박정양朴定陽 등 신사대관紳士大官들로 조직된 일본문물시찰단과 그 이듬해의 수신사 박영효朴泳孝를 수행한 김만식金晩植·김옥균金玉均·서광범徐光範·민영익閔泳翊 등의 일본행 이후에, 국비나 사비의 유학생들로 계속 이어지는 실상實相, 곧 비록 짧은 기간이긴 하지만, 개화기의 일본유학생사라 할 수 있다. 그 시대 우리들의 많은 젊은이들은 선진한 일본에 유학하여 서구의 새로운 문물을 배우고, 또 이들은 유학하고 돌아와 빼앗긴 나라를 되찾고자 다시 중국으로 가서 독립투쟁을 한 것이다. 그 중 일부는 국내에 남아 친일행각을 일삼다가 규탄 받기도 했지만, 8·15 해방 이후 중국이나 해외에서 돌아온 대다수가 광복대열에 참여하여 활동하기도 한다. 그리고 이 평문은 바로 이어서 논의할 〈40년 전의 학우생활 낙서〉와도 연관되고 있다.

② **「40년 전의 학우생활 낙서」**: 바로 앞에서 논의된 바, 「동경유학생과 그 활약」에 등장하는 인물들이 대부분을 자지하고 있다. 아니 대부분이 아니고 그 전부라 할 수 있을 것이다. 앞의 「동경 유학생과 그 활약」에서는 일본 유학생 개개에 대한 것이 구체적인 기술이 아니라면, 뒤의 「40년 전의 학우생활 낙서」에서는 그 많은 유학생 가운데서 주요 인물들을 선정하여 8·15 해방과 직후 수립된 정부에서 정치활동까지를 기술하고 있는데, 그 선정된 면면들을 들어보면, 다음과 같다.

> 나막신 신은 조만식曹晩植
> 귀공자형의 김성수金性洙
> 뱃장 억센 송진우宋鎭禹

한시에 능한 신익희申翼熙

대식가 신석우申錫雨

천하의 웅변가 장덕수張德秀

열사형의 김병로金炳魯

부지런한 현상윤玄相允

신사풍의 김도연金度演

말없는 최두선崔斗善

이들의 일부는 8·15 해방 이후, 민주당과 박정희 정권까지 중요한 직책을 맡아서 활동하기도 한다. 이외에도 단편적으로 논의된 인물들도 안재홍安在鴻·진학문秦學文·나경석羅景錫·정노식鄭魯植·김연수·변광호邊光鎬 등 이외에도 많다. 그리고 뒤의 5편을 중심으로 인물평에 나타난 내용들을 간추려 보면 다음과 같다.

③ **〈나의 8인관〉**: 당시의 우리나라의 인물 중에서 완성된 권위자로 선택된 인물로 안창호安昌浩·송진우宋鎭禹·김성수金性洙·김한金翰·박일병朴一秉·김규식金奎植·이광수李光洙·안재홍安在鴻 등을 들고 있다. 좀 더 구체적으로 말하면, 인격과 지조의 표상으로서 안창호, 이론가는 아니나 모략종횡謀略縱橫의 활동적인 정객으로서 송진우, 정객이나 교육자 실업가라기보다는 아무런 해가 없는 좋은 의미의 사업가로서 김성수, 협잡군挾雜軍의 인상이 짙으나, 결코 그것과는 먼 정열과 재략을 넘치도록 가진 인물로서의 김한, 많은 시비是非를 가진 인물이나 재주로 말하면, 우리나라에서 가장 뛰어난 존재로서 박일병, 재외在外 거물의 한 사람으로 온

후한 학자풍의 인물로 김규식, 당시 우리 문단에서 문호文豪의 일인자로서 군림하던 이광수, 요순堯舜 때의 양반과 같은 호인으로 중망衆望이 높고 덕성의 표상으로서 안재홍 등이 있다고 하고, 이외에도 정치적 인물로 신석우申錫雨와 장덕수張德秀가 있으나, 이들은 이력을 좀 더 쌓아야 할 인물들이라고 한다. 이들은 대부분 일본 유학생들로 8·15 해방 직후까지도 각 분야에서 활동한 인물들로 황석우와 가까이 지냈거나, 아니면 어느 만큼의 친분이 있었던 것으로 생각된다. 이들 가운데 친일행각으로 한동안 지탄 받기도 하다가 6·25 전란 때 납북되기도 했다. 이들의 대부분은 앞에서 논의한 회상기로서 일본 유학생들과도 중복되기도 한다.

④ 「**사상계의 2인평**」: 황석우는 이 논문의 서두에서 당시 사상계에 있어서 유물론자로서 유진희俞鎭熙와 김약수金若水와 원종린元鍾麟, 그리고 정신주의자로서 오상순이 있다고 하고 여기서는 유물론자로서 유진희와 김약수에 대하여 논평하고, 원종린에 대해서는 그 뒤 1932년 10월호 삼천리지에서 '인물단평-원종린'이란 제목으로 논평을 하기도 한다.

- 유군의 사상은 맑시즘-콤뮤니즘, '유물론'이라는 것이 유군의 가두에 나오는 그 유일한 표어이었다. 유군은 콤뮤니스트-볼셰비키로서는 조선의 사상계에 누구보담 먼저 낳은 장자이었다. 그 이론으로 보든지, 그 가두 출가의 연력年歷으로 보든지 그는 확실히 그 길에 재한 모든 사상인의 맏형님이었다. 당시 군의 동지에는정우영鄭又影, 이혁로李赫魯 양군이 있었다. 그러나 그들의 모든 것은 유군에게 멀리 믿지 못

하였다. 군은 그 일당의 수장首將이었다.[99]

• 군이 사상인으로서의 일가의 뚜렷한 두각을 드러낸 것은 역亦 흑도회黑濤會 분열당시에 볼셰비키로 전환하게 된 뒤라 하겠다. 군은 동경에서의 조선인 볼셰비키의기두旗頭—그 중견 지도인물 동경에서의 북성회北星會 창설의 그 사람은 곧 김군이었다. 군은 동경에서 그 존재를 나타내게 된 사람인 만큼 그 이름에 있어서는 유진희 군보담 더 유명한 줄 안다. 유군 같은 이는 동경적東京的으로 하등의 이름이 없다고 해도 가하다.[100]

앞의 인용은 유진희의 유물사상, 곧 맑시즘-콤뮤니즘 이론의 대가로서 평가한 것이고, 뒤의 인용에서는 볼셰비키의 사상의 선두에서 활동하여 국내보다는 동경에서의 명성을 떨친 김약수(본명 枓熙)에 대한 인물평이다.

⑤ **「신석우申錫雨論」**[101]: 황석우는 이 논문에서 신석우를 신흥 조선이 낳은 정객의 한 사람이라고 하고 논평하기를,

신석우 군은 신흥 조선이 낳은 정객의 일인! 그는 누가 생각하든지 녹록碌

99 《삼천리》 4권 6호(1932.6) 5면.

100 《삼천리》 4권 6호(1932.6) 6면.

101 「신석우론」의 앞에는 유광열의 「허헌론許憲論」이 있다. 그래서 '등장한 2인물'이라고 한 것이다.

磔치 않은 인물, 그 눈찌 그 씰쭉한 커다란 입매는 보는 사람으로 하여금 「야 이 궐자厥者 엔간하고나」 하는 느낌이 안 가질 수 없게 한다. …〈중략〉… 신군은 실로 보짱이 큰 일물이다. 따라서 신군의 욕심이 크다 신군이 만일 예전의 불국佛國 같은 곳에서 나서 군인이 되었다 하면, 그는 반드시 나옹奈翁과 공명을 다투는 인물이 되었을 것이다. 신군의 그 모든 풍도風度는 나옹에게 가까운 점이 많다. 만주에 중국 나옹 마점산馬占山이 있다더니 신군은 조선의 마점산, 조선의 나옹일까? 신군은 또 어느 점에선 이태리伊太利의 뭇소리니 같은 인물이라고 볼 수 있다.[102]

라고 하고 있다. 한마디로 신석우를 프랑스의 나폴레옹과 중국의 마점산馬占山, 그리고 이탈리아의 뭇소리니 같은 인물이라고 한다. 말하자면, 당시 우리나라에서 보기 드물게 오연傲然한 기개와 호기豪氣 있는 정객으로서 조선일보사의 최고 집정자로서 신간회운동을 거침없이 주도하기도 했다는 것이다.

⑥ **「오상순吳相淳-인물단평」**: 황석우는 여기서 오상순을 한마디로 평하여, 그는 사회주의 사상가가 아니고 정신주의의 철학자라 하고 있다.

오군은 정신주의의 사상인으로서는 학적 교양이 깊고 풍부한 사람이었다. 그 교양에 있어서는 유물론군의 진영에서도 상당한 경의를 받치어 왔었다. …〈중략〉… 오군은그때의 사상계의에 있어서는 가장 큰 우상偶像

102 《삼천리》 4권 8호(1932.8) 41면.

이었었다. 지금의 오군은 원元군[103]과 같이 산간으로 방랑하고 있다. 장차 오는 앞날의 사상문화를 세우기 위하여.[104]

오상순은 당시로서는 유물론과 대척적인 정신주의 사상가로서 우상이었을 뿐만 아니라, 앞으로 그가 추구하는 사상적 지향은 우리 정신문화의 선도적 역할을 할 것이라고 논평하고 있다.

⑦ **「원종린元鍾麟-인물단평」**: 이 논평은 이미 앞에서 논의한 '사상계의 2인평'에서 유진희·김약수 등과 함께 예고되었던 것이기도 하다. 황석우는 이 논평의 서두에서 원종린은 지금에 와서는 거의 사라져버린 존재이나, 동경 유학생 시절에는 사회운동사에서 빼놓을 수 없는 존재로 선구적 역할을 다 했다고 한다.

원군은 동경에 있어서는 아나로는 제1인자이었다. 원군은 일본 인간에 있어서는 사카모도아키에板本秋江, 그는 오스키사카에大衫榮 기하旗下에 재하던 타카와다시바쇼도高津正道 군과의 동배同輩, 나와 같이 흑도회 黑濤會를 만든 사람, 코스모스 구락부의 조선인 최초의 간사, 중국 장계張繼 같은 인물이었다 할 수 있다. 나 역시 원군의 손에 운동선으로 끌려 나갔었다. 원군은 실로 조선 아나의 첫 등장인물이었 다.[105]

---

103 여기선 '원元' 군은 원종린元鍾麟을 가리킴.

104 《삼천리》 4권 10호(1932.10) 19면.

105 《삼천리》 4권 10호(1932.10) 44면.

황석우는 여기서 원종린을 '아나', 곧 무정부주의 첫 번째로 등장하는 선구적 역할을 강조하여 논평하고 있다. 당시 일본을 대표하는 아나키스트들과의 교유交遊하면서 무정부주의 운동을 펼치다가 사라졌다는 것이다.

5) 잡지 및 시집의 간행사와 편집후기, 그리고 기타 산문과 설문답

시집의 서문과 시전문지 간행의 선언 및 편집후기와 같은 단문들로는,

눈물 아래서 붓대를 잡다(《근대사조》 창간호, 1916.1)
창간사(《근대사조》 창간호, 1916.1)
무제(《근대사조》 창간호, 1916.1)
想餘-《폐허》 창간호 편집후기(1920.7)
선언-《장미촌》 창간호 권두언(1921.5)
餘言-《조선시단》 창간호 편집후기(1928.11)
청년시인 백인집을 내임에 당하여(《조선시단》 5호, 1929.4)
自文-시집 『자연송』의 서문(1929.11)
이 시집을 眞卿 누이에게-『자연송』의 머리에(1929.11)

등이 있는데, 이것들을 차례로 살펴보면 다음과 같다.

① **《근대사조》의 권두언과 창간사**: 황석우가 잡지 《근대사조》를 펴내면서 그 앞에 '일민一民'이란 필명으로 쓴 〈눈물 아래서 붓대를 잡다〉는 권두언에 해당된다. 황석우는 여기서 당시 일본에 유학하고 있는 우리나

라 학생들에게 민족의식을 고취하고 있다. 한마디로 젊은 학생들에게 반도半島 개척의 사자使者가 될 것을 촉구하고 있는 것이다. 그리고《근대사조》를 주재하여 펴낸 황석우 자신의 창간사로서 이 잡지를 발간하게 된 동기와 목적, 그리고 그 잡지의 향방과 내용의 일단을 요약하여,

> 여余ㅣ 본지를 발간함은 아조선민족我朝鮮民族 단체에, 구미歐美 선진국의 철학사조, 문예사조, 종교사조, 윤리사조, 기타 학술상 지식을 소개하며, 겸하여 조선사회 개량안改良案에 대한 의견을 발표하기 목적함이라.

와도 같이 말하고 있다. 끝으로 '무제無題'는 필자가 편의상 붙인 제목이다.《근대사조》 창간호의 말미에 아무런 제목도 없이 '일민一民'이란 필명으로 격언 형식으로 된 단문으로 들어보면 다음과 같다.

> 진정한 용자勇者와 진정한 강자는 인人을 해롭게도 아니하며, 동시에 인에게 해롭게 함을 받지도 아니하느니라. 인을 해롭게 하는 인은 악자요, 폭자暴者며 인에게 해롭게 함을 받는 약자요, 겁자怯者이니라.

② **「상여想餘」와 「선언宣言」**: 앞의 「상여」는《폐허》 창간호의 말미의 편집후기이고, 뒤의 「선언」은 시전문지《장미촌》의 표지에 있는 선언문이다. 먼저 「상여」는《폐허》 창간호의 말미에서 폐허동인들이 공동제목으로 쓴 것이다. 황석우는 여기서 동지에 대한 불만을 토로하고 있는 것과도 같이 곧바로 폐허동인에서 탈퇴하여 시전문지《장미촌》을 창간하게 된다. 어쨌건,《장미촌》은 우리나라 최초의 시전문지로 1921년 5월에

창간되었는데,

> 우리들은 인간으로의 참된 고뇌의 촌에 들어왔다. 우리들의 밟아나가는 길은 고독의 끝없이 묘망渺茫한 큰 설원雪原이다. 우리는 이곳을 개척하여 우리의 영靈의 영원한 평화와 안식을 얻을 촌, 장미의 훈향 높은 신과 인간과의 경하로운 화혼花婚의 향연饗宴의 열리는 촌을 세우려 한다. 우리는 이곳을 다못 우리들의 젊은 영의 열탕熱湯 같이 뜨거운 괴로운 땀과 또는 철화鐵火 같은 고도의 정淨한 정열로 개척하여 나갈 뿐이다. 장미, 장미 우리들의 손에 의하여 싹 나고 길리고, 또한 꽃피려는 장미.

라고 한 황석우의 선언문과도 같이 동인들의 강한 의욕과는 달리, 이것은 단 한권으로 종간되고 말았다.

③ **「여언餘言」**과 **「청년시인 백인집을 내임에 당하여」**: 이 두 글은 그가 한동안 국내와 만주 등지의 유랑생활을 접고 다시 시단으로 복귀하여 조선시단사를 설립하고 발간한 《조선시단》에 관련되고 있다. 앞의 「여언」은 《조선시단》 창간호의 말미에 실려 있는 것으로 동시지의 편집상의 애로사항과 앞으로의 편성지침에 대해서 말하고 있다. 그리고 뒤의 글은 동 시지 5호를 청년시인 백인의 시를 묶고 그 서문으로 쓴 것이다.

> 조선아 - 이 시인들의 앞에 엎드려 경건하게 예배하고, 그 앞길을 기도하라. 쓰러졌던 조선시원朝鮮詩苑은 이네들의 손에 의하여 부흥될 것이며, 또는 조선시단 사상에대서 특필할 신기원의 황금시대는 올 것이다. 곧 조

선시단을 세계시단의 앞으로 이끌어 나갈 자는 정히 이들이다. 오오, 전 조선의 청년들아 나와 이네들을 맞으라. 또한 이네들의 진출을 미워할 자 있거든 기탄없이 정면으로 나와다고.[106]

라고 한 기개와 열정은 얼마가지 않아서 시들고 만다. 이후로 이 시전문지는 몇 호를 더하지 못하고 종간되고 만다. 그래도 1920~30년대에 출간된 시전문지 치고는 지령이 비교적 긴 편에 속하기는 한다.

황석우는 동 시지에서 기성 시인들보다는 신인 발굴에 더 힘을 쏟고 있다. 동지의 창간호에 실린 몇 몇 기성시인의 작품 외에는 거의 신인들의 작품을 실고 있다. 말하자면, 기성 시인들보다는 재기 발랄한 신인들을 육성하여 세계무대에 내놓겠다는 의욕에서 출발한 것이라 할 수 있다.

④ **「자문」과 「내 시집을 진경 누이에게」**: 이 두 단문은 자신의 시집 『자연송』에 실려 있는 것으로 모두 시집의 머리에 실려 있다. 앞의 「자문自文」은 동 시집의 자서自序이고, 뒤의 것은 이 시집을 어려서 돌아가신 어머니와 그를 키워준 누이에게 바치겠다는 내용의 단문이다. 이 시집에 대하여 황석우는 말하기를,

이 시집은 나의 10여 년간의 많은 시편에서 자연시만을 골라낸 것이다. 인생에 대한 시편들은, 또 한편을 달리하여 세상에 내놓으려 한다. 그러나 이것들은 모두 나의 사회운동의 이전, 곧 대정大正 9년 이전과, 또는

106 《조선시단》 5호(1929.4) 1면.

만주 방랑시대에 된 작품들이다.[107]

라고 한 것과는 달리, 이후로 또 다른 시집을 출간하지 못하고 그는 세상을 떠나고 만 것이다. 여기서 대정大正 9년은 1920년에 해당되는데, 황석우가 말하는 1920을 전후한 시기의 작품들이라면, 시집 『자연송自然頌』의 말미에 수록된 그의 동경유학 시절에 쓴 것들로 생각된다. 그런데 이것들과 1920년 이전에 국내의 신문이나 잡지에 발표된, 또 다른 습작품들과 비교하여 많은 차이를 보이고 있다. 시의 내용에서도 그렇지만, 특히 그 구성과 표현법에서 판이하게 다르다. 그렇다면, 황석우의 이 말을 어디까지 믿어야만 할지, 그 판단이 쉽지가 않기도 하다.

끝으로 일반 사회와 인물에 대한 논평과 기타에 관련된 글은 그리 많지가 않는데,

다정한 고향을 떠나면서(1~3)(《매일신보》, 1920.11 12~15)
조선일보 사건의 괴 내막 폭로(《동방평론》, 1932.5)
戀愛-어느 애인에의 박해를 받는 2, 3의 젊은 염원을 위하여
(《개벽》, 1923.2)
황석우의 편지 두 장(《조선문단》, 1935.5)
한약 쓰는 법(《부인》, 1049.11)
민간특효약 요법(《부인》, 1950.2)[108]

107 『자연송』(조선시단사, 1929.11) 2면.

108 이 잡지는 1950년 1,2월 합병호로 출간되었다.

등과도 같이 몇 편에 불과하다. 이것들을 몇 가지로 유형화하여 논의해 보면 다음과 같다.

① **「다정한 고향을 떠나면서」**: 이 기행문은 1920년 11월 3회에 걸쳐서 《매일신보》에 연재된 것으로 황석우의 생애로 보아서는 비교적 초기에 속하는 산문이다. 그런데 그 제목으로 미루어 정다운 고향을 떠나 현해탄을 넘으면서 만감이 교차하는 기행문으로 보이지만, 실지는 그렇지가 않다. 나라를 빼앗기고 가혹한 식민치하를 살아가는 망국민의 아픔과 비애를 담고 있다. 숨도 제대로 쉬지 못하는 어두운 시대를 살면서도 그에 맞서 저항할 만한 힘을 갖추지 못한 식민지의 젊은이들에 대한 강렬한 호소문이라 할 수 있다.

그 시대 우리나라를 대표하는 노동공제회·조선교육회·개벽사·문흥사 각 교회청년회·한성도서주식회사·실업계·각 학교 및 악단이나 문단과 청년회에서 활동하는 젊은이들에게 강력히 호소하고 있다. 우리가 무엇 때문에 남, 아니 일본인의 지배를 받으면서 살아야 하는가를 반문하기도 한다. 이것은 우리 젊은이들이 배우지 못하여 선진국의 문명 대열에서 뒤쳐졌기 때문이라 하고 있다.

황석우는 여기서 우리나라 기독교를 비롯한 종교단체와 교육계가 제대로 역할을 하지 못하고 있는 데 대하여 통렬하게 비판하고 있다. 미개한 우리 사회를 선도해야 할 교회나 교육계와 노동계 등 각계각층이 제대로의 역할을 하지 못하고 그 시대와 타협하고 있다. 이들은 국가와 민족보다는 개적 안일安逸을 추구하여 반민족적인 길을 가고 있다는 것이다.

③ **「연애」**와 **「편지 두 장」**: 〈연애〉는 부제에서 "어느 애인의 박해를 받는 2, 3의 젊은 염원을 위하여"고 하였듯이, '수상隨想' 형식의 산문이다. 그리고 뒤의 〈편지 두 장〉은 그 앞에서 제기된 〈시인 황석우 사건 진상〉에 대한 해명으로 조선문단사에 보낸 편지인데, 황석우는 여기서 자신의 결백성을 밝히고 있다. 아마도 이 사건은 당시 사회적으로 크게 문제된 사건으로 추정되기도 한다.

그리고 시를 포함하여 신년문단에 바람이나 시에 대한 포부 등과 같은 설문답設問答의 성격을 띠는 단문들로는,

> 제명사의 신조와 주장과 배척(《개벽》, 1921.6)
> 시작가로서의 포부(《동아일보》, 1922.1.7)
> 신년문단에 바람(《동아일보》, 1923.1.1)
> 32년 문단 전망(《동아일보》, 1932.1.7)

등이 있다. 이것을 모두 새해를 맞아 시인으로서의 포부나 문단에 대한 소망사항의 설문設問에 가단하게 답변하는 내용으로 이루어졌다.

① **「제명사의 신조와 주장과 배척」**: 이것은 개벽사에서 주최한 설문답으로 '평생의 신조여하'·'어디까지 주장하고 싶은 것'·'어디까지 배척하고 싶은 것' 등 3개 항목의 물음에 답하는 것으로, 황석우는 여기서 답하기를,

신조: 자유로운 인격자의 깃들임. 자유로운 사회, 상호부조의 대정신을 기반으로 한 '철저한 개인자치'와 '사회건설'을 주장함.

주장: 극도의 이유를 가지고 극도까지 주장함.

배척: 자기의 이상에 반하는 사회, 제도, 인물, 도덕, 습관, 법률, 기타 일체를, 또한 극도의 이유를 가지고 극도까지 배척함.

라고 하고 있다. 한마디로 인간의 개적 자유와 사회의 질서를 강력히 주장하고 있다.[109]

② 「**시 작가로서의 포부**」: 이 논문은 신년을 맞는 시 작가로서의 포부를 묻는 신문사의 물음에 대한 답변형식으로 되어 있다. 황석우는 여기서 시인의 포부로서 중요한 것은 체험과 천재밖에 없다고 답하고 있다. 이 두 가지 요건, 곧 체험과 천재성이 갖추어져 있지 않고서는 아무리 해박한 지식이 있다 할지라도 시를 쓸 수 없다고 한다. 그렇다고 시인에게 학문이 전혀 필요치 않다는 것은 더욱 아니라고 하기도 한다.

물론 시인에게는 많은 학문이 있어야 하겠습니다. 그러나 시인은 학자가 아니니까 시인은 설사 무학하다 하더라도 그 시를 쓸 풍부한 체험과 천분天分이 있다 하면, 그 소위 세간적의 속俗의 학문에 어둔 것이 조금도 부끄럼이 되지 않을 것입니다.[110]

---

109 《개벽》 6호(1921.6) 100면 참조.

110 《동아일보》(1922.1.7)에서 인용했음.

시인에게는 문학이론이나 철학에 관련된 것을 많이 알면 알수록 좋다고 한다. 이러한 해박한 지식과 함께 그의 천분, 곧 천재성이 발휘될 때, 비로소 대시인으로 성장하게 된다는 것이다. 바로 이런 점이 황석우를 아나키스트, 아니 무정부주의자로 보기도 하게 된 것이라 할 수 있다.

③ 「**신년문단에 바람**」: 이것은 말 그대로 설문답 형식으로 되어 있다. 신문사 측에서 설정한 9개의 문항에 짧게 답하고 있다.

- 주의主義를 부정하라(주의는 여하한 형식에 재한 자者 됨을 막문莫問하고 그는 산 인간에게 취하여는 일개의 질곡桎梏이며 관棺이니라.)
- 인간의식에 입각한 세계인 자유인의 예술을 고조하라.

  … 〈중략〉 …
- 인간중의人間衆議에 눈뜬 민중운동 혁명운동에 대하여는 그의 가장 책임 있는 동정자 이해자 변호자가 되라. 아니 그의 가장 이해 있는 친한 벗이 되라.[111]

무슨 주의나 이념에 종속되지 말고 인간의식에 입각한 '세계인'과 '자유인'을 추구하고 있다. 문학예술은 무엇보다도 '인간중의人間衆議'와 인간의 보편성을 바탕으로 한 '민중시', 곧 혁명운동을 제창하고 있는 것이다.

④ 「**32년 문단 전망**」: 문단의 여러 사람들에게 설문답의 형식으로

111 《동아일보》(1933.1.1)에서 인용했음.

1932년의 문단을 전망한 것으로, '민족주의 문학은 어디로?'·'시조는?'·'프로 문학은?'·'극문학은?'·'소년문학은?'·'기타 등은?'·'귀하는 어떤 술작을 내시렵니까?' 등과 같이 7개 항의 설문으로 되어 있다. 한마디로 황석우는 「전문단全文壇 폐업廢業도 가야可也라」는 말을 전제로 하여 각 항목에 따라 답하고 있다.

황석우는 여기서 또한 말하기를, 문학도 경제적 가치를 지닌 상업품과 기업품의 하나이기 때문에 작가의 생활비 및 독서의 대가를 포함한 경제적 조건 위에서 보호해야 할 것을 역설하고 있다. 이런 경제적 조건이 성립되지 않고서는 좋은 작품의 생산이 불가능하다는 것이 황석우가 이 설문에 답하는 요지라 할 수 있다. 그리고 첫 시집 『자연송自然頌』 이후의 작업으로 《조선일보》에 연재된 '반송伴頌'의 시편들의 정리 작업과 함께 소요小謠(小唄)·민요·소년 시 같은 것에 힘써 보겠다고 하고 있다.

황석우는 말년에 가까워지면서 그 본령과는 아주 다르게 〈한약 쓰는 법〉이나 〈민간특효약 요법〉 등과 같은 엉뚱한 글을 쓰기도 한다. 이것들은 한방약재와 민간약재를 통해서 타박상이나 골절상 등 각종 질병에 사용되던 민간요법에 대해서 기술한 것으로 당시의 민간에 전해지고 있는 것들을 정리한 것이라 할 수 있다.

이외에도 이제까지 필자가 정리하지 못한 시와 산문들이 훨씬 더 있을 것으로 추정되지만, 그것들을 아직 찾지 못하고 있다. 이것들의 완벽한 정리는 그 유작들이 발표된 당시의 신문이나 잡지들이 확인될 때만이 가능하다고 본다. 이들에 대해서는 앞으로 계속적인 보완 작업을 통해서 보다 완벽한 것으로 진전될 것으로 생각된다.

부록

시어의 훈독화訓讀化 용례와 생애 및 작품 연보

부록·1

시어의 훈독화訓讀化 용례

1) 《自然頌》 이전이 시편들[112]:

鶖	백일을 녹(溶)고
棄兒	한 가운데 한가운데에 떨어지며 날려 말(捲)리면서
봄	눈(雪)에 머리 엉킨 童子떼 셈 빠르게
눈으로 愛人아	반딧불(螢火) 같은 眞珠形의 '말'을
오너라	갈대꽃(荻花)의 붉은 그림자에 부닥쳐도
	작고 작은 지름길(徑路)을 만들었다.

112 황석우의 습작기로부터 폐허 및 장미촌 동인 시절의 초기 시편들에 나타난 실례들이다.

	아아 봄 저녁의 나비(蛾) 같이
	아아 내 눈물이 嵐風에 쓸(退潮)리기 전
	어렴풋이 눈떠, 曠野의 옛 꿈의 터(趾)로
	눈물에 가로 말려(逆捲) 오는
小曲	어구(入際)에서
	움(啼)은
碧鳩	눈(雪)을 활활 털면서
舞蹈	내 집에 가장 어진 미래 오(來)다
	붉게, 푸르게 쌋는 아침을 노래(頌)하면서 .
夕陽은 꺼지다	나의 質素한 처녀의 살 같은 깨끗한 마음을 펼(擴)쳐서
	나의 연(柔)한 마음을 펼쳐
	소녀의 살적가(鬢際)를 춤추어 지내는
	나의 울음 개인 마음에 繡놓은 작은 무지개(虹)같다
	나의 눈(雪)보담 더 흰 마음 위에
	나의 얼굴(肖像)을
	처녀의 살 향기와 같은 속힘(底力)있는 웃음을
	켜려(呻) 한다.
	네 웃음이 내 마음을 덮는 한 아지랑이(靄) 일진댄
	네 웃음이 내 마음의 앞에 드리우는 꽃발(花簾)일진댄
碧毛의 猫	午睡場(낮잠터)되는
	碧毛(파란 털)의
	나의 熱泉(끓는 샘) 같은

太陽의 沈沒	저녁 구름(夕雲) 癲狂者의 개 거품 같이 얼음비(氷雨)
	같이 여울(渦)지고 보랏빛으로 여울지는 끝없는
	太陽은 잠겨 떨어지다.
	황혼의 안을 스며(潛) 太陽은 잠기다.
	異國의 祭壇의 앞에 太陽은 휘돌아 잠(翔沈)기다.
愛人의 引渡	무덤 터(墓場)의 線香내 나는 저녁 안개에 휩싸인
	바람은 송아지(雛牛)의 우는 것 같이
淫樂의 宮	寶玉 자루의 작은 비(箒)와
	내가 너에게 준(授) 靈의 위에 벌려진
	너희들의 本能의 벌 떠듬(蜂騷)의 터를
	온갖 淫樂의 더러운 엉덩이(尻)를
새 決心	내 마음이 너무 저림(痙攣)과 쓰라림(疼痛)을 느낀다.
	나는 그들에게 얼빠진 장님(盲人)이라고 불릴 때가
亡母으 靈前에	아아 나의 무덤구멍(墓穴)과 같은
받드는 시	
慘酷한 얼굴이어!	온갖 생물의 더러운 눈빛(眼光)에
	어째, 너는 그런 참혹한 꼴(姿)을 하였느냐
微笑의 花輿	내 靈을 실어간 내 微笑의 꽃가마(花輿)야
	그 愛의 작은 炬火을 놓(放)고
	저물어가는 太陽의 힘없는 빛(光)의 위를
	이상한 잇기(苔) 덮인 화강석의 언덕의 위를
	와사등의 흐르는 수풀 빛(森色)의 둥근 음폭한

	내 마음의 갈아올(耕立)린 넓은 밭고랑에
	아아 내 靈을 실어가는 네 微笑의 꽃가마(花輿)야
발 傷한 巡禮의 시	아아 지상은 초상집(喪家) 같이 열차릴 수 없이
	떠들썩거린다.
	자랑하듯이 巡禮者의 방울(鈴) 같이
	夕陽은 전혀 그 종적을 숨(晦)겨 버렸다.
	수그리지 않는 큰 삼가(愼)는 침묵과
	夕陽은 전혀 그 종적을 숨(晦)겨 버렸다.
重大한 궤짝	저녁노을(霞) 낀
	狂人 같은 빨가벗은 중(僧)의 運夫가
薔薇村의 饗宴	나의 慧智가 눈뜸을 알(認識)았다.
	神의 감춘 손(祕手)을 쥠을 얻는다.
薔薇村의	苔香을 먹음(含)은
第一日의 黎明	바다의 타(彈)는
	무겁게 괴로(重苦)은 종소리 같이
	연한 힘즐(筋筋) 속으로
	脈搏 쳐 나오며, 여울져 나(渦出)와
	전적 생활의 먼 제단에 향(參詣)하는
	인간성의 짜낸(織立)
	부어든(注入)다
丘上의 涙	아아, 실은 그곳에는 나의 乳飮兒(젖먹이)와 같은
	아니, 나의 지금의 마음(氣持)이 마치

	어린 것을 바라보고
自然 一題	江과 내는 그에의 긴-견(筧)
잠의 映畵技師	그 문지개 틈을 느른 된 납물(鉛液)로써 封해버리고

2)《自然頌》의 시편들[113]

불의 宇宙	오오 宇宙는 한 개의 불구렁(坑) 속!
地球의 닷	지구는 배(舟)인가
地球 위의 植物, 人間들	코스모존(宇宙生物)의 종자를 골라 모여
光線의 부ㅅ채	넓은 光線의 부ㅅ채(扇)로써
물 자아 올라가는 太陽	지구 위의 물 자(酌)아 올라가는 것은
새벽	동녘 하늘의 물가(濱)에서
입(葉) 위의 아침이슬	입(葉) 위의 아침이슬
아침 맞음	닭(鷄)들은 힘찬 노래로서
흐린 날의 구름 속에 드는 太陽	흐린 날의 낮(晝)에
太陽의 괴로운 싸움	사나운 소리개(猛鷲)와 같이 太陽에게 매달려듭니다

113 시집『자연송』에 수록된 시편들에 나타난 실례들이라 할 수 있다.

	太陽은 이 두 무서운 敵과 싸우시기에 그 몸이 날로 여위어 그 이마 위에 검은 주름살(黑點)이 잡히어 가십니다.
太陽의 수명	그 몸의 피(血)는 그도 쉽게 돌아가(逝)실 날이 머-ㄹ지 않았답니다
하늘 가운데의 말	地球는 空中을 달려 도는 한 큰 말(馬)
하늘 가운데의 무서운 벙어리	그 배ㅅ속에는 몇 千度의 시뻘건 火가(熔岩海) 끓어 돌아다닌다.
虛無人의 生物觀·	天文學者들은 이 한심한 地球의 짐짝을 또다시 飛 陋 거품 地球觀 공(毬)이라고도 불러 있습니다.
잠	병들은 눈에도 보이지 않는 대(管)긴 깔때기로 혀(舌) 차가며 핥아 먹는답니다.
별들아 일어나거라	내 배(舟)위에 밤을 실고 왔다. 서쪽 하늘의 나루(渡船場)에서 해를 내려놓고 밤을 실고 왔다
彗星	太陽系에서는 彗星을 보기만 하면 그를 붙잡(拿捕) 으려 한답니다.
물속에 잠긴달	銀河로 떠(出帆)나가려는 배가
달의 歎息	나는 곧 하늘에 屍體를 빨가벗겨 내너(曝)든
나비 사랑하는 어느 꽃	입(葉) 뒤에 고개 숨겨 부끄러운 빨간 눈으로
나비와 벌들의	또는 그 물을 길(汲)러 다니는 것이랍니다.

하는 일	
우리들은 新婚者	가슴에는 루바시카 같은 흰 조끼(短衣)에
봄이 오면	엄마(母)의
내 날개 만들어 주오	벌해(蟲)의 捕手님
微風	눈웃음의 方席(漣波) 틈(編)니다
하늘의 혀(舌)	하늘에도 헤(舌)가 있다.
어느 물의 하소연	駿馬 - 바람을 걸타(跨)고
	斑과 土星의 테(環) 바퀴와 또는 暗星들의 世界의
	奇觀, 絶景을 바라보면서 왼 宇宙를 내 집 뜰 안
	같이 돌아다니다가
꽃들의 치마	藍·靑·綠·黃·赤의 일곱 가지 빛으로써 짜(織)어 있다.
나팔꽃(牽牛花)	나팔꽃(朝顔花)은
시뻘건 딸기	곧 그는 여름의 마음이 낳은 알(卵)
꽃 곁의 合奏樂	웃음을 뿔(膨)리고
	花蜜을 마음껏 켜(呷)고
	사람 흉내 잘 내는 잔나비를 불러다간 북(鼓)
	치게 하고
	푸른 버-ㄹ 빨간 버-ㄹ 불러다간 입소라(素螺)
	불게하고
	番外로 논게(蟹) 山게 불러다간 祝賀 씨름 시키고
蕪들	무(蕪)들은
가지와 이파리들	땅 위에서 나(生)는

귀뚜라미 우는 소리	돌 쪼(啄)으는 소리
一枚의 書簡	가을 君의 바람 줄(風絃)을 타는
밤 秋風	푸른 풀(糊)을 먹여놓은 듯한
겨울을 尊敬하라힘	눈은 곧 그 淨한 걸음(肥料)!

3)《自然頌》이후의 시편들[114]

태양과 달	太陽은 하늘의 시뻘건 염통(心臟)덩이
	달은 어느 조그만 천체의 병든 허파(肺)덩이
女子의 눈동자	눈(眼)의/ 까만 섬 위에
사랑은 욕심쟁이!	사랑은 정열의 불꽃(焰)을 주어먹는 새!
눈물의 시내	그 눈거풀 도드한 둔덕(堰)을 넘어
	쏟아져 내립니다.
~~눈동자 웃음!~~	~~웃음(微笑)은 그 밀약의 調印!~~
꽃 위에 앉는 나비	그 꽃슬(花蕊)의
나비들의 노킹!	여보! □□ 꽃님(孃)! 어서 나오시오.
갓 난 꽃들	파란 침 밷기(涎衣)를 걸고
개나리꽃	봄의 나라의 노란 깃(旗)발과 같은

114 시집 『자연송』 이후부터 황석우가 사거하기 직전까지의 작품들을 대상으로 하고 있다. 그러나 그 수가 그 이전의 단계보다는 많이 줄어들고 있다.

부록·2

황석우의 생애 연보

연도	사항
1895 (1세)	서울에서 출생하다. 원적지는 경성부 천연동天然洞 16번지로 되어 있다고 한다. 출생지가 경기도 출신으로 전해지기도 하는데, 이때 서울의 범주를 경기도로 생각한 것인지, 아니면 경기도의 딴 지역을 가리킨 것인지 알 수가 없다. 필명 및 아호는 '일민一民'·'상아탑象牙塔'·'하윤河潤' 등이 있는데, '일민'은 황석우가 본격적으로 문단에 등장하기 이전에 잠시 사용했고, 상아탑은 그가 1918년《매일신보》에 평론「현대조선시단」을 발표할 때부터 사용하기 시작하여 폐허동인과 장미촌동인으로 활동했던 시기까지 사용했으며, '하윤'은 중간기의 작품 발표에서 단 한 번 사용하고 있다. 그런데 오늘날 널리 알려진 그의 아호雅號는 '상아탑象牙

塔'이다.
황석우는 어려서 부모를 여의고 고모의 집에서 자랐다고 한다. 그런데 그 자신은 누이 진경眞卿이 어머니처럼 그를 키워주었다고 하기도 한다.
황석우의 초·중등과정은 전혀 알려져 있지 않고, 보성전문을 다니다가 중퇴하고 일본으로 건너가 와세다대학早稻田大學 정경학부에서 수학했다고 하는데, 그것도 입학과 졸업시기가 명확하지 않다.
폐허와 장미촌 동인으로 활동하다가 시단을 얼마간 떠난다. 그는 국내 및 만주 등지를 유랑하면서 강연회를 갖기도 하다가 돌아와 조선시단사를 개설하여 신인발굴에 전력을 기울이기도 한다.
일본의 상징주의 시인 미키로후三木露風의 시를 좋아해 그의 영향을 많이 받았다고 전해지기도 한다.

1911 (17세)
4월, 보성전문학교普成專門學校 1학년에 입학하다.
황석우의 초·중교 과정에 대해서는 거의 알려져 있지 않다. 따라서 그가 유·소년 시절을 어디서 어떻게 보냈는지 잘 알 수가 없다.

1914 (20세)
황석우가 보성전문 3학년 때에 보성전문의 모표의장帽標意匠 변경에 반대하여 신낙선辛洛善·박일병朴一秉 등과 함께 동맹휴학을 주도하다가 퇴출을 당한 것으로 전 해지고 있다.[115]

---

115 '보전모표사건普專帽標事件'은 보성전문학교의 모표帽標인 '오

연도	사항
	양정의숙養正義塾에 재학 중인 안재봉安在鳳(安在鴻의 백씨)의 소개로 도일하게 되었다고 한다.
1916 (22세)	1915년 11월 발간 예정으로 준비한 《근대사조近代思潮》가 그 이듬해인 1916년 1월에 주필 겸 사장을 황석우로 하여 일본 동경에서 출간하다. 처음에 격월간지로 기획하고 출발했지만, 그 창간호로 그치고 마는데, 그 까닭은 알 수가 없다.
1918 (24세)	일본의 상징주의 시인 미키로후三木露風의 가르침을 받아 미래사未來社 동인으로 활동하면서 미래사에서 간행된 《리듬》과 우에노上野음악학교 기관지인 《음악》에다 시를 발표하였다고 한다. 당시 우에노上野음악학교에 재학 중인 홍난파(본명 永厚)와 사귀게 된 것도 이때부터라고 한다. 8월, 《매일신보》(28~29일자)에 평론 「현대조선문단現代朝鮮文壇」이란 제목으로 발표하다.
1919 (25세)	《태서문예신보》·《매일신보》·《삼광》 등에 시작품과 시론 등을 발표하는데, 이것들의 일부는 현상응모작으로 발표된 것도 있다. 2월 10일, 홍영후洪永厚·유지영柳志永·이병도李丙燾 등과

얏꽃'이 황실을 상징한다 하여 일제가 이를 폐기하도록 한 조치에 반발하여 일어난 동맹휴학을 이름이다.

연도	사항
	함께 재 동경유학생 악우회樂友會의 기관지 《삼광三光》을 창간하다. '삼광'은 세 가지 빛, 곧 음악·미술·문학을 포괄하고 있다. 그런데 동지의 창간호와 3호는 홍영후가 편집 겸 발행인으로 되어 있고, 동지 2호는 황석우가 편집 겸 발행인으로 되어 있다. 12월 경, 황석우는 동경에 있는 창조 사무실을 빌어 시전문지 《중앙시단》을 기획하기도 했으나, 그 잡지는 끝내 출간되지 않았다.
1920 (26세)	월간지와 일간신문을 통해서 많은 시와 평론을 발표하면서 황석우의 문단활동은 본격화된다. 3월, 종로의 기독교청년회관에서 삼광사와 중앙시단사의 주최로 시 낭송회가 열렸는데, 이때 남궁벽南宮璧·이일李一·이종숙李鍾淑·김인식金仁植·변영로卞榮魯·홍영후洪永厚·황석우黃錫禹 등 많은 젊은이들이 자작시를 낭독하여 청중들의 커다란 호응을 얻었다고 한다. 봄에, 동경 유학생들을 중심으로 연극단체인 극예술협회를 결성하여 그 창립회원으로 참여하다. 주요 회원으로는 황석우를 포함하여 김우진金祐鎭·조명희趙明熙·유춘섭柳春燮·진장섭秦長燮·홍해성洪海星·고한승高漢承·김영팔金永八·최승일崔 承一·김수산 金水山·마해송馬海松 등이 있다. 4월, 일본 와세다早稲田대학에 입학하여 1922년 9월까지 재학한 것으로 전해지고 있다. 이것은 일본인 오무라마쓰오大村益夫 교수가 와세다대학 하적부의 기록을 근거로 한 것이

연도	사항
	다. 그런데 그 자신의 일본 유학생 시절을 회상한 「40년 전의 학우생 활 낙서」에서 한 그 자신의 말에 따르면, 그의 나이 19세 때에 일본 동경유학의 길을 떠났다고 한 것을 근거로 하면, 1914년경으로 추정된다. 그리고 그보다 먼저 일본에 온 장덕수와 같은 하숙에서 처음으로 만났다고 하고 있는 말을 그대로 받아들인다면, 황석우가 일본에 유학한 것은 1913~14년경에 해당된다.[116] 그것은 장덕수의 와세다대학 재학기간이 1912~1916년이기 때문이다. 그런데 그 자신이 펴낸 《장미촌》 창간호의 편집후기에 보면, 당시에 와세다대학 정치경제학과 재학 중인 것으로나타나 있다.[117] 이것을 근거로 하면, 황석우가 와세다대학의 재학기간은 1920년 4월부터 1922년 9월까지가 맞는 것 같기도 하다. 그렇다면 그 이전에 황석우가 일본을 내왕한 것은 학교에 입학하지 않고, 다른 활동을 하면서 당시의 유학생들과 교유했던 것이 아닐까 싶기도 하다. 5월, 구룡산 연극장 개성좌가 개최한 조선노동공제회의 창립기념 강연회에서 〈신인의 성聲〉이라는 제목으로 강연하다. 동 노동공제회는 1920년 4월에 창설되어 1922년 말까지 김명식金明植·정태신鄭泰信·장덕수張德秀·황석우黃錫禹 등이 번갈아 가면서 연사로 참여했다고 한다.

116 황석우 「40년 전의 학우생활 낙서」(《신태양》, 1958.12) 224면과 231면 참조.

117 「동인의 말」(장미촌 창간호, 1921.5) 22면 참조.

연도	사항
	7월, 황석우는 김안서와 함께 주재하여 동인지 《폐허》를 창간하다. 그 창간동인으로는 김안서金岸曙·남궁벽南宮璧·이혁로李赫魯·김영환金永煥·나경석羅景錫·민태원閔泰瑗·김찬영金瓚永·오상순吳相淳·염상섭廉想涉·김원주金元周·이병도李丙燾·황석우黃錫禹 등이다. 그런데 황석우는 폐허동인으로 참여하여 그 창간호를 김안서와 함께 주재하여 출간하고 곧바로 탈퇴하게 되는데, 그가 폐허동인에서 탈퇴한 이유는 아직도 정확하게 밝혀져 있지 않다. 11월, 일본 동경에서 조선고학생동우회에 참여하다. 노동자의 인격향상과 고학생들의 취학지도를 위해 창립된 단체로 박열朴烈·김약수金若水·백무白武·최갑춘崔甲春·황석우黃錫禹·임택룡林澤龍 등이 그 간부직을 맡았다고 한다. 12월, 《개벽》지에 월평 「희생화와 신시를 읽고」를 발표하는데, 이것이 개벽사의 학예부장 현철玄哲(玄僖運)과의 논쟁을 하게 된 도화선이 되기도 한다.
1921 (27세)	자신이 직접 주재했던 시전문지 《장미촌》을 비롯하여 각 월간지와 일간신문에 많은 시와 평론을 발표하다. 2월, 홍영후洪永厚·유지영柳志永 등과 함께 동경 유학생 악우회의 명의로 《음악과 문학》을 창간하고 사상시 〈생과 사의 불멸의 악수〉와 평론 「문단 윤리를 고조하여 신도덕의 건설자를 부르노라」를 발표하다. 5월, 폐허동인에서 탈퇴하고 난 뒤 곧바로 시전문지 《장미촌》을 창간하다. 동인들로는 황석우黃錫禹를 비롯하여 변영

연도	사항
	로卞榮魯·노자영盧子泳·박종화朴鍾和·박영희 朴英熙·정태신鄭泰信·이훈李薰·이홍李虹·신태악申泰嶽·박인덕朴仁德·오상순吳相淳 등으로, 이들은 후에 종로의 기독교회관에서 시낭송회를 개최하기도 하였다. 그리고 같은 해 5월 동경에서 발행된《대중시보》의 창간에 관여하면서 동지에 시 와 평문을 발표하기도 한다. 그런데《대중시보》창간호의 필진으로 정태신鄭泰信·김약수金若水·변희용卞熙瑢·황석우·박정식朴偵植·원종린元鍾麟·서병무徐炳武·유진희兪鎭熙 등이 있는데, 이들은 대체로 공산주의와 아나키즘 성향의 사람들이라 할 수 있다. 황석우가 원종린과 함께 동경에서 세계주의, 곧 코스모폴리탄이즘 선전을 목적으로 결성된 코스모구락부(클럽)에 출입하게 된 것도 이 시기가 된다. 이때에 황석우는 일본에서 공산주의와 아나키즘을 주도했던 사카이도시히코堺利彦와 오스키사카 에大杉榮 등과 교유하고 있었다. 11월, 황석우는 아나키스트들의 모임인 흑도회黑濤會의 결성에 참여하다. 흑도회는 일본의 아나키스트 오스키사카에大杉榮 등을 배경으로 박열朴烈·정태신鄭泰信·김약수金若水·서상일徐相日·원종린元鍾麟·황석우黃錫禹·백무白武·조봉암曺奉 岩·정태성鄭泰成 등이 결성한 단체인데, 황석우도 이때부터 사회주의 색채가 짙은 인물로 분류되어 총독부의 감시를 받기 시작했다는 것이다.
1922 (28세)	1월,《동아일보》에 평론「시 작가로서의 포부」를 발표하다. 이것은 신문사에서 기획한 주제에 답하는 형식으로 된 평론

연도	사항
	이다. 2월, 조선고학생동우회 명의로 「전 조선노동자 제군에게 고한다」라는 선언문을 발표한다. 이 선언문의 서명자로는 김약수·김은국·정태신·이익상·박석윤·홍승로·황석우·임택룡·정태성·이용기·박열·원종린 등이 있다. 9월, 와세다대학에서 제명되다. 흑도회가 해체되자, 박열 중심의 흑우회黑友會와 김약수 중심의 북성회北星會로 분리 되는데, 황석우는 북성회 쪽에 속하였다. 12월, 폐허동인들이 주축이 되어 조선문인회의를 결성하게 된다. 회원으로는 이병도·염상섭·오상순·황석우·변영로 등인데, 이들이 주도하여 《폐허이후廢墟以後》를 발간하기도 한다.
1923 (29세)	1월, 《동아일보》에 설문답 「신년문단에 바람」을 발표하다. 4월, 《개벽》지에 평론 「현 일본 사상계의 특질과 주조」를 발표하다. 이 논문에서 황석우는 일본사상계의 사회주의와 무정부주의 경향과 각 계파에 소속되는 주요 인물들을 들고 있다. 10월, 김명진과 함께 《상업시보》를 기획하고 추진하는 과정에서 총독부가 동지의 명의를 문제 삼아 '신상업'으로 바꾸었다고 한다.

연도	사항
1925 (31세)	12월, 조선상업사의 주필 겸 이사장으로 취임했으나, 다른 직원들과의 불화로 그 기관지가 발간되기 전에 그만두었다고 한다.
1927 (33세)	2월, 만주이주조선농민보호연구회 부회장을 맡아 만주 일대에 거주하는 조선농민들의 생활상을 조사하기도 했다. 동 연구회의 회장은 함석은咸錫殷인데, 이는 장춘지역을 중심으로 오랫동안 독립운동을 펼쳤다고 한다. 만주로 근거지를 옮긴 황석우는 만주이주조선농민 보호연구회의 활동에 참여하여만 주는 것은 물론, 국내에서도 만주이주민의 실상과 농촌문제를 주제로 강연을 하였다고 한다. 4월, 동아일보 장춘지국의 고문직을 맡다. 11월, 조선일보 길림지국 주최로 영신학교에서 '민족운동의 방향전환'이란 주제로 강연하는 한편, 장춘에 '만주통신사'를 개설하여 황석우가 사장을 맡고 고문은 함석은이 맡았다. 만주통신사는 만주 지역에서 일어나는 사건들을 국내의 신문과 잡지 와 연계시키는 역할을 하였다고 한다. 12월, 중외일보사 기자로 활동하기도 한다.
1928 (34세)	조선시단사를 설립하고 시지 《조선시단》을 출간하다. 잡지에는 기성시인의 작품보다 많은 신인들의 작품들을 모아서 수록하다. 그 자신도 그동안 발표하지 못했던 많은 시작품들을 집중적으로 발표하고 있는데, 이듬해에 이것들을 중심으로 하여 첫 시집 『자연송』을 펴내기도 한다.

연도	사항
	8~9월, 《동아일보》에 '근영수곡近詠數曲'과 '수상곡隨想曲'이란 큰 제목으로 6편의 시작품을 발표하다. 11월, 《조선시단》 창간호에 '가을 시 및 6호잡곡(자연시)'으로 〈일매一枚의 서간 書簡〉·단상곡短想曲 등 10편, '잡상시雜想詩(6호시)'로 〈달 곁의 별들〉·〈구름 속에서 나오는 달〉 등 8편을 발표하다. 12월, 《조선시단》 2·3합병호에 '겨울 시(自然詩)'로 〈겨울바람의 맹호猛虎〉·〈눈〉 등 3편, '잡상시(6호시)'로 〈네 구녁〉·〈여자의 마음〉 등 7편, '6호시(지연시)'로 〈새벽에 해 만나는 말〉·〈태양아!〉 등 15편, '수상시隨想詩'로 〈태양이 가지고 있는 공장〉·〈소독회消毒灰〉 등 12편을 발표하다. 《조선시단》은 창간 당시부터 계속 일제의 검열과 감시를 받아 제때에 잡지를 출간되지 못했다고 한다.
1929 (35세)	4월, 《조선시단》 5호를 '청년시인백인집靑年詩人百人集'으로 편성하고 있는데, 김소하金素荷·김대준金大駿 등 시집의 제목과도 마찬가지로 많은 신인들의 작품들을 모아서 엮었다. 11월, 조선시단사에서 첫 시집 『자연송自然頌』을 출간하다. 시집은 〈태양계·지구〉로 비롯되는 129편의 시와 동경유학 시절에 제작된 작품과 일문시日文詩 등 22편으 로 구분하여 편성하고 있다. 12월, 시집 『자연송』이 출간되자, 곧바로 주요한이 이 시집에 대하여 부정적으로 논평한다. 이에 대하여 황석우는 《동

연도	사항
	아일보》를 통하여 『자연송』에 대한 주군朱君의 평을 궤독跪讀하고서〉란 제목으로 강하게 반론한다.
1930 (36세)	1월, '이단자異端者 시'란 큰 제목에다 묶어 〈그대들 혁명가〉와 〈신과 불佛처님〉을 《조선시단》에 발표하다. 지방과 서울을 오가면서 경제문제를 주제로 강연회를 갖다.
1931 (37세)	10월, 《불교》지를 통하여 단형의 일본민요 〈정情의 꽃〉·〈창문의 겹〉·〈견우화牽牛花〉를 번역 소개하다. 11~12월, '반송伴頌'의 시편들을 대량 《조선일보》에 발표하다.
1932 (38세)	1월, 1932년 우리의 문단을 전망하는 설문답을 《동아일보》에 발표한 것을 비롯하여 몇몇 월간지에 많은 시편들과 평문들을 발표하다.
1933 (39세)	1월, 평문 「동경 유학생과 그 활약」을 《삼천리》지에 발표하다. 우리는 여기서 당시의 일본 유학생들의 활약상을 엿볼 수가 있다. 10월, 송파 강연회에서 '농가부채 정리'란 주제로 강연하다.
1935 (41세)	1월 여성문제로 구속되었다가 3월의 재판에서 무혐의로 풀려나다. 5월, 〈편지 두 장〉을 《조선문단》에 발표하는데, 편지 내용은

연도	사항
	앞의 여성문제에관련된 것으로 되어 있다. 이후로 1945년 8·15 해방 전까지 문단에서의 활동은 물론, 문화 강연까지도 하지 않았던 것 같다. 신년 초에 새 부인 윤덕상과의 결혼하여 동대문 밖에서 살다. 그런데 그 직후에 터진 돌발사건, 곧 전북 군산 여성인 김안녕金安寧과의 여난女難 사건이 크게 이슈화 되다. 그러나 황석우는 자신의 결백을 주장하기도 하지만, 그 사건의 진위眞僞 문제는 아직 명확히 밝혀져 있지 않다.
1945 (51세)	10월, 임시정부가 펼치는 반탁운동을 지지하는 정당합동준비 위원회에 참여하다. 이것은 황석우가 10년 만에 나타나서 하는 공식 활동이라 할 수 있다. 11월, 친구인 이종형李鍾榮이 설립한 대동신문사 주필 및 논설위원으로 취임하다. 동 신문에 시와 논설을 발표하기도 한다. 12월, 건국기금조성회 총무부에 참여하여 활동하기도 한다.
1946 (52세)	3월, 월간지와 신문에 시작품을 발표하다. 《태평양》과 그가 주필로 있었던 《대동신문》에 〈봄바람〉·〈3월 1일〉·〈옛 종소리〉·〈자유〉 등의 시작품을 발표하면서 다시 문단으로 돌아와 잠시 활동하다가 다시 잠적한다. 3월, 조선 문필가협회 회원으로 참여하다. 11월, 문필가협회·미술가협회·중앙문화협회 등이 참여한

연도	사항
	민족대표 외교사절 후원회에서 이승만을 후원하는 활동을 하다.
1949 (55세)	11~12월, 〈한약 쓰는 법〉과 〈민간특효약요법〉을 《부인》지에 발표하다. 황석우가 무엇 때문에 이런 글을 썼을까 할 만큼 의외의 생소한 것들이라 할 수 있다.
1953 (59세)	4월, 신익희(당시 국회의장)가 설립한 국민대학 교수로 취임하여 교무과장을 역임하기도 한다.
1956 (62세)	6월, 이승만 자유당정권에 맞서 민주당 대통령후보로 출마한 신익희의 급작한 서거로 말미암아 국민대학 교수직에서 물러나다. 그런데 그가 그만둔 시기나 이유가 명확히 밝혀진 것은 아니다.
1958 (64세)	3월부터 월간지와 일간신문에 시와 평문을 발표하다. 《신태양》지에 시 〈소시곡小詩曲〉과 회상기 「40년 전의 학우생활 낙서」를, 《현대문학》지에 〈나의 호흡과 말!〉과 〈개나리꽃〉을, 《동아일보》에 〈새벽〉과 〈봄날의 새벽풍경〉을 각각 발표하다.
1959 (65세)	《현대문학》 1·4월호에 시 〈숨길 구멍〉과 〈우주의 혈맥〉을, 《자유문학》 1월호에 시 〈웃음에 잠긴 우주〉를 발표하다. 4월 12일, 수도의과대학 부속병원에 입원하여 수술을 받고

연도	사항
	차도를 보이다가 갑자기 악화되어 사망하다. 6·12월호 《자유문학》과 《신태양》지에 유고시 7편이 발표되다. 《자유문학》 6월호에 〈초대장〉·〈봉선화〉·〈들국화 한 가지〉·〈잠〉·〈우주의 기승奇勝〉 등 5편과 동 12월호에 〈우주〉, 그리고 《신태양》 6월호에 〈눈동자 뒤의 전망〉 등이 발표되다.
1973	현대시학사에서 황석우 특집이 기획되어 23편의 시작품을 소개하고 있다. 그런데 이것들은 대부분 시집 『자연송』에서 가려진 시편들이다.

부록·3

황석우의 작품 연보

연도	작품	게재지(연월)	구분
1916	눈물 아래서 붓대를 잡다[118]	근대사조(1)	잡조
	창간사	근대사조(1)	잡조
	無題	근대사조(1)	잡조
1918	現代朝鮮文壇(1)	매일신보(8.28)	평론
	現代朝鮮文壇(2)	매일신보(8.29)	평론
1919	頌-K兄에게(隱者의 歌)	태서문예신보(1,13)	시
	新我의 序曲(隱者의 歌)	태서문예신보(1.13)	시

118 《근대사조》에 '일민一民'이란 필명으로 실린 〈눈물 아래서 붓대를 잡다〉·〈창간사〉·〈무제〉뿐만 아니라, 〈英吉利 文人 오스카 와일드〉(金億)과 〈긴-熟視〉(素月:崔承九)를 제외한 〈個人과 宇宙의 關係〉(인도 타고르)·〈戰爭과 道德〉(露國 쏠로위요프)·〈將來의 宗教〉(米國 엘리엇)·〈國家主義와 世界主義의 調和〉(지. 에프. 빠-뽀어) 등의 번역은 편자인 황석우가 한 것이 아닐까 한다.

연도	작품	게재지(연월)	구분
	棄兒(丁巳의 作)	삼광(2)	시
	新我의 序曲(丁巳의 作)	삼광(2)	시
	揶揄(丁巳의 作)	삼광(2)	시
	봄(어린 弟妹에게)	태서문예신보(2.17)	시
	밤(어린 弟妹에게)	태서문예신보(2.17)	시
	열매(어린 弟妹에게)	태서문예신보(2.17)	시
	鶯(어린 弟妹에게)	태서문예신보(2.17)	시
	詩話	매일신보(9.22)	평론
	詩話(續)	매일신보(10,13)	평론
	朝鮮詩壇의 發足點과 自由詩	매일신보(11.10)	시론
	傷者의 宴(단장 5편 중)	삼광(12)	시
	迷兒(단장 5편 중)	삼광(12)	시
	西邦의 女(단장 5편 중)	삼광(12)	시
	隔離者(단장 5편중)[119]	삼광(12)	시
	봄(단장 5편 중)	삼광(12)	시
	蟋蟀(단장 5편 중)	삼광(12)	시
1920	苦泣	여자계(3)	시
	눈으로 愛人아 오너라	창조(5)	시
	小曲	창조(5)	시

119 〈西邦의 女〉(단장 5편중)의 중간부분에서 '격리자'란 제목으로 분리한 것인데, 이것은 《폐허》 1호에 정정기사에 의한 것임을 밝혀둔다.

연도	작품	게재지(연월)	구분
	내 마음(苦惱의 旅)	삼광(4)	시
	人形(苦惱의 旅)	삼광(4)	시
	詩話	삼광(4)	평론
	碧鳩	여자계(6)	시
	舞蹈	여자계(6)	시
	日本詩壇의 二大傾向	폐허(7)	평론
	夕陽은 꺼지다	폐허(7)	시
	碧毛의 猫(단곡 9편 중)	폐허(7)	시
	太陽의 沈沒(단곡 9편 중)	폐허(7)	시
	愛人의 引渡(단곡 9편 중)	폐허(7)	시
	淫樂의 宮(단곡 9편 중)	폐허(7)	시
	새 決心(단곡 9편 중)	폐허(7)	시
	亡母의 靈前에 받드는 詩(단곡 9편 중)	폐허(7)	시
	慘酷한 얼굴이여!(단곡 9편 중)	폐허(7)	시
	血의 詩(단곡 9편 중)	폐허(7)	시
	百科全書(단곡 9편 중)	폐허(7)	시
	想餘	폐허(7)	편집후기
	微笑의 花輿	개벽(8)	시
	발 傷한 巡禮의 少女	개벽(9)	시
	二頭의 白馬	학생계(9)	시
	나무軍의 작은 잔나비	학생계(9)	시

연도	작품	게재지(연월)	구분
1921	重大한 궤짝	학생계(11)	시
	詩의 鑑賞과 그 作法(1)	학생계(11)	평론
	最近의 詩壇	개벽(11)	평론
	多情한 故鄕을 떠나면서(1)	매일신보(11.12)	평문
	多情한 故鄕을 떠나면서(2)	매일신보(11.14)	평문
	多情한 故鄕을 떠나면서(3)	매일신보(11.15)	평문
	犧牲花와 新詩를 읽고	개벽(12)	평론
	注文치 아니한 詩定義를 일러 주겠다는 玄哲君에게	개벽(1)	평론
	頌	신천년(1)	시
	詩의 鑑賞과 그 作法(2)	학생계(1)	평론
	最近文壇 및 思想界의 槪評	현대(2)	평론
	生과 死의 不滅의 握手	음악과 문학(2)	시
	봄과 三人의 어린아이 博士	청년(4)	시
	土의 饗筵	대중시보(5)	시
	薔薇村의 饗宴	장미촌(5)	시
	薔薇村의 第一日 黎明	장미촌(5)	시
	宣言	장미촌(5)	권두언
	國家 及 政治의 生物學的 心理學的 考察	대중시보(5)	평문
	日本 政治 及 政黨	대중시보(5)	평문
	現代文壇의 解剖	신민공론(6)	평론
	諸 名士의 信條와 主張과 排斥	개벽(6)	설문답

연도	작품	게재지(연월)	구분
	丘上의 淚	개벽(11)	시
1922	詩作家로서의 抱負	동아일보(1.7)	설문답
1923	新年文壇에 바람	동아일보(1.1)	설문답
	戀愛-어느 愛人에의 迫害를 받는 二三의 젊은 念願을 위하여	개벽(2)	寸想
	現日本 思想界의 特質과 그 主潮	개벽(4)	평론
1928	無題('近詠數曲' 중에서)[120]	동아일보(8.29)	시
	自然 一題('近詠數曲' 중에서)	동아일보(8.29)	시
	宇宙 一面('近詠數曲' 중에서)	동아일보(8.29)	시
	사랑과 잠('隨想曲' 중에서)	동아일보(8.30)	시
	잠의 映畵技士('隨想曲' 중에서)	동아일보(9.2)	시
	一盃의 잠!('隨想曲' 중에서)	동아일보(9.10)	시
	가을 詩 及 六號雜曲(自然詩) 一枚의 書簡 私生兒 가을의 囁語 掃除夫 名歌手 巡禮者 落葉 밤 秋風 귀여운 달밤 短想曲	조선시단(11)	시

120 원래 제목이 없는 것인데 '無題'는 편자가 붙인 것이다.

연도	작품	게재지(연월)	구분
	雜想詩(6號詩)	조선시단(11)	시
	달 곁의 별들 無題 微風 저문 山길의 꽃 두 微風 달과 太陽 달밤의 구름 구름 속에서 나오는 달		
	餘言	조선시단(11)	편집후기
	겨울 詩(自然詩)	조선시단(12)	시
	겨울바람의 猛虎 겨울 눈		
	雜想詩(6號詩)	조선시단(12)	시
	네 구녁 그 別吟 感官·感情·理智 悲哀·煩悶·苦痛 女子 두 盜賊 女子의 마음		
	6號詩(自然詩)	조선시단(12)	시
	새벽의 해 만나는 말 물속에 잠긴 달 江물 위의 微風 微風과 아침 潮水 無題 空中의 不良輩 交叉 새벽 숨바꼭질 밤이면 내놓아 준다. 별들		

연도	작품	게재지(연월)	구분
	太陽 잠 아침 참새 太陽아		
	隨想詩		
	太陽이 가지고 있는 工場 太陽은 運轉手님 夫婦配達夫 葡萄빛의 젖 萬籟의 托魂所 두 장님 하늘 가운데의 말 하늘 가운데의 무서운 벙어리 하늘 가운데의 섬 人生 죽음 배인 어머니!		
	消毒灰		
1929	靑年詩人百人集을 내임에 當하여	조선시단(4)	시집서문
	神	조선시단(4)	시
	自然頌	조선시단사(11)	시집
	〈太陽界·地球〉 등 129편 在東京時代의 作品 及 日文詩 〈一枚의 書簡〉 등 22편		
	이 시집을 眞卿 누이에게	자연송(11)	잡조
	自文	자연송(11)	시집서문
	《自然頌》에 대한 朱君의 評을 跪讀 하고서(1)	동아일보(12.24)	평론
	《自然頌》에 대한 朱君의 評을 跪讀 하고서(2)	동아일보(12.25)	평론

연도	작품	게재지(연월)	구분
	文壇倫理를 高調하여 新道德의 건설자를 부르자	음악과 문학(?)	평론
1930	그대들 革命家(異端者 詩)	조선시단(1)	시
	神과 佛처님!(異端者 詩)	조선시단(1)	시
1931	情의 꽃	불교(10)	일본민요
	窓門 한 겹	불교(10)	일본민요
	牽牛花	불교(10)	일본민요
	伴頌(1) 少女의 마음 少女의 마음과 情熱 少女의 가슴속 저 處女의 가슴속 눈물의 시내	조선일보(11.8)	시
	伴頌(2) 사랑을 주시려거든 사랑 사랑의 꽃의 이름 애기는 솔솔 자오	조선일보(11.11)	시
	伴頌(3) 저의 魂만은 그이를 찾아가게 합니다 눈동자, 웃음!	조선일보(11.12)	조 선 일 보 (11.12)
	伴頌(4) 바닷가의 해당화! 꽃의 마음을 볼 수 없는 나 꽃의 마음의 모든 것 꽃만은 타지 마라라	조선일보(11.17)	시

연도	작품	게재지(연월)	구분
	伴頌(5) 날아다니는 조그만 美少年 眼眠妨害 내 魂 풀과 나무와 山들의 洗手	조선일보(11.19)	시
	伴頌(6) 내가 미운 것 동무를 위하여 조롱 속에 드는 파랑새 풀의 잠자는 것	조선일보(11.25)	시
	伴頌(9) 아침에 일어나는 나의 가슴속 조선의 魂, 조선 사람의 마음 사람에게도 달이 있다 달은 왜 저리 달아나우 저 달을 물들여 놓고 싶다	조선일보(12.1)	시
	伴頌(11) 밤에 발자취를 찾으려 하오나 元旦降雪 太陽과 달 太陽의 義딸 별의 世界의 細民鄕 별과 달	조선일보(12.2)	시
	伴頌(12) 女子 女子의 눈동자 마음의 惡役 感神病의 하나 사랑은 욕심쟁이!	조선일보(12.3)	시

연도	작품	게재지(연월)	구분
1932	三二年 文壇 展望	동아일보(1.7)	설문답
	少女의 마음	문예월간(1)	시
	少女의 魂	문예월간(1)	시
	꽃들의 눈물	문예월간(1)	시
	은행 알만한 주머니	신생(2)	시
	봄바람	신생(2)	시
	浮萍草	신동아(2)	시
	꽃 위에 앉는 나비	신생(3)	시
	나비들의 노킹	신생(3)	시
	갓 난 꽃들	신생(3)	시
	봄의 애기들	신동아(4)	시
	나의 八人觀	삼천리(4)	평문
	思想界의 二人評	삼천리(5)	평문
	日沒	동방평론(5)	시
	月出	동방평론(5)	시
	朝鮮日報 事件의 怪內幕 폭로	동방평론(7)	평문
	申錫雨論	삼천리(8)	평문
	工場의 아침	삼천리(10)	시
	人物短評-吳相淳	삼천리(10)	평문
	人物短評-元鍾麟	삼천리(10)	평문
	北風來!	삼천리(12)	시

연도	작품	게재지(연월)	구분
	첫 겨울의 눈	신생(12)	시
	곱게 내리는 눈들	신생(12)	시
	十二月歌	신생(12)	시
1933	나뭇가지 위의 눈송이	삼천리(1)	시
	東京留學生과 그 活躍	삼천리(1)	평문
	서울 장안 말 못할 곳	?(?)	시
	카페에 댄스 曲	?(?)	시
	당신은 無産者	?(?)	시
1934	眼鼻耳口	조선중앙일보(6.17)	시
	詩歌의 諸問題	조선시단(9)	평론
	最近詩壇概瞥	조선시단(9)	평론
	예술시대 발행선언	조선시단(9)	잡조
	誌上謝禮	조선시단(9)	잡조
1935	五錢會費	조선문단(2)	시
	黃錫禹의 편지 두 장	조선문단(5)	편지
1946	봄바람	태평양(3)	시
	봄의 동무	태평양(3)	시
	三月一日	태평양(3)	시
	옛 鍾소리	대동신문(3.4)	시
	나의 情熱	대동신문(3.5)	시
	自由	대동신문(3.5)	시

연도	작품	게재지(연월)	구분
1949	한약 쓰는 법	부인(11)	잡조
1950	민간특효약	부인(1,2월 합병호)	잡조
1958	小詩曲	신태양(3)	시
	나의 호흡과 말!	현대문학(4)	시
	개나리꽃	현대문학(6)	시
	새벽	동아일보(11.19)	시
	봄날의 새벽풍경	동아일보(12.13)	시
	40년 전의 학우생활 낙서	신태양(12)	회상기
1959	숨길구멍	현대문학(1)	시
	웃음에 잠긴 우주	자유문학(1)	시
	宇宙의 血脈	현대문학(4)	시
	招待狀	자유문학(6)	시
	봉선화	자유문학(6)	시
	들국화 한 가지	자유문학(6)	시
	잠!	자유문학(6)	시
	宇宙의 奇勝	자유문학(6)	시
	눈동자 뒤의 전망	신태양(6)	시
	宇宙	자유문학(12)	시
1973	황석우시집-특집	현대시학(4)	시

찾아보기